憲法を学問する

樋口陽一
石川健治
蟻川恒正
宍戸常寿
木村草太

有斐閣

まえがき

大学セミナーハウスで「憲法を学問する」の企画を立てたのは、今から4年前、2015年のことだった。今を去る54年前に東京大学、一橋大学、そして早慶両校をはじめ都内国公私立の有力十三大学が集まって、大学の壁を取り払い、教員と学生が真摯に向き合って互いを啓発しあう目的で始まったこの組織は、社会情勢の変化に伴う困難に出会いながらも、支持して下さる方々のご協力によって存続し、今でも数々のセミナーを実施している。

敗戦後、天皇制国家から国民主権を掲げて立憲民主主義国家に転換した日本が、基本的人権、言論・思想・信条の自由を保障し個人の尊厳を掲げる現憲法のもと、平和を享受してきたのは周知の事実であるが、昨今の東北アジア情勢の緊張を口実に、現政権が憲法上疑義のある法律を次々と成立させ、国民に緊張を強いている現状を見るにつけ、1933年生まれの私は、戦中世代の一人として何かするべき義務があるのではないかと思うようになった。

最近の政治家はともすれば「国家、国民のため」という文言を口にするが、国家があって、国民がいるのではなく、国民一人一人がいて初めて国が形作られるのだという自明の理をわきまえているのだろうか。唐の大詩人杜甫がいみじくも詠んだように「国破れて山河あり、城春にして草木深し」であって、人のいない国家などという代物が突然現れるものではあるまい。

アメリカ軍の空襲で生まれた家を焼かれ、命からがら劫火をくぐって逃げ、集団疎開で栄養失調になった経験の持ち主として、現行憲法に盛られている精神が如何に大切か、日本人はもっと現憲法を学ぶべきだと声を大にして言いたい。

研究分野は異なるが，かつて私と同じ1960年，フランス政府給費留学生として渡仏された比較憲法学の第一人者，樋口陽一氏にこの思いを述べ，かつ純粋に憲法を学ぶセミナーを，氏が中心となって開催して頂けないかとお願いしたところ，樋口氏は快諾されたのみならず，セミナーに参加する講師として，現役で活躍中の4人の愛弟子に声をかけてくださった。東京大学の石川健治氏，同じく東京大学の宍戸常寿氏，日本大学の蟻川恒正氏，首都大学東京の木村草太氏である。大御所の樋口氏の下，4人の素晴らしい講師が集まってくださった，その結果，大学セミナーハウス50周年記念セミナーとして誕生したのがこの催しである。

慶應義塾大学の創立者であった福澤諭吉が『学問のすすめ』の冒頭に記した「天は人の上に人を造らず，人の下に人を造らず」を具現したような現憲法を，しっかり学問的見地から問いただし，理解する必要をできる限り多くの人々に伝え続ける，それこそ今の時代に最も大切なことではないだろうか。

うれしいことに第1回目の憲法セミナーに参加してくださった60名の方々は，学生・院生26名，社会人34名で，南は沖縄から北は北海道まで年齢も82歳の高齢者までおられた。

大学生，大学院生，そして社会人，銘々動機はさまざまであったが，個人の自由な問題意識に基づいて参加してくださった。それだけに実に活発な，そして実りあるセミナーとして結実したのには，発起人，主催者として心から嬉しく，深い感動を覚えた。改めて樋口氏をはじめ講師の先生方に大いなる感謝をささげたい。

この充実した2日間を振り返ってみると，まず，樋口氏と石川氏の対論から始まり，次いで講師全員が加わったパネルディスカッションとなり，それが終わったのちに4つの分科会，すなわち石川氏の

「統治と行政」、蟻川氏の「個人の尊厳」、木村氏の「立法と司法」、そして宍戸氏の「表現の自由」に分かれて熱心な発表と議論が展開され、1日目が終了、和やかなパーティーに移り、適度なアルコールの助けも手伝って和気あいあいのなかにも、自然な形で講師の先生方と参加受講者によるフリートークの輪ができていく様子に、このセミナーが如何に切望されていたものであるか、私のような門外漢にも容易に理解されたのである。

そして2日目、前日の各分科会の続きから始まり、終了後は全員が集まってそれぞれの分科会参加者によるまとめの報告、さらに昼食をはさんでセミナー全体をまとめる総括討論が行われたがここで改めて現憲法の掲げる「立憲主義」と「個人の尊厳」が再確認されたことは意義深い。

この度、有斐閣のご好意によって、この第1回憲法セミナーが書籍化されることになったと伺い、一人でも多くの方々に読んでいただきたいと切に思う。

現在、このセミナーは参加受講者と講師の先生方の一致した熱意に支えられて、毎年1回ずつ秋に開かれ、すでに3回を数えている。今年も11月30日から2日間、第4回目が準備されつつある。

この憲法セミナーが、日本の現状に鑑みて少しでも社会の役に立つならば喜んで続けたい、それが我々関係者の強い願いであることを述べて、前書きとしたい。

2019年3月

公益財団法人 大学セミナーハウス
館長　鈴木康司

目次

第1部 対論「憲法学の体系」 樋口陽一・石川健治 1

Ⅰ 比較憲法学の体系を考える……2
Ⅱ 方法としての「異世界」……5
Ⅲ 講義と体系の遍歴……12
Ⅳ 憲法総論の試みとその比較……17
Ⅴ パネルディスカッションへ……24

第2部 パネルディスカッション 石川健治・蟻川恒正・木村草太・宍戸常寿/樋口陽一 25

Ⅰ 「憲法学の体系」を聴いて……26

Ⅱ それぞれの「知的母国」から……31
Ⅲ 国家と立憲主義の narrative……33
Ⅳ 樋口「近代立憲主義」論をめぐって……38
Ⅴ 総論の時代と各論の時代……41
Ⅵ 統治の時代……48
Ⅶ 分科会に向けて……52
Ⅷ おわりに……58

第3部　分科会

第1分科会「統治と行政」　石川健治　66
Ⅰ 問題群……67
Ⅱ 統治の作用と主体……69
Ⅲ 設問としての「主権」……71
Ⅳ 作用と組織……76

V 作用としての統治……78
VI 入江俊郎と法律日本語……83
VII 統治行為論と裁量行為論……87
VIII 統治行為の「審査」……90
IX 日本国憲法における「執政権」の所在……91
X 「外交権の民主化」としての議院内閣制……94
XI 立憲主義・民主主義と「議院内閣制」の対抗関係……100
XII 「責任」の諸相……105
XIII 議院内閣制の真贋……110
XIV ロベスピエールの影……116
XV 「議院内閣制」の変装か変奏か……118
XVI 改造実験の諸相……124
XVII 日本国憲法の場合……129
XVIII 政府をつくる……134

第2分科会「個人の尊厳」 蟻川恒正 137
I 個人の析出……143
II 日本国憲法の権利体系……161
III 「公共の福祉」というアポリア……171
IV 「公共の福祉」というアポリア・再び……175
V 討議……180
第3分科会「立法と司法——法の支配・法文・法解釈」 木村草太 209
第一部 法の支配から考える立法と司法
I 法の支配の理念……210
II 立法機関のあり方……219
III 立法以外の国会の任務……224
IV 司法の概念……228
V 法解釈と法の支配……231

第二部　立法と司法・実践編

Ⅰ　2015年安保法制……235
1　法の支配の理念に沿った憲法解釈のあり方（235）／2　2015年安保法制の立法としての評価（255）
Ⅱ　謝罪広告問題……264
1　謝罪広告とは何か？（264）／2　蟻川説（271）
おわりに……277

第4分科会「表現の自由」　宍戸常寿　279

Ⅰ　表現の自由……279
1　はじめに（279）／2　憲法上の権利と価値（282）／3　放送法（284）／4　通信の秘密と電気通信事業法（289）／5　インターネット（293）
Ⅱ　分科会の論点……297
1　論点1　放送の公平性（297）／2　論点2　忘れられる権利（299）／3　憲法学の視点（301）
Ⅲ　討論――論点1　放送の公平性……303
Ⅳ　討論――論点2　忘れられる権利……321

Ⅴ　総合討論……333

第4部　総括討論

松原俊介　339

Ⅰ　はじめに……340
Ⅱ　個人の尊厳……342
1　質問事項（342）／2　「尊厳」の普遍化という考え方（343）／3　個人の「尊厳」とは（344）
Ⅲ　立憲・非立憲……346
1　質問事項（346）／2　「立憲・非立憲」の文脈（346）／3　「立憲・非立憲」の意義（348）／
4　アイデンティティとしての「立憲」の可能性（350）／5　「立憲」と「民主」（352）
Ⅳ　議院内閣制と解散権……354
1　質問事項（354）／2　議院内閣制の本質（355）／3　解散権（356）
Ⅴ　公共の福祉……359
1　質問事項（359）／2　公共の福祉と憲法12条（359）
Ⅵ　「専門家の職責」と「個人の尊厳」……362

1 質問事項（362）／2 「専門家の職責」と「個人の尊厳」との比較（362）／3 「職責」という観点（365）
Ⅶ 再び個人の尊厳について……366
1 質問事項（366）／2 生存権における「個人」の尊厳（367）
Ⅷ おわりに……368

資料 立憲主義諸国の憲法と体系書・教科書（巻末）

講演者・執筆者紹介

樋口陽一　東京大学名誉教授
石川健治　東京大学教授
蟻川恒正　日本大学法科大学院教授
木村草太　首都大学東京教授
宍戸常寿　東京大学教授

＊

松原俊介　新潟大学法学部特任助教〔第４部執筆〕

※　本書は、２０１６年６月11日（土）・12日（日）に、公益財団法人大学セミナーハウス主催で開催されたセミナーの内容を再現し整理しなおしたものです。内容は基本的にセミナー開催当時のものとなります（引用文献は最新の版になおしてあります）。なお、第1部・第2部・第3部第1分科会については、月刊「法学教室」誌に掲載されたものに加筆をし収録しています。

第1部

対論「憲法学の体系」

樋口陽一　石川健治

石川　皆さん、こんにちは。これから大体60分の見当で、私と恩師の樋口陽一先生との対論を聴いていただくことになります。申し遅れましたが、私は東京大学で憲法を教えております石川健治と申します。個人的なことですが、私がこの大学セミナーハウスを訪れたのは、社会学者の見田宗介先生のゼミ合宿がここで行われた、１９８１年７月でした。まだ京王線の北野駅から来るしか方法がなかった時代です。翌１９８２年に、私は樋口先生の憲法第1部を聴講いたしました。その後も、憲法第2部・憲法演習・国法学と合計12単位も先生お一人から頂戴し、特に１９８５年に先生の助手にしていただいてからは、ずっと師事してまいりました。ですから、こういう形で思い出の場所で師弟対談の機会を与えていただいて、私自身とても感慨深く、心より感謝いたしております。短い時間ですが、皆さんにとっても記憶に残る時間になればと念願しております。

先生、何か一言ございますか。

Ⅰ　比較憲法学の体系を考える

樋口　まず最初に、先ほど当センターの館長であられる鈴木康司先生からいただいたお話に御礼申し上げます。私ども世代に共通する思いを新たにするお話に接して、「そうだ、そうだ」という共感と共に持って伺っておりました。お話の中で、１９６５年にこのセンターがオープンしたということがありました。51年前です。ちょうどその１９６５年は、私が母校の東北大学で、助教授に採用してもらった年です。「比較外国憲法」の講義を始めたのは翌年です。そういうご縁を感じます。

東北大学で15年間その講義をし、それを基本に加筆して、私にとって最初の概説書的な書物であります『比較憲法』を青林書院から1977年に発行いたしました。今日の対論の大きな枠として「憲法学の体系」という名前を付けていますが、一方では体系が必要なのか、むしろ邪魔ではないかという議論もあるのです。しかし、少なくとも学生に講義をするということになりますと、何かの体系がなくては、教育上の責任を十分果たすことができない。そうでなくてはいけないということはないですよ。その日起こっている、学生たちが見聞しているような世界各国、日本だけではなくて、いろいろな事柄を素材にして、理論的に面白い種を組み上げることはできるのです。50年以上前にパリ大学で聴いたモーリス・デュヴェルジェ先生の講義はそういうタイプのものでした。しかし普通に考えた場合には、何かしらの体系がないと大学の講義としては不親切なことになる。とりわけ比較憲法の講義ですと、国家という名前があってもなくても、まとまった1つの公共社会の骨組み、構造（constitution）ということになると、数え方によっても違いますが、200ぐらいはあるわけですから、何かの筋目のある話をするには、必然的に体系というものが必要です。という辺りから話を始めていいですか。

石川　どうぞどうぞ。

樋口　言葉の得手、不得手も関連してきます。当時は1965年ですから、比較憲法というからにはソビエト社会主義共和国連邦（ソ連）というものを全く無視してはいけないのですが、世界の二大憲法モデルの1つですから。しかし、私はロシア語を勉強していなかったこともあって、戦後日本と質的には同じような考え方を前提にした憲法を持っている国、いろいろな言い方がありますが、俗に言う西側デモクラシーの諸国を相手にしたものの講義をいたしました。

何を基準にして私なりの講義の体系を示すのかということになります。憲法の条文だけを取り上げて、この項目が書いてあるのは、この国とこの国で、こういう項目については何も規定がないのが、この国とこの国。そういう比較憲法論というのもあるかもしれない。しかし、それでは聴いている学生諸君がつまらないだろうということで、近代憲法の基礎には近代社会という、特定の世の中のあり方が前提にされているわけですから、それぞれの近代国家の型というものをまず念頭に置いて、仕分けをしたらどうなるのか。

と申しますのは、憲法を取り上げる場合に、日本で言えば聖徳太子の十七条の「憲法」までは遡らない。日本の近代を問題にし、そしてそれぞれの社会の近代と近代以前の世界の区切りを、まず取り出す。そうすると、義務教育の段階から聴いている学生諸君が頭の中にあるのは、フランス革命、１７８９年でしょう。それを境にして物事を考える。しかし、近代社会への歩みというのはフランスが最初ではない。イギリスはどうなのだろう。憲法に即して言えば、１７８９年の１００年前の１６８９年、これもおそらく中学、少なくとも高校の教科書には出てくる Bill of Rights（権利章典）というのがありますね。１６８９年、そして１７８９年、イギリスから目を向けると、当然、独立後のアメリカが入ってきます。英仏米というのが入ってくる。

それに対して、19世紀に入ってから近代化のレースに参入してくるのは、西洋諸国のモデルとしては、皆さんお気付きのようにドイツです。そして、ドイツとほぼ同じ時期に、国民国家としての統一は明治維新を取ればドイツよりは日本のほうが早いのですが、１８６８年でしょう。ドイツの場合には、プロイセンドイツが普仏戦争、ナポレオン3世との戦争で、当時の超大国フランスに勝った勢いでドイツ帝国を統一する。その憲法が1871年です。憲法だけを言えば明治憲法より早いですが、国家の統一という意味では、ちょっとだけですが日本のほうが先だけれど。そのドイツと日本。片や英仏米と片やドイツと日本というような大きな類型を立てて、いろいろな議論をしたというのが50年前です。その後15年間の講義の間にはいろいろ変えましたけれども、基本のところは同じような枠組で講義をした。これが私にとって最初の憲法学の体系でした。

Ⅱ　方法としての「異世界」

石川　先ほどお昼ご飯を食べながら、漠然とした打合せをしてはあったのですが、突然違う流れになってきましたので（笑）、この流れに乗ってやっていきたいと思います。先生は、お話がありましたように、比較憲法の講義が一番最初に担当された講義だったわけで、「方法としての比較」というのを意識されて、学問をスタートされたということですね。それまで片手間に比較憲法を教える先生はおられましたが、本当に責任を持って比較憲法講座――当時の東北大学における講座編成としては「比較外国憲法」という講座――を担当されたのは、おそらく日本の学説史上、樋口先生が初めてだと思うのです。そこにおける「方法としての比較」についてお話しくださったということです。

先ほど私が初めてこちらの大学セミナーハウスにお邪魔したのは1981年7月だという話をし

たのですが、それは私が入っておりました社会学者の見田宗介先生のゼミ合宿でした。見田先生は当時、「方法としての異世界」ということをおっしゃって、それが全体の1つの重要なモチーフになっていました。後で散策されるとわかりますが、構内のど真ん中にピラミッドみたいな中央講堂がございます。その、窓のないピラミッドの中で、瞑想したり踊ったり、いろいろと変なことをさせられた合宿でした。そこで全体として貫かれていた問題意識の1つが、「方法としての異世界」だったわけです。それは本日のセッションにおいても同様で、比較することの意味を、私はそこに求めたい。

と、いうことで、せっかく講師4人で資料（本書巻末に掲載）を作りましたので、ここで資料説明をしておきます。最後のほうに、皆さんにとって一番身近な日本国憲法と、そして日本国憲法を教える際の一番標準的な体系が掲げられています。今日でもなお一番よく読まれている芦部先生の『憲法』（岩波書店、初版は1993年）の体系を、そこに掲げています。この本はもともと放送大学のために大急ぎで作った印刷教材が原型ですので（『国家と法Ｉ』〔放送大学教育振興会、1985年〕）、これが芦部体系だといわれると、泉下の先生はきっと「いや、違うんだ」とおっしゃると思うのですが、一応、一番わかりやすいものと思いますので、この目次をお出ししているわけです。

この枠組が果して自明のものかどうか。それを考える際には、まさに「異世界」に触れるということが大事だと思いますので、お手許のこういう資料を作成してみたのです。ですから、資料の読み方としては、最後のほうに出てくる、日本の憲法学の体系をおさらいしてから、冒頭から各国順に、憲法に対するものの見方の違いを確認すると便利だと思います。そこで、資料の最初のページに戻って見ていただきますと、そもそも成文憲法をもっていないイギリスが出てきます。厳密に言いますと、王位継承法その他、若干の成文法があるのですが、いわゆる不文憲法の国ですので、ここでは憲法典というものが存在していません。それを受けた憲法の教科書の中で、代表的なものとして、かつてウェイド・アンド・フィリップスと呼ばれて非常によく読まれた体系書の目次を訳出してきました。その後、ブラッドリーとユーイングが改訂し、特にユーイングの代になってだいぶ個性的に改訂されていますが、原型をとどめています。

これを見ていただきますと、まず最初に「憲法の一般原理」というのがありまして、次に「憲法の法源と本質」というのがあります。「法源」というのは、いわば法としての存在形態、あるいは存在形式についての議論なのですが、要するに、イギリスでは「憲法」がどのような形をとって存在しているかを論じています。そこに「憲法習律」と書いてありますが、これは、例えば議会などで行われている運用上のルールを指しているわけです。conventions of the constitution と言うのですが、この現実の運用の中には、衆議院の優越みたいな基本ルールが入っています。日本では衆議院の優越というのは憲法典に書いてありますが、イギリスの場合は、これはあくまで慣習、慣行として行われているにすぎないのです。庶民院（House of Commons）よりは貴族院（House of Lords）のほうが、現在でも高い地位にあるわけですが、にもかかわらず実権としては、庶民院のほうが優位に立っている。それを全て、「憲法習律」と呼ばれる慣行の積み重ねによって行っている。むしろ、現実の慣行のほうにこそ、立憲主義の精神が現れているということです。

第4章の「議会の最高性」と書いてあるところには、若干注釈をつけておきます。ここは最高性と訳してありますが、これは人によっては議会の主権性（sovereignty）、議会主権とも言うのです。それは樋口陽一先生の『比較憲法』でもクローズアップされている、A・V・ダイシーというイギリス憲法学を集大成した学者の体系です。しかし、議会よりも行政を重視したい反ダイシー派の人々は、ダイシー的な主権（sovereignty）という表現をあえて避けて、supremacy という言い方をしました。その言い方が、現在では、議会の実態も踏まえて、一般的に普及しています。そういう経緯のある言葉なので、「優越（優越性）」という訳もあり得るのですが、それでは議会「主権」の代用語という文脈が出にくいのが気になり、ドイツにおける主権と高権（Hoheitsrecht）の区別を念頭に、仮に「最高性」と訳してあります。さらに、「法の支配」という原理につづく、第7章「政府の応答責任と説明責任」についても一言しておきますが、「応答責任」は responsibility、「説明責任」は accountability という言葉を訳したものです。

このような総論を置いた上で、統治機構と「市民と国家」というような項目を立てていくわけなのですが、多少、日本とは感じが違うなと感じられるかもしれません。特に面白いのは、王位と大権という部分なのですが、時間の関係で詳しい話はできません。でも、ぱっと見ただけで、芦部先生の本とはまた違った趣がありそうだというように感じられると思います。

アメリカのほうを見ていただきますと、ここは木村さんに用意していただいた部分ですが、ここからは成文憲法典を持った国々になります。そこには、アメリカ合衆国憲法の章立てが挙がっています。アメリカ合衆国は、最初にひとまず憲法を作った後、連邦としての合衆国に加わることに不安を持っていた幾つかの州があったために、新たに修正条項として人権条項を「加憲」した格好になっています。そこで、修正第何条という形式で、人権条項が並んでいます。条文自体が、日本の憲法に比べると、大いに違った格好になっていると感じられると思います。

その後、掲げてありますのは、人気のあるケースブックの目次です。教科書もあることはあるのですが、アメリカの場合はやはりケースブック、つまり判例をまとめた本が中心で、それの章立てを木村さんに訳していただいたというわけですが、それを見るといきなり最高裁判所の話です。ここから憲法論が始まっている。やはり随分、知の形が違うのだなと感じられると思います。出てきているテーマも、ざっと見ただけでも、先ほどの芦部先生の体系とは一味違った、ある意味ワクワクするようなテーマが並んでいるということに気が付かれると思います。

樋口 アメリカとフランスの対比の話はあとで多少やりましょう。

石川 フランスとドイツについても、資料をせっかく作っていただいたので、かいつまんで紹介しておきますと、フランス憲法、これは樋口先生が一番ご専門とされるところですが、まず憲法の章立てだけが挙がっています。その後は、ルイ・ファヴォルーという、樋口先生のお友達でもあられた先生の教科書の目次を木村さんに訳していただいたというわけです。その中身については立ち入りませんが、フランス憲法学におけるいわゆる「法律学的な傾向」を代表する教科書で、これもアメリカの本と比べるとかなり違いますね。何がどう違うのかということについても、ご提案もありましたので、後で触れていただくことにいたします。

次は、先ほどちょっと話題になりましたドイツです。これは元来、旧西ドイツのボン基本法と通称される憲法、現在はドイツ全体に通用している憲法の、項目だけを挙げてあります。基本法と言っているのは、これはご存じの方もおられるかもしれませんが、あえて憲法という言い方を避けたということです。もともと戦後のドイツの復興というのは、州単位で始まりまして、州レベルでまず憲法が作られて、雨後の筍のように、結構面白い規定を含んだ憲法が出来上がっていくのですが、その後、冷戦構造に引き裂かれまして、西側の英仏米3か国によって占領されていた地域の人々が集まって、ドイツ連邦共和国というのを作っていく。ボン基本法と呼ばれる憲法典は、その段階で作ったもので、いずれはベルリンを首都にしてドイツ全体の憲法を作ってやるというつもりで、これはあくまで暫定的な憲法だというニュアンスを込めて、基本法と名乗る法を作ったわけです。そして、首都も暫定的に、あえて首都らしくない場所を選びまして、大学街でありベートーベンの街としても知られている、ボンという小さな街を首都にするということで、暫定的に立ち上げたのです。その後、ドイツ再統一によって、首都はベルリンに戻りましたが、基本法はそのまま統一ドイツの憲法になっているものです。

これについては、実は私は岩波文庫で解説と翻訳を書いておりまして、それを見ていただければと思うのですが、割と理屈っぽくできている憲法です。日本の憲法と比べてちょっと違いますのは、組織と作用を分けて書いてあるということです。例えば日本ですと、国会という章でまとめて書くのですが、ドイツの場合は、連邦議会と連邦立法という形で、組織と作用に分けて規定されています。そういう形で組織法と作用法を分けるという、すごく学者っぽい整理によって、非常に体系性の強い憲法を作ったという点が、この基本法の特徴です。

その体系書としては、コンラート・ヘッセという、かつてよく読まれた教科書の目次を宍戸さんに訳していただきました。ヘッセは、来日して東北大学を訪問しており、樋口先生もお会いになり、その後フライブルグでの対談もなさった（ジュリスト1037号〔1994年〕114頁）と伺いました。現在はというと、実はヘッセではない、もっとシンプルでソリッドな本が読まれているのですが（例えば、ボード・ピエロート＝ベルンハルト・シュリンク〔永田秀樹ほか訳〕『現代ドイツ基本権』〔法律文化社、2001年〕）、ちょうど私ぐらいの世代の人は、みんなヘッセを読んで憲法を勉強していた、と言っていました。今の憲法の本は形式主義的でつまらない、ヘッセの頃は良かったと、私の友人たちは言います。そういう意味では、ちょっと難解というか、理屈っぽすぎる教科書なのです（コンラート・ヘッセ〔初宿正典＝赤坂幸一訳〕『ドイツ憲法の基本的特質』〔成文堂、2006年〕）。

見ていただきますと、やはり最初のほうは相当理屈が書いてあります。この部分はかなりハードルが高くて、これを読みこなせるようになると、ドイツの本を読んでも何とも思わなくなるのですが、ヘッセの総論部分がわからないとなると、ドイツの憲法学を勉強したくなくなるという（笑）。ここでも、やはり作用と組織をちゃんと分けて書いてありますし、理論が割としっかりしている、という印象があると思います。

このように、憲法はもちろん憲法学も、国ごとにそれぞれ学知としての形が違っているわけです。「方法としての異世界」と言うには、これらは近接比較にすぎるかもしれませんが、それらを通じて、日本における学問、日本における憲法学の知の形をいろいろ思いめぐらせていただこうということで、この資料を作成しました。そして、おそらくは樋口先生が比較憲法の話をされるだろうという想定で、先生の念頭に置かれた素材のリストをひと通りお見せしたほうが、抽象的に言葉の上だけで議論するよりは、わかっていただけるのではないかということで、この資料をご用意いたしました。

資料の説明が長くなりました。さて、ここまでは「方法としての比較」の観点から、先生の学問の立上げのところを伺ったということになります。ここからは少し話を前に進めて、比較憲法以降の樋口先生の学問遍歴を、お話しされるのがよろしいと思いますが、いかがでしょうか。

III 講義と体系の遍歴

樋口 学問遍歴よりも、講義遍歴のほうがいいと思いますね。『比較憲法』という書物は、15年間、東北大学法学部の3年生に話をしたものをベースにしています。それから、体系という今日の話題に即して申しますと、東京大学を定年退職してから、その後、私にとっては一番最後の講義をする職場として、早稲田大学で5年講義をいたしました。学部学生に対するそのときの講義題目も「比較憲法」にしていただいたのです。私が講義人生の最初に担当した科目と同じ「比較憲法」というタイトルで講義をして、それで常勤の大学教授としての仕事を終えました。

その早稲田大学の学部学生に対する講義を基にしたのが、『国法学』という書物で、有斐閣から出版いたしました。実は有斐閣が新しい概説書シリーズを出すという意気込みで、私を含めた数人の当時の東大法学部の現役のメンバーが編集委員をやりました。シリーズの構想の中で私は比較憲法をやりましょうということにした。『憲法』という書物は、東大での講義を基にして創文社から既に出しておりましたから。ただし、『比較憲法』というタイトルは既に出しているから、あえて『国法学』という名称を選びました。おそらくここにいらっしゃる皆さんも、それは一体何だ、国の法律なら全部が国法ではないのか、民法から刑事訴訟法に至るまで、みんな国法ではないか、と疑問を持たれるでしょう。これには言葉の歴史がありまして、国法学という日本語は、ドイツ語のStaatsrechtslehreという言葉の翻訳語です。Staatですから国でしょう。Rechtというのは法でしょう。Lehreというのは学ですから、それを明治時代に国法学と訳して講座名にしました。

ドイツでは、今でも基本的には憲法学のことをStaatsrechtと呼んでいます。しかし、明治時代の日本には、国法学という講座と憲法学という講座が並んで、当時の東京帝国大学にできていたのです。それにはいろいろ経緯があるのですが、大事な点だけを言いますと、「憲法学」は日本自身の憲法を扱い、「国法学」は憲法の通則を問題とする。当時、「文明諸国の法」という言い方がありました。日本がこれから近代化してゆこうとする大きな道程の中で、もちろん直接は工場と軍艦に象徴される、富国強兵の基礎を作るということですが、しかし、それだけでは近代はできない。富国強兵の前提としても、近代的な法制度、国家システムを作らなければいけない。そこで、民法、刑法、そして憲法という一連の法作りが始まるのです。「お雇い外国人」はその最初の具体例です。しかも、もう1つ、富国強兵と大いに関係があるのは、弱体化した当時の江戸幕府が結ばざるを得なかった開国条約、列強5か国を相手とする不平等条約を何とか改定しなくてはいけない。これはもう必須の要求です。そのためには、何よりも近代的な法制度を整備しなくてはいけない。そうでない限りは、治外法権と言いますが、日本で起こした外国人の犯罪も日本が裁けない。近代的な法制度も裁判制度も監獄制度もないではないかという言い分を跳ね返すためには、近代法の整備が必要不可欠だった、ということです。その中で、海外各国の憲法については、大学の講義システムとしては「国法学」という講座が用意されていたのです。

石川　しかし、有斐閣の『国法学』は、私が学生時代に伺った「国法学」の講義とは、大分様相を異にしていますね。

樋口　そこでは、ちょっとならず違った角度からの類型を立てました。『比較憲法』の中では、一方で英仏米、他方で独日。敗戦が1945年でしょう。とりわけ1930年代のドイツ及び日本の国内、そして外に向かってのあり方は、決して片や戦勝国、片や敗戦国というだけではない対照を意味していました。一方の英仏米と他方の独日がそれぞれいかなる近代を持っていたのか。あるいはいかなる近代でしかなかったのかという問題関心が、一番基本にあったということです。

1980年代を経て、2000年代に入る時点での私の新しい基本的な類型の立て方は、一方でアメリカ、他方でフランスということに変わってきました。それは国家の役割ということです。ここでは何が問題なのかと申しますと、1980年代、サッチャー政権、レーガン政権が成立することによって、ネオ・リベラリズムという流れが、単なる議論とか理屈とか思想の世界ではなくて、世界の主要国の基本的な政策になっていきます。それを促進していくためには、それに先立つ1960年代、1970年代に先進国で共通になっていた福祉国家体制を国家の強力な政策努力によって解体していく事が必要でした。戦後は、国家が経済活動の領域について、大事な役割を演じて自由と公正のバランスを追求するという方向が、アメリカを含めて多かれ少なかれ共通だったのです。当時のジョンソン政権は、アメリカではそういう言葉を使いませんが、イギリスとかフランス流の言葉で言えば福祉国家です。ジョンソンさんというと、ベトナム戦争のイメージがマスクのようにこびりついていますが、国内政治についてではありますが、アメリカ流の welfare state を推進したという意味で良い大統領というイメージもあるのです。

石川　なるほど。それが逆に壁となって、新自由主義の前に立ちはだかったわけですね。

樋口　そういう既存の岩盤を打ち崩すだけの強力な国家の役割が必要だった。それがネオ・リベラリズムを作り出していくわけです。サッチャーさんにせよ、レーガンさんにせよ、強い首相であり、強い大統領でしょう。彼らに共通しているのは、強い政権がそれまでの福祉国家構造というものを、強い力で解体していく。それこそ今、日本の現政権がドリルで穴を開けるように規制を突き崩していくのだと語っているのと同じことをやった。1980年代のアメリカ、イギリスがそれぞれ、経済的には、力を取り戻しました。その「繁栄」の結果が国内に深刻な問題が格差と貧困を引き起こし、イギリスのEU離脱をめぐる政治の混乱やトランプ現象へと結び付くのです。そういうネオ・リベラルな体制について忘れてはいけないのが、市場に任せて国家は引っこむのがネオ・リベラルですが、先行する福祉国家体制を壊すためには強い政治が必要だったということです。

他方では、フランスはもともと国家主導の近代です。『比較憲法』の類型論では、それをイギリスに対する相対的な遅れというように位置付けていました。イギリスが先頭を切って、フランスが遅れる形でそれに続く。アメリカはイギリスの横に行っている。フランスはイギリスの後に出てくるものとして、しかし同じ類型の中に入れて扱う。それに対してドイツと日本が別類型ということだったのです。

『国法学』では、一方でフランスを置き、他方でアメリカを置く。その上でイギリスを並べると、それはアメリカ型の原型だということがわかる。ぼんやりしていると見えないものが際立って見えてくるということがぴったりくるではないかというように、私には思われたということです。そこでは、実はドイツも日本もアメリカ型の大きな枠組の中に入っていて、しかしイギリス、アメリカとの間に大きな量的差があった、ということになる。

ここでそもそも類型ということの持つ意味について触れておきましょう。多様な〈実在〉の中から特徴をぬき出して概念化したものが〈類型〉です。だから現実のフランスはアメリカ型の要素をも含んでいるし、現実のアメリカはフランス型の要素も含んでいます。そういう意味でのこととして言うのですが、アメリカ型の制度の中にもあるフランス型の要素の持つ意味はだんだん世界中で後ろに引いてきて、いわば純粋アメリカ型、さらにはアメリカそのものよりアメリカ型要素が強くなりつつあるとすら言えるのではないか。ただ、日本国憲法の条文自体をよく見ると、実はフランス型の要素が読みとれるのだよという議論が歴史家の水林彪さんによって提起されていて、面白いなと私は思い、その点についてコメントを6月に出た共著の本（『思想としての〈共和国〉〔増補新版〕』〔みすず書房〕）の中に書いておきました。

私はフランス型が果たしてきた役割を人よりも重く、かつ積極的に見ているのです。憲法を議論するときの柱に使われる二つの概念のセットがあります。「主権」と「人権」です。定番的に使われるこの概念が多分にフランス特有のものだということだけ、ここで言っておきましょう。石川さんの話に出たダイシー以後の、議会「主権」という言葉を使わない、というのはわかり易い例です。「人権」という用語についても、同様なことが言えます。そのことについては、『国法学』の第1章で取り上げていますが、より簡略には、『一語の辞典／人権』（三省堂、1996年）を――少し古くなりましたが――見てくだされればと思います。

Ⅳ　憲法総論の試みとその比較

石川　今お話しくださったのは、結局、皆さんが「日本国憲法」という1個のテクストを読んでいこうとする際に、どういう解釈図式で読んでいくのが生産的なのかと、こういうお話だったと思うのです。

と申しますのは、例えばこの資料で芦部先生の教科書の目次を見ていただくと、この第1部、総論の部分と、一部は第3部の18章の1と3の辺りですが、この辺がかなりこの本における解釈図式を成しているという印象を持っていただけるのではないかと思うのです。この部分が先ほどご紹介のあった国法学の部分であるわけです。芦部先生も、実は若い頃、国法学の先生として国法学講座を担当しておられました。元々国法学という学問に責任を持つ立場であられた方が、その解釈図式で日本国憲法を切っているということです。

特に第1章「憲法と立憲主義」。その第1節が「国家と法」となっているところに注目していただきたいです。これはわずか1ページの節なのですが、国家について論じています。まさに国家という眼鏡を通して、これから憲法を学問していくと、そういう切り口であるわけです。

その国家については、これは19世紀のドイツ人の研究が参考にされてきました。これも先ほどご紹介がありましたが、ドイツは国家がなかなかできなかった国なのです。それだけに、近代国家というのは何なのだろうかということを一番研究していた国だったのですが、その一番進んだ国家学というのを参照して、その眼鏡で明治憲法を読んでいけば、明治憲法に、言わば近代の風を吹き込んでいくことができるはずだ。というわけで、それを研究するのが国法学という講座でした。

国法学講座は、論理的にも歴史的にも憲法講座に先行する講座でした。明治のインテリは、近代国家とか近代憲法の概念について、まずそこで勉強するところから始めたのです。まず勉強した上で、明治憲法を作り、それを受けて、明治憲法についての憲法講座というのができていく。日本の憲法学は、国法学を前提にした憲法学という知の形を取っていたということです。こういうスタイルでやっていったのが、戦前の美濃部達吉であるとか佐々木惣一などの立憲主義憲法学であったということです。このスタイルは、現在でも基本的には変わっていません。

これに対して、これも先ほど紹介がありましたように、こういう近代的な国家概念を使わないで、日本は日本だということで、日本の憲法の解釈をやっていこうという人たちもいたわけで、これが国体憲法学ということになっていくわけです。そのせめぎ合いが今日まで続いているということです。

ところが、ほかの国の憲法の本を見てみますと、こういうところが必ずしも入っていないのです。日本のお手本だったドイツを見てみますと、ドイツのヘッセの憲法の第1編、一番難しい理論的なところは、近代国家とは何かというところから入らないで、いきなり憲法とは何かというところから入っている。逆に言うと、芦部先生の教科書における第1部第1章第1節が存在していない。そういう特色がある。そうなるためには、やはり、人工的に創られた西ドイツとそれを取り巻く国際社会のもとで、それ自体が一個の主題となり得るそれなりの展開があったわけなのですが、憲法学の総論を憲法から始める、こういう知の形を取っているということに注目していただきたいと思います。

それに対して、フランスのファヴォルーの教科書を見ていただきましょう。このファヴォルー先生というのは、フランスにおける独特の違憲審査機関である憲法院の判例研究を流行らせて、フランス憲法学を法律学化させた方なのですが、その前に流行していたのは、『政党社会学』のモーリス・デュヴェルジェに代表される、いわゆる政治学的憲法学でした。これがまさに先生が留学された時代のフランス憲法学で、日本学士院賞を受賞された『近代立憲主義と現代国家』（勁草書房、1973年）で、詳細に分析されています。ところが、ファヴォルーになりますと、今度は――これは当時の流行り言葉でしたが――État de droit（法治国家）というところから入って説明していく。こうやって、憲法学の切り口がどんどん変わっていっているということがおわかりだと思います。

他方、イギリスでは、現在はEUをめぐる大問題もありますし、また人権法という法律を作ったりして、状況は全然変わってきているのですが、やはりもともと不文憲法伝統の国ですから、基本的に憲法学というのは、対象のはっきりしない、雲をつかむような学問だったわけです。かつて憲法というものは、歴史家か政治思想家が論ずるものであって、法律家が手を出せるような領域ではなかった。ところが、ダイシーという人が登場しまして、彼は、裁判所に行ったらちゃんと執行してもらえる「法」という、普通より狭い「法」の定義を武器にして、言わば小刀で軟体動物のような不文憲法に切り込んでいきます。そして、憲法という現象をえぐり出してみると、まずは、「判例法の支配」という意味での「法の支配」という原則が憲法を成しているらしいことがわかる。それからまた、ダイシーという人はベンサム主義者でして、ベンサムの言う最大多数の最大幸福という客観的な原理によって、立法を通じた改革をやっていこうとする流れに与していた。それまで伝統とか判例とかの世界だったイギリスを立法によって改革していこうという考えの人だったのです。そこで議会の「主権」ということを言いまして、当時の常識に反して、法の支配よりも上位の原理として「議会主権」というのを立ち上げていくことになります。

ダイシーは、そうやって、議会主権と法の支配のセットが「裁判所でも使えるような、法らしい法」であるという形で憲法に切り込んでいくのです。しかし、そこで止まらずに、そうした「法」にまつわりついてくるような部分についても、考察対象とする。それが習律（convention）といわれるものです。

しかも、そうした習律の中に、むしろ現時点での多数者の意思、あるいは立憲主義の精神が反映しており、「法」よりも価値的には重要なものが含まれる。むしろ、こっちの方が重要かもしれない、というように説明をする。こういう形で、もともと手の付けようがなかった不文憲法に対して、まずは小刀で切れる「法」の部分、さらにはそれにまつわりついてくる「習律」の部分という形で、初めて憲法現象を法学的に把握することに成功したということがあったわけです。

「法」としての憲法の構成要素としては議会の主権と判例法の支配の2つしかないということは、

翻って言えば、行政権というものの居場所がないということになります。これが、行政法はイギリスには存在しないのだという、彼の独特の主張につながっていきます。これに対して、フランスでは行政法が発達しているわけです。三権分立の定式のもとで、行政権は立法権や司法権と並ぶ三権の1つなのだという言い方が、なまじっかフランスで行政権や政府を甘やかしている。これに対して、ダイシーは、イギリスでは行政の引出しなんかないんだ、憲法は議会と裁判所によってできているという形で、かなり旗幟鮮明な憲法学を打ち出したのでした。

これに対して、いや、そんなことはないという議論も出てまいりまして、行政法は大事だとか、むしろ行政を通じて改革をしていくのが現代国家であるという立場の人が、反ダイシー派の憲法学を作っていくことになります。先にも述べましたが、そういう人たちは、議会主権という表現を避けて議会の supremacy と呼んだり、public law（公法）という、イギリスでは反発を呼ぶ非伝統的概念を強調して、『Public law』という雑誌を作ったりするわけです。こうやって不文憲法には不文憲法なりの切り口を見つけて、そして学問を作っていくという営みがイギリスではなされていく。

ところが、アメリカの憲法総論は裁判所論です。最高裁判所という切り口から、憲法現象を切っています。そのような次第で、憲法を理解する解釈図式としての「体系」が、国によって違っているという点にご注目ください。これに対して、先生は先生の仕方で、そうした既存の解釈図式や体系を相対化するために、「方法としての比較」を採用して未知の論点を切り出してこられた、そういうことだと思います。

樋口　今、あなたが出した話題に乗せて、あと2点だけ問題を出しておきます。1つは、今日のドイツでは、国家から始めるのではなくて憲法から始めるという、その論点です。面白い論点なのです。1つは現在のドイツ連邦共和国基本法という名の憲法ですが、国家があって憲法を作ったわけではなくて、憲法ができることによって初めて国家ができた。1949年の段階のことです。このいわゆるボン基本法ができた時点では、西ドイツという国家はなかった。あったのは、アメリカ合衆国による軍政が敷かれていた地域、イギリスのその地域、フランスのその地域。3つの地域があっただけなのです。この3つの地域から人々が選ばれて出てきて、基本法という当時は暫定のつもりだった憲法を作って、それぞれの地域の軍政長官の許可を得てそれが成立したことによって初めて、西ドイツという国家ができた。まさに成り立ちからして、国家があって憲法ができたのではない。基本法という名前の憲法を持つことによって、初めて西ドイツという国家が誕生した。それは形式上の問題ですが、もっと生々しい現実があって、ドイツ語で言うBlut und Boden（血と土）というところから国家を説き始めてはならない、そう考えるよう戦後西ドイツは自らを罰することを求められていたのです。基本法という名前の憲法を持つことによって、初めて君たちは国家であることを許されるんだよ、というのが生い立ちであったということです。実際にも、「民族」という「血」のつながり、「固有」の「土」を主張することは、ようやく成立した戦後ヨーロッパの安定を危うくしてしまうということが、危惧されたのです。

もう1つはフランスについて法治国家という言葉です。法治国家という言葉は、私どもが学生の頃、そしてその後しばらくの間、Rechtsstaatという、ドイツ語の翻訳でした。ところが現在、フランスだけでなくEC、EU、あるいはもっと広くヨーロッパ人権条約加盟国の範囲の中で、Etat de droit という言葉と rule of law という言葉が同じ意味で使われています。「ヨーロッパ」という緩い結合で共通に公用的に使われるのは、英語とフランス語です。フランス語の État de droit はいわば新しい言葉と言っていいし、英語で言う rule of law、とドイツで言う Rechtsstaat はむしろ対立的に説明されてきた。それぞれがそれぞれの歴史を背負っているのであって、rule of law と État de droit も決してイコールで結べるような話ではないのですが、あえてそのように使われています。

もちろん近代国家は人の支配であってはいけませんから、法による統治をしなくてはいけない。しかし、「法治」国家であるためにはまず「国家」でなければならない、というのがフランス的な発想になります。それがフランス流の「国家による」自由です。何からの自由かというと、歴史的に19世紀段階ではカトリシズムからの自由であり、それがフランス流の政教分離です。もう1つは、お金の力からの自由。これが日本流の言葉で言えば福祉国家ないし社会国家ということになります。「国家による自由」という場合もあくまでも自由という価値が大前提であり、国家によって、宗教権力から、あるいは経済権力から、一人一人の個人の自由をどうやって確保するか、というところから出発するのです。

アメリカ型の場合には、国家からの自由の中には、個人の自由も法人の自由も、宗教の自由もお金の自由も、皆入っている。ですから、政治資金規制のシステムがないと言ったら誤解なのですが、日本とかヨーロッパの国が考えるような意味でのシステムはない。お金を使って行う政治活動の自由、国家からの自由であり、どうしてそれを制限できるのか、というのがアメリカ型の自由という意味ですというところを申し上げたところで、時間になりましたから、ちょうどよろしいのではないでしょうか。

V　パネルディスカッションへ

石川　皆さんの中には、もっとここを突っ込んで聞きたい、というようなお気持ちがおありだと思いますが、そこは夕方の懇親会の機会に是非、直接疑問をぶつけていただきたいと思います。私としても、ご説明すべき点はまだたくさんございますし、他方で、説明に追われるあまり、先生の考え方との対決色を出せなかったことなど、反省すべきことが多いのですが、ともあれ、なかなかこういう機会がないと聞けない話を引き出せたのではないかと思いますので、ひとまず最初のセッションをこれで閉じたいと思います。どうもありがとうございました。

司会　どうもありがとうございました。いかがでしたでしょうか。すっかり「憲法を学問する」モードに切り替わったのではないかと思うのですが、次は分科会の講師の先生方4人によるパネルディスカッションです。そこで、各分科会で先生たちが掲げたテーマに直結するようなお話もあるかと思いますので、またここで今の対論のテーマと結び付けながら聴いていただければと思います。石川先生には残っていただいて、蟻川先生と宍戸先生と木村先生、お願いいたします。

第2部

パネルディスカッション

石川健治　蟻川恒正

木村草太　宍戸常寿

樋口陽一

石川　それでは引き続き、分科会の講師の紹介を兼ねまして、４人でパネルディスカッションを90分ということで、場合によっては樋口先生にもう一度登場していただいてもいいのではないかと思いますが、よろしくお付き合いいただければ幸いです。

まず、各講師の紹介をさせていただきたいと思います。向かって左から、第2分科会「個人の尊厳」担当の蟻川恒正さん、第3分科会「立法と司法」担当の木村草太さん、第4分科会「表現の自由」担当の宍戸常寿さんです。私は、先ほどから登場しております石川と申します。第1分科会「統治と行政」の担当です。それぞれ高名な先生方でご存じの方も多いとは存じますが、これだけの講師陣をそろえられたことについて、私としては大変誇らしく思っています。

Ⅰ　「憲法学の体系」を聴いて

石川　さて、話の切り口として、今、樋口先生との第1セッションを聴いてくださっていて、どういう感想をお持ちになったのか、この辺りからそれぞれご意見を伺っていきましょうか。では、蟻川さんから順番にお願いします。

蟻川　蟻川です。よろしくお願いします。

国家から始めるか、憲法から始めるかというのは、非常に重要です。例えば、立憲主義を重視する人たちに反対する反動的な思想傾向にあると言われる人たちが議論をするときの常套的な駁論のし方として、「憲法起こって国家滅ぶ」、というのがあります。国家と憲法を対比的に捉えて、「憲法を救うかもしれないけれども，それでは国家が滅びるではないか」と言うわけです。国家と憲法の関係にはいろいろな捉え方，また，側面があって，憲法が国家を創るという側面もあり，創られた国家の行動を憲法が縛るという側面もありますが，ある種の西欧の伝統の中には，国家と憲法というものは一体と言いますか，一体といってもいろいろなニュアンスがあるのですけれども，国家というものを法的に見たときに，それが憲法だという考え方もあります。国家と憲法という基本概念から憲法学という知のあり方のいろいろな形を見ていくことは，今の日本でもまさに，「それでは国家が滅ぶではないか。憲法を救うだけでどうする」という根強い議論があるので，非常に重要なことだと思います。

その意味で言うと，国家というのは何なのだろうというふうに思いますが，国家の代表として，国家というものを一人で体現しているかつての絶対君主をイメージとすると，そのイメージとしては，自分の好き勝手に振舞って，我が儘放題で政治を恣《ほしいまま》にするというイメージが確かに一方ではあるわけです。しかし，国家というものを本気で担おうとすると，それではやはりできないですから。例えば，有名な「朕は国家なり」という言葉は，絶対君主が「俺が国家だ」というのですから，何でも好き放題できるというふうに解釈されることも多いのですが，逆に言えば，「俺は国家だ」と，だから，自分の勝手にはできないのだ，あらゆることを考えて自分が振舞わなければならないのだ，という意味で，国家という表象を使うことは，あらゆる事態，あらゆる利害を考慮に入れて，公共的に振舞わなければならないという面が同時に出てくるということが重要です。そういう点から考えることも，国家と憲法の関係を考察する上で必要であるような気がします。そういう意味で，先ほどの樋口先生と石川さんの「対論」は、「憲法を学問する」というテーマにとって、憲法の学問体系の一番の土台から切り込んでいく話だったなという印象を受けました。とりあえずは以上です。

木村　非常に印象深かったのは、樋口先生は、語学的な問題もあって、ロシア社会主義憲法には目が行かなくて、仏、独という形で比較憲法をされたというお話をされていました。しかし、やはり英、米、独、仏の憲法に立ち戻るというのは、日本憲法学の本当に基本的な形になっておりまして、大体どの憲法学者も助手論文、博士論文は、まずはこの4か国のどこか、あるいはそれらの比較をするというところから始まります。あるいは、芦部先生の憲法教科書でも、項目立てを見ると、例えば、国民主権の所はフランス、基本的人権や憲法訴訟はアメリカ、解散権はイギリス、総論はドイツ国法学の影響を強く受けているような形です。したがって、今回のようにフランスやアメリカの憲法を見てみると、何となく懐かしいというか、自分たちのものであるような気もするというのが日本憲法学の特徴であると思います。また、そこから出発しなくてはいけないのだということを打ち立てたのは、樋口比較憲法だったのではないかと改めて感じながら、お話を伺いました。

なぜ日本の憲法学にとって比較憲法の視点が大切なのかについては、林知更先生が『現代憲法学の位相』（岩波書店、2016年）という論文集の中で印象的なことを語っていらっしゃいます。林先生は、「現在の日本は第一共和政の苦闘の段階にある」とおっしゃっています。これは非常に論争的な言い方なのだけれども、自分としてはそういうふうに提示したいとおっしゃっている。第一共和政というのはフランス革命直後の政体であったり、ドイツであればワイマール共和国であったりするように、非常に反動復古勢力が強い。蟻川さんは「国家という表象を使って闘ってくる人たち」ということで紹介しましたが、そういう人たちが一定の勢力を持ちます。王政復古や「帝政時代の人権が制限できるような時代のほうが良かった」と主張する人たちとの共和政、民主政との闘いという中で、緊張感を強いられた形で、憲法や国家が論じられる。第一共和政とは、そういう時代であると指摘されていました。それは、憲法の正統性自体がかなり深刻な批判にさらされる世界でもあります。そうした環境の中だからこそ、日本の憲法学は、立憲主義の先輩の国々からいろいろな道具立てを輸入し、普遍的な立憲主義の理念を実現するには憲法が必要だ、今の憲法には正統性があるのだ、という議論を強くされてきたのではないかと思います。

これに対して、先ほど石川さんも「最近のドイツの教科書は非常に形式的でつまらないという見方もできる」という話がありましたが、林先生も「非常に議論は緻密なのだけれども読んでいて面白くない」というようなことをおっしゃっています。それはまさに憲法の正統性そのものについて、今のドイツではあまり論じる必要がなくなってきている。日々の法律問題、憲法律の適用に関わる問題を解決するための非常に形式的で緻密な議論というのが求められている段階のドイツと、憲法の正統性そのものを常に議論しなくてはいけない日本とでは、憲法学の知のあり方がかなり違っている。それが林先生の論文の1つのテーマです。やはり、憲法の正統性と憲法学の知のあり方には、非常に強い連関があると、今日のお話を伺っていても強く感じました。

宍戸　宍戸です。もう、蟻川さんと木村さんから決定的な話がありましたので、私は先ほどの対論を伺って、憲法学のあり方、あるいは憲法学の「体系」にこだわられたことの意味について、少し違う角度から補足的に話をさせていただきます。

樋口先生のお話を伺っていて、なぜ体系が憲法学で必要かということについて、講義での必要性を出発点にされていたことに、非常に強い印象を受けました。それは、大学での講義が、学問あるいは知のあり方にとって決定的な意味を持つという、日本の大学あるいは日本の知の伝統の、言わば最後の世代に樋口先生は属されている方ではないか、ということを感じました。

今、我々研究者が憲法の研究をすることと、大学の学部あるいは法科大学院で授業する憲法の内容には、かなり大きな差というか距離が開いてしまっていることは、否定できないわけです。木村さんがおっしゃったように、一面において憲法の正統性の問題、他面において技術的な論点の問題のそれぞれが股裂きの状態で、憲法の研究者のやるべき、勉強すべき事柄は非常に増えている。その中で、とりわけ大学の学部の講義においては、どう要領良く知識をパッケージ化して、できれば思考力、原理原則から考える力を教えるかという、教育上の方法論的な観点から講義を組み立てることになり、そこに教師一人ひとりの腕というか、工夫の見せどころも苦しさもあるわけです。そのため講義における体系性はかなり崩れており、それが結局、憲法学の体系性も、研究者同士の間での共通の基盤も、崩れることにつながっている。自分は例えばアメリカ憲法の勉強をして講義ではこのやり方で組み立てている、他方でドイツ憲法を研究した人間は自分の関心からこう講義をしているということで、共通の体系もなければ、一人ひとりの研究者における体系性も憲法学のあり方として崩れてきているのではないか。それに対する非常に強い警告を、私にとっては非常に強いお叱りを、いただいたように思います。

もう1つは、フランスにおいても憲法学の法律学化が進行している、ドイツの憲法もつまらなくなってきているというお話がありました。憲法学が裁判実務で使える、日本においては違憲審査制の運用の中で、裁判所が憲法に基づいて判断をすることに対応する、判例を分析して裁判になったらこうなるだろう、あるいは、裁判ではこういう判断の仕方をしなければいけないという議論がされるようになってくる。そうすると、憲法学が裁判法学化してくる一方、大学で研究者が専管的にやっている問題ではなく、その外側に、憲法をめぐる知のあり方の決定的な部分が移行していくことになります。裁判官が、裁判所の判決を説明している最高裁の調査官が、あるいは裁判で争っている実務家の方がどう言っているかへ、次第次第に知としての憲法のあり方が移っていきます。

他方で憲法の正統性をめぐる議論については、昨年来の憲法論の過熱化を見ればわかるように、例えば市民の方々、あるいはジャーナリズムの世界、もちろん政界での議論のほうへ、憲法をめぐる知のあり方も移っていく。その中で、大学において憲法を、学問という知の形でどうやって教えるか、そこにもう一度、体系をどう組み立てるか。そういった非常に重たい宿題を、今日の最初にいただいて、私は今、結構打ちひしがれているのですが、差し当たり、対論を聴いていてそのような印象を受けました。

Ⅱ　それぞれの「知的母国」から

石川　どうもありがとうございました。それぞれ非常に示唆的なお話だったと思うのですが、先ほども木村さんをはじめ何人かの方がおっしゃったように、日本の法学というのは、全員、比較法学なのです。ですから、どこまで比較法学の手を広げるかは人それぞれですが、比較法学者でない法学者はほとんどいない、一人もいないと言っていいぐらいで、方法としての異世界というものを、それぞれ自分で持っているということです。逆に言えば、そこが知的母国になっていて、その物差しでのみ、しばしば物を見がちであるということでもあるわけです。

私の場合、若い頃は何でもやってみようということで、英米独仏伊、手当たり次第に勉強していましたが、結局のところ、やはり参照軸になっているのはドイツということになっている人間です。これに対して、蟻川さんは、お若い頃から、専らアメリカということになりますね。木村さんも、あえて知的母国を探せば、やはりアメリカということになるでしょう。宍戸さんは、今どういう状態ですか。

宍戸　最初はドイツでしたが、現在は母国を失ってしまいました。

石川　留学は方向を変えてアメリカに行かれましたね。そういうわけで、皆さんそれぞれ、実は方法としての異世界というものを持っておられる。これは結局、日本語で語っていても同時に外国語で語っているというか、そういう状態での学問の仕方になるわけです。我々研究者はついつい会話の中に外国語の単語が出てきてしまったりするのですが、これは別にペダントリーとして言っているわけではなくて、まあペダントリー自体が英語ですが、何か衒学的に言っているわけではなくて、まさに日常的な、普段の思考がそうなのです。

外国語のキイ・ワードを口にすることで、当該知的母国における議論の文脈を意識し、意識させる。日本固有の国柄といった内輪でだけ通用する議論でなく、外国語に翻訳可能あるいは通約可能な議論を心がけているということでもあります。それが日本の知識人の基本的なあり方であるということは、良くも悪くもあるわけです。分科会で講義を聴いていただくにあたって、講師は言葉の端々に、私の場合で言えばついついドイツ語が出てきてしまう、というような状況にあるということを、ご承知おきください。まずそのことをご紹介いたします。

Ⅲ　国家と立憲主義の narrative

石川　先ほどお三方から出た論点の中で、1つは国家をどう語るかということについての議論が出てきました。もう1つは、憲法をどう語るか、あるいは立憲主義をどう語るかという議論が出てきたと思うのですが、そうした語り（narrative）それ自体について語り合う前に、まず私なりの整理をしておきましょう。

まず前者について、蟻川さんが、「憲法起こって国家滅ぶ」みたいな議論に言及されたのですが、これは非常に大事な論点で、ここにおいでの皆さんも、芦部テキストのように「国家を通して憲法を見る」と、憲法よりも国家を優先するような見方になってしまわないか、という疑問をお持ちだと思うのですが、これはそうならないのです。

というのは、例えば先ほどご紹介のあった、国法学という窓口を通じて勉強している国家とは、あくまで近代に普遍的な国家であり、しかも、それを法の眼鏡を通して見た国家、つまり法学的な国家論であって、先ほど樋口先生から「血と土」という話が出てきましたが、そういう民族や国土であるとか伝統であるとかといった、実態不明の怪しげな観念は、法学的国家論の眼鏡には映っていないのです。例えば、美濃部達吉の憲法学は、まさしく法学的な国家論としての国家法人説という眼鏡を通して明治憲法を見たら、天皇は国家法人の最高機関にしか見えない、という図式でやっていたわけです。だからこそ、怪しげな国体論を持ち込もうとするタイプの国家論によって、彼の学説は1935年に葬り去られることになってしまう。そういうことになります。

ですから、国家の語り自体に、法学的な国家論という網が戦前はかかっていて、それが良かれ悪しかれ、日本の憲法学の体系に現在でも影響を与えているということがあります。例えば、芦部先生の教科書の第1ページに書かれている「国家」は、近代国民国家を定式化したイェリネックという人の国家三要素説によって定義されており、近代国民国家の像をベースにしてこれから憲法を語るぞというふうに、芦部テキストは21世紀の今日でも言っています。

しかし、その国家像は、果たして今日でも自明なのだろうかという問題があります。それから、そこにいう国家なるものの包蔵するロジックが、実はそれぞれの政治社会のなりたちによって違っているという問題があります。例えば、樋口先生がフランスの国家の語り方について調べられて、「国家による自由」を強制する「強すぎる国家」である、という指摘をされました。だから、場合によっては、これは日本には向かないかもしれない、という議論があったわけです。

フランスのピエール・ビルンボームという政治社会学者の言い方を借りますと、一口に国家といっても、それぞれの国家が内在させている論理には強いものと弱いものとがあり、そこに着目すると「強い国家」と「弱い国家」とに分類できるのだという整理をしています（参照、石川健治「自分のことは自分で決める」樋口陽一編『ホーンブック憲法〔改訂版〕』〔北樹出版、2000年〕124頁以下）。

例えばイギリスの場合は弱い国家であり、イギリス人は、「強い国家」の表象である state という言葉を嫌って、可能な限り government と言い換えます。お配りした資料（本書巻末）をご覧いただきますと、テキストの第3部のタイトルは「市民と国家（Citizen and State）」ではないかと言われてしまいそうですが、原本にはちゃんと注釈がありまして、特に「王位と国王大権」の章の冒頭では、イギリス人は本来「国家（state）」という観念を決して発展させてこなかったと明言し、ドイツ人なら「法人としての国家」という定式で説明するところも、「王位（the Crown）」で代替するのだ、ということを書いています。アメリカもまた、あまり強い国家を作らなかった。だから連邦制なのです。そうなると、芦部先生のように、国家論がケースブックやテキストブックの冒頭に来る、などというようなことはない、ということになります。

これに対して、「強い国家」を指向したのが、フランスやドイツだと言われています。それをお配りした資料の中に確かめますと、フランスの場合、たしかにファヴォルーの体系書も、法治国家（État de droit）論から始まっていますね。これに対して、ドイツのヘッセの体系書は憲法から入っていますが、これについては先ほど樋口先生からもご指摘がありましたように、「あえて国家論から入らない」という自覚的な試みだった、と受け止めるべきでしょう。

ということは、ここが重要ですが、この4人の講師の中でも、知的母国が違う以上、それぞれ想定している「国家の語り」「国家の論理」が違っており、一緒に国家について議論しようとしても、議論の枠組が食い違って、齟齬が生ずるのがむしろ当然だ、ということなのです。他方で、「憲法の語り」あるいは「立憲主義の語り」についても、知的母国が違いますので、実は講師それぞれの間で、理解がまちまちだと言っていいと思います。それは、そうした「空間」的な齟齬だけでなく、比較の「ものさし」となる「時間」の側面についても同様です。

それこそ時間の関係で、日本における「時間」軸に沿っての比較についてだけ申しましても、立憲主義の語りについてはいろいろと消長がありまして、この立憲主義ということをさんざん語っていた時代と、ほとんど語らない時代というものを経験してきています。戦前はとにかく「立憲主義、立憲主義」。実は昨日（2016年6月10日）、私の解説つきで講談社学術文庫から復刊された、憲法学者・佐々木惣一の『立憲非立憲』という本があるのですが、それも「立憲主義、立憲主義」というふうに言っている。

ただ、その場合の立憲主義というのは、ドイツ語でいう立憲主義（Konstitutionalismus）で、立憲君主主義と同義です。批判されるべき絶対君主主義と、実定憲法上採用できない民主主義とのはざまで、自覚的に、あるいは戦略的にそうしておられるのです。特定の文脈の立憲主義の語りが支配的だった大正期の言説空間の中で、ご自身の立場が、おのずから中庸を行く立場として受け止められるように、工夫されているわけです。佐々木先生は、立憲主義と民主主義が論理的に両立不能と考えておられたわけではなく、実際、戦後になりますと、立憲民主主義を語られるようになります。

しかし、戦後しばらくして、あまり立憲主義という言葉が、一般には聞かれなくなりました。みな民主主義を語るようになる。本当のところは、戦前だって、立憲主義の訴求力は限定だったのかもしれません。ちょうど100年前の1916年の1月に、吉野作造は民本主義で勝負を掛け、その同じ月に佐々木惣一は立憲非立憲で勝負を掛けていたのでしたが、主張内容はほぼ同じであったにもかかわらず、どちらが世間に受けたかというと、言うまでもなく吉野の民本主義が圧倒的に受けてしまったわけです。やはり、民主主義系統の議論のほうが、民衆の心をつかむのでしょうね。とはいえ、立憲制度や立憲政治という言葉の訴求力は、それでも旧憲法体制下では、かなりのものがあった。ところが、戦後は民主主義が一方的に受ける形になり、立憲主義のほうが主張内容の核心をなしている局面でも、「民主主義、民主主義」といわれる状態になる。戦前政治の旗印だった立憲主義は、古臭く感じられたせいか、世間的にはしばらく流行らなかった。憲法の本にはちゃんと書いてあったのですがね。

この立憲主義、とりわけ近代立憲主義という言葉に力を再び与えたのが、ここにおられる樋口先生であったということで、樋口先生の憲法学に学んだ世代、つまり我々この4人ですが、樋口先生の憲法学が大きな影響力を発揮した世界に育った者からすれば、むしろ立憲主義の語りが当たり前ということになります。特に直接の弟子である私と蟻川さんにとってはそうであるというわけです。

Ⅳ 樋口「近代立憲主義」論をめぐって

石川 私などは「あまのじゃく」なものですから、そういう恩師の下で育ちますと、先生と違うことを言わねばならないのではないか、師匠を乗り越えるのが弟子の仕事だろうというふうに、とりわけ若い頃は思い定めまして、私は実は、できるだけ樋口先生の近代立憲主義という言い方に寄り掛からないようにして、ずっと議論してきた傾向があるのです。例えば都立大学にいた頃の一般教養の憲法講義では、樋口先生の岩波新書で出された『自由と国家』（1989年）という本をテキストに使って、そこに書かれていること全てを否定する、という講義をやったこともあるぐらいです。

というわけで、あるとき私の講義を聴いてくださった岩波書店の編集者が、「先生の講義には近代立憲主義が全然出てきませんね」とおっしゃったのには、「なるほど」というか「やっぱりそうなんだ」と思いました。樋口先生の意味での近代立憲主義について語るときも、できるだけ別の言い方で説明するように努めていたということなんですね。ほかにも、樋口先生ならば絶対に井上ひさしの『吉里吉里人』に言及するだろうなという文脈では、必死で堪えて『吉里吉里人』は出さないようにする。それで何を出したかというと、小説家のヘミングウェイの弟の話だったのですが（「『国家結合の理論』と憲法学――Sezession の可能性」塩川伸明＝中谷和弘編『法の再構築Ⅱ 国際化と法』〔東京大学出版会、2007年〕33頁以下）。

そんなふうにして、師匠の掌の上で踊らないために、私はできるだけ師匠の枠組に寄り掛からないよう、かなり意地を張って堪えてきたというところがあるのです。最近は、割と無理しないで普通に「立憲主義」というようになっていますが、それでも「近代」立憲主義に逃げないで佐々木惣一を導入するなど、それなりの工夫はしています。

これに対して、蟻川さんは、樋口先生の「近代立憲主義」へのコミットメントを、どちらかというとスッと抵抗感なく言ってこられましたよね。その辺りはどういう気分だったのか、ちょっとここで伺ってみましょうか。

蟻川　面白いことを聞かれますね。私は、圧倒的に樋口先生の影響下に研究をしていますが、石川さんと全然違うなと思うのは、石川さんが樋口先生の磁力圏から逃れようとして批判的に振舞うことを意識してされている点です。

私はそれをしていません。しかしもちろん追従するという意味では全くありません。自然に振舞っているという面もありますし、樋口先生の言われていることが私は非常にもっともだと思うことが多いものですから、その意味では従っているのかもしれません。しかし、仮にその意味で樋口先生に従っているように振舞っている場合であっても、私は、否応なく先生の磁力圏から逃れている自覚があり、否応なく誰とも同じでない道に入りこんでしまっている感覚があるので、その磁力圏にこだわる必要自体を感じないということなのです。最近、私は樋口先生から批判を受けることがありました。しかしそれは先生と違う考えを説いたからではありません。先生は、自分と同じ考えではないから批判するなどということは絶対にされません。むしろ私と同じ考えなら書くな、私を批判せよ、というのが、樋口先生の基本的な姿勢です。最近いただいた批判というのは、私が提起している立憲主義の考え方には危い側面があるということを樋口先生が適切に強調してくださったものです。私は、その危うさは、樋口先生ご自身の中にも少なからずあるものと考えておりますだけに、批判をいただけたことは、先生ご自身の学問への誠実さを私に振り向けていただいたと勝手ながら受け止めております。この例はその点で些か特異ですが、一般的に言えば、私の場合は、私自身が自然に先生と同じことをやっていると思っていても、いい意味でも悪い意味でも絶対に同じにはなりえない自信があるので（笑）、「影響の不安」（ハロルド・ブルーム）については比較的安心しているといいますか、磁力圏から逃れようとする必要を感じないというところです。もっとも、自覚しない影響が一番気をつけるべきことであるということは、私なりに考えているつもりです。

石川　非常に面白い答えを引き出せて、良かったのではないかと思います。では、木村さんはどうですか。樋口先生とは一番年が離れているわけなのですが、どういう受け止め方ですか。

木村　宍戸さんのお話にもありましたように、私の世代の研究者、教育者は、法科大学院立ち上げと大学教師としてのスタートがほぼ一緒ですから、法科大学院での教育というものを否応なく意識せざるを得ない。そこでは、憲法判例の素材となるような具体的な問題があって、「とにかくこの問題に法的に答えを与えなくてはいけない」と日々追われるというのが基本です。私はもともと、法科大学院がなかったとしてもそういう分野で研究を進めたいと思っていました。助手論文はアメリカの判例研究でしたし、目標地点は、「日本の最高裁の判例解釈に影響を与え得る緻密な解釈論を定立する」というところにあります。そうすると、樋口先生が行われている比較憲法や立憲主義の理念、あるいは国民主権論争といったものからは、フィールドが大分違うところで活動するということになります。

しかしながら、意外にもと言うべきか、当然のことながらと言うべきか、樋口先生の研究の影響は非常に大きいのです。つまり、個別の具体的な問題解決は、樋口先生などが作った土俵の上で行います。個人の自律であるとか、法人の人権というものについて、深く考えないと、個別の具体的な問題は解決できないのです。樋口先生は法人の人権について非常に批判的で、警戒を持って臨まなくてはいけないとおっしゃっています。もちろん「法人の人権に警戒せよ」というだけでは、個別の具体的な問題を解決できるわけではありませんが、個別の問題に関するA説、B説といったところに大きな影響を与えている。例えば、「B説があり得ない」と評価される理由は、樋口先生の示された理論の土俵を割っているからだということになる。つまり、樋口先生の憲法学は個別の問題を解決するときの土俵となっている。私のようなスタンスの研究者も、樋口先生の憲法学と向き合い、また、援用しているのだと思います。

V　総論の時代と各論の時代

石川　なるほど。これもなかなか面白い話だったと思います。宍戸さんにもご意見を伺いたいのですが、もう既に別の文脈でこの問いへの答えをおっしゃっておられたので、ちょっと質問を変えましょう。

私が大学2年生のときに受講した法学史という講義の中で、先年亡くなられた民法学者の星野英一先生が、学問というものは総論が厚い時代と各論中心の時代が繰り返されて成立してきた、と強調されたのをよく覚えています。まあアコーディオンみたいなもので、総論が広がる時代もあれば各論が広がる時代もあって、それが交互に来るということをおっしゃったのです。

例えば、商法でいうと、最高裁長官をされた田中耕太郎という方は、商法学者である前に法哲学者である。カトリックの法哲学という、日本では比較的珍しいタイプの法哲学を説いておられた。そして、樋口先生が先ほどコミットメントを示された意味での、フランス的な「共和国(république)」というものに対して、田中先生は非常に強い反感を示しておられます(『法と宗教と社会生活』〔改造社、初版1927年〕)。フランス人の多くが望まない仕方で、カトリック教会を無理やりに「共和国」から引き剝がした——それが、共和派の強行した、1905年の政教分離法でしたから。

そうした非常に旗幟鮮明な法哲学を持った田中耕太郎学説の後に来たのが、鈴木竹雄という先生で、この方はまた、非常にきちんとした頭の良い解釈論をされる先生で、切れ味が素晴らしいのです。その分、総論がない。独自の「創造説」を打ち出した『手形法・小切手法』(有斐閣、1957年)などは別かもしれませんが、非常に総論の薄い商法学になります。

こういう形で、総論の時代と各論の時代が交互に来るというのです。民法でいえば、星野先生にとっては師匠にあたる、我妻榮先生の時代の次に、川島武宜先生という非常に理屈っぽい民法学者が出てきて、総論が厚くなる(川島『民法総則』〔有斐閣、1965年〕)。我妻先生も理論研究を怠らなかった先生ではありますが、両者の『民法総則』を比べれば、学問の性質の違いは一目瞭然です（我妻『民法総則〔新訂〕』〔岩波書店、1965年〕）。その後に続く世代としては、注を有効活用して各論的論点を網羅的に拾った教科書『民法総則』（弘文堂、初版1972年）で有名な、四宮和夫という先生を挟んで、星野先生がおられます。

この点、私の世代が学生時代に溺愛していた四宮・総則に対して、星野先生は、「何でも書いてある」という、決して褒め言葉ではない評価を与えておられた。四宮・総則は、概念法学的には結構しっかりとしたバックボーンをもっている点で、総論的にも卓れた書物だと私などは思いますが、たしかに総論の叙述の分量が薄かったのです。で、ご自分はというと、今度は総論が厚くなる番だとおっしゃって、実際、『法哲学と実定法学の対話』（有斐閣、1989年）を企画されたのをはじめ、とりわけ晩年はこういう総論の方向で非常に優れた仕事をなさいました。

そういう学問の形の変遷の中で、宍戸さんはご自身のあり方をどう捉えておられるか。こう聞けば、またちょっと違う答えを引き出せるのではないかと思って聞いてみているのですが、何かございますか。

宍戸　問いのハードルが急に上がったような気がしますが、まず、憲法学の大枠として、総論が流行る時期、人権論をやる時期、そして統治をやる時期の3つの循環が、混合政体学のようにあります。樋口先生、それから、ご自身たちは否定されるかもしれませんが樋口先生の強い影響を受けた石川先生、蟻川先生は、我々の世代から見ると、かなり総論が強い印象があった。その後は、ロースクールで、木村さんに代表される人権論が非常に強い時代になった。私は傍観者ですが、今は、統治のほうに少し関心が移りつつあるのかなと見ております。もう1つ、発散といいますか高度に専門化していく力学と、理論的な切れ味を押さえる、あるいは意図的にそれにブレーキを掛けてでもまとめる、整合させるという力学が、憲法学では交互に来ているのではないか、と私は思うのです。

私の見るところ、芦部先生の憲法学は必ずしも理論的な切れ味が低いというのではなくて、各論における憲法学の知恵を1つのパッケージにまとめられたほうだと思います。むしろ樋口先生は、一回その知の形を壊して、我々の後進の世代がより自由に、それぞれの関心に即した理論的研究をすることを許す環境を、作ってくださったのだろうと思うのです。

他方で、他の隣接の法学分野から見たときに、それがあまりに行きすぎると、共通言語がなくなって、一体、憲法学ではどう考えているのか調べようとしても、一人一説の戦国状態で、一体誰の本を読めばいいのかわからないということも起きるのです。しかし、規格化が進み、また非常に単純で図式化された議論が人権論の中でなされるようになると、これはこれで学なり知のあり方としてそれでいいのかなという状況にもなります。自分はどこに立ち位置を探していけばいいのかな、と見ているような感じです。

石川　ありがとうございました。総論→人権→統治→総論、というサイクルなのでしょうか。たしかにそれはあるのかもしれませんね。おそらく憲法を学問する場合に特有の問題として、政治の時代とそうでない時代が、交互に来ているということがあるのだと思うのです。政治の時代においては、まずは統治があって、その裏付けとなる総論が求められ、両方に必要になります。

そのことについて思い出すのは、例えば今日の話に出てきた芦部先生などは、実は政治学科出身だったことです。憲法訴訟論に力を入れて、憲法学を法律学化された印象のある先生は、当然法律学科のご出身だと思っていたら、そうではなかった。当時の政治学科にあたる第3類は、我々の学生時分には完全な少数派になっておりましたが、先生のお話では、学生時代の東大法学部には法律学科と政治学科が同数いたので、自分は政治のほうがいいなと思って選んだ、というのです。

例えば芦部先生の先輩筋では、あの美濃部達吉が政治学科出身であるのに対して、筧克彦という柏手を打って憲法の講義をした先生は、同期の法律学科出身です。それから、先ほど佐々木惣一の話が出ましたが、京大のほうもやはり同じ状況でした。佐々木惣一は法律学科出身だったのに対して、同期の政治学科からは佐藤丑次郎が生え抜きとして大学に残りましたが、結局両方とも憲法学者になりました。佐藤丑次郎は、京大に残ったときは政治学の先生だったのですが、その後東北大に移って憲法学者になりまして、天皇主権論で同期の佐々木と対抗します。かつては法律学科と政治学科は全くイーブンで、「やはりそれは、当時が政治の時代だったから、なんだよ」と、芦部先生は話しておられました。

ひとくちに政治の時代といっても、体制変動期なのか、そこまで行かない程度での「政治の時代」なのかでも、状況が違っています。ロシア革命やドイツ革命が起こる、ということになると、平時の憲法学では、そうしたスケールでの体制変動期を説明できません。日本の憲法学に影響を与えた時代のドイツの通説だった国家法人説は、いわば平時の憲法学・国法学であって、法人の設立・廃止の局面をうまく説明できないのです。そこで、何通りかの「革命の憲法学」が出てきます。

例えば、体制が移行する例外的な「瞬間」を、憲法制定権力という概念を使って、憲法制定権力が移動したのだというふうに説明するような憲法学も出てくれれば、法秩序の根本にある根本規範が移動したのだという形で、その後の説明を法学的に一貫させようとする者が出てきます。あるいは法秩序を、時々刻々更新される「現在」の連続と考えて、「現在」を常時成り立たせているメカニズムを解明する、よりダイナミックな憲法学を試みる者もいます。

日本の場合は、やはり何と言っても、日本国憲法の制定過程を体制変動として捉える必要があったために、これを説明する枠組が必要で、それをとにかく作って、まずは憲法の、先ほど木村さんがおっしゃっていた正統性というものを確立するという段階があるわけです。そうした議論をやらなければいけないと思っていた世代の、割と最後のほうが芦部先生だった。そして、憲法の正統性が一旦安定しますと、今度はそういう議論そのものを疑おうという動きが出てきまして、樋口先生などは、むしろ既存の議論を疑うという「イデオロギー批判」の手法によって非常に論争誘発的な学問のあり方、学問のスタイルを選んでこられたということもあります。

その後に出てきた高橋和之先生について言えば、「イデオロギー批判を超えて」統治のメカニズムそれ自体を主題化する憲法学として登場されましたが（高橋和之「『イデオロギー批判』を超えて——憲法学の課題についての覚え書き」社会科学の方法13巻7号〔1980年〕）、恩師の芦部先生が民主主義論から人権論に重心を移動されるのにつれて、高橋先生も関心を内閣制度から憲法裁判制度に移動していかれたのかな、という気もいたしますが。

そうした戦後日本の統治機構論に関して、やはり大きかったのが55年体制です。55年体制成立までは、むしろ中道連立政治の時代で、連立の離合集散にあわせて政治状況がどんどん変わっていく状況でした。「出席議員」の数に白票をカウントするかしないかという統治機構の細かな解釈論が、現実政治に直結するという状況だったわけです。ところが、55年体制でいわゆる一党優位の体制になりますと、何を言ってもどの説をとっても、結果は変わらない。自民党が勝つのは決まっているわけですので、いくら勉強して解釈論を立てても仕方がないということがあり、統治機構論そのものへの学者の関心が薄れてしまった。そこで、ある範囲の人々は、当時勢いのあった革新自治体に期待をかけましたが、芦部先生をはじめとして、むしろ裁判を通じた憲法の実現ということを目指して、憲法訴訟論に方向転換してゆく展開になります。ですから、実は、憲法の教科書に出ている統治機構論の論点なるものは、ほとんどが55年体制確立前に出来たもので、古い論点ばかりなのです。

だから逆に言うと、戦後のスタンダード・ワークだった清宮四郎先生の『憲法Ⅰ』（有斐閣、初版1957年）は、憲法訴訟論を除けば、21世紀の今日でも内容が全く古びていないのです。しかし、90年代に入り政治改革・行政改革・地方制度改革・司法改革を経験することで、状況が変わってきまして、これは確実に統治の時代が来ているはずなのです。統治機構に関する憲法論が必要とされる時代がやってきた。すぐに学問は動きませんが、改革後20年を経て、ようやくその流れになってきているということを、先ほど宍戸さんがおっしゃったのではないかと思うのです。

Ⅵ　統治の時代

木村　今は統治の時代ということで、それがどこから始まっているのかは人によって感覚が違うのでしょうが、私はやはり小泉郵政解散が原点だと考えています。小泉郵政解散以降、統治システムに負荷がかかっていて、それについて真剣に検討しなければいけないということが多くなってきていると思います。昔は「違憲」というと、例えば非嫡出子の相続分差別であったり、デモ隊が規制されていって表現の自由だったりしたところが、今は、解散権の濫用であったり、2015年の安保法制であったりするわけで、統治のほうに論点が動いてきているという気がします。

石川さんと樋口先生の違いとして1つ大きいのは、9条の位置付けだと思うのです。例えば、芦部先生の教科書では9条は総論に置かれています。「平和主義」という形で、非常に崇高ではあるのだけれども、雲をつかむような形で議論されてきた。そういう伝統の中で、私は助手の頃に石川さんとお話をしていて、「憲法9条は統治の論点なのだ」という視点を教えてくださったのが非常に印象的でした。

外国の憲法学では、憲法9条的な内容は、統治の部分に置かれています。例えば、イギリス憲法だと、統治制度の16番に軍隊の項目があります。アメリカ合衆国憲法では、議会権限の中で、戦争権限を語っています。あるいは、フランスやドイツの教科書では、戦争や軍については、大統領、首相または議会の権限というところで扱われなくてはいけないということになります。

私は9条を統治の論点とするのか総論と論点と位置付けるかというのは、非常に重要だと思います。例えば2015年の安保法制のときにも、「非立憲主義的である」とか「平和主義の転換である」という批判と同時に、「そもそも海外派遣の手続が憲法に書いていないのに、なぜそれができるのだ」という、非常にテクニカルな統治機構論からの批判もあったように思います。

そこで、石川さんが9条は統治の論点であると言ったことの趣旨を、樋口先生との対比というところでもう少し聞いてみたいと思います。それについて解説をいただけますか。

石川 実は私の心づもりとしては、先ほど来樋口先生の対談から続いた議論を、そろそろ、それぞれの分科会の内容に引っ張っていくようなモードにしようかと思っていました。たまたま私のところに振られましたので、私の「統治と行政」という主題に関連して、お答えしておこうと思います。

戦争を含む軍事力の行使というのは、国の統治権限の中で最も代表的なものであるわけです。それを憲法学がどう料理するのか。戦争をする権限、あるいは軍隊を持つ権限について、憲法学がどのような枠組でそれと取り組んできたのか、という問題になっていくわけです。それを多分、分科会でお話しする機会があるのではないかと思っております。

多少前史みたいなことをお話ししますと、私の聞かされた9条論は、小林直樹先生の東大での最終講義をはじめとして、平和主義のことばかり、「9条を守れ、平和主義を守れ」ということだけをおっしゃる、そういう議論が強かったわけです。深瀬忠一先生のように「日本国憲法は、立憲民主平和主義である」とおっしゃるような、戦後第一世代の先生方というのが非常に目立っていたわけです。大学に残って学会に出てみると、まだまだ第一世代の人たちが頑張っているという状況でしたので、そのパフォーマンスを目の当たりにしたわけです。

それに対して、率直に言って、強い違和感を抱きました。私は、樋口先生のような学問が憲法学だと、それが当たり前だと思って、大学に残ったわけですが、自分はなんとブリリアントな先生に教わっていたのだろうと、最初の学会で痛感したのです。その後1990年代に入って、樋口先生が、「立憲主義と平和主義は強度の緊張関係にある」と強調されたのは、いかにも先生らしいことでした。立憲主義と平和主義はお友達だと考えるのが戦後の常識だったわけですからね。ヨーロッパの法観念から言えば、19世紀ドイツの私法学者イェーリングの有名な『権利のための闘争』に示されているように、権利や法のためには闘うのが基本である。だけれども、日本の場合はそうではないということ。これを承けて、長谷部恭男さんなどは、平和主義を国民に強制するということは、むしろ立憲主義に反する可能性がある、ということを強調されるわけです。そういう形で立憲主義と平和主義の緊張関係というのが、1990年代に入ってから主題化されるようになっていく。これがまず大きな流れとしてある。

その上で、たまたま『ホーンブック憲法』(北樹出版、1993年)という非常に面白い本を、樋口先生と、かつて樋口先生が東大におられた時代に助手を務めたことのある(指導教官は小林先生や芦部先生だった方も含めて)私に比較的近い世代の先輩方とが集まって、作ったことがあります。これは、樋口陽一編ということで出ているのですが、実際は若手競演の書物で、当時はみんな若かったものですから、「俺が一番デキル」という気持ちで各章を書いています。各章の執筆者が皆、これでもかと、ワザを繰り出してくるわけなのです。長谷部さんなどは、そこで初めて財政学の理論を使って、そもそも国家というのは防衛サービスを提供しなければいけないという前提から議論を立てていくような、彼の平和主義論を初めて出してきました。私はその議論を、『ホーンブック憲法』という本の編集会議のその場で、初めて聞かされ、非常に興奮をして議論をした記憶があります。

そういう本のまとめ役として、冒頭に樋口先生がお書きになった解題の中で、「9条は自由の下支えである」というアイディアをお出しになったのです。多分、先生としては、『ホーンブック憲法』が最初なのだと思うのですが。

樋口 そう。1993年の本です。

石川 「9条は自由の下支えである」ということをおっしゃったということがあって、おそらくそれがきっかけだと思います。そこで、先生は専ら権利としての自由の側面から立論して9条論を再構成されようとしている、というふうに私は受け止めた。そして、これに対抗して、まずは統治機構の問題だということでやってみたいと、そのときに思ったわけです。そこからそういう議論を始めたのです。公式にそれを言い出したのは、1996年の全国憲法研究会という学会での報告においてでしたから、かれこれ20年ということになります（『憲法問題』8号〔1997年〕）。

そういうわけで、統治の作用としての戦争とか、あるいは軍隊とかというものについて、憲法学はどう学問しようとしてきたのか、というような観点を念頭に第1分科会では話をするかもしれない、という予告をして、ちょっと横に回していきたいと思うのですけれども、第2分科会でのテーマとの関係で、今日の話を。

Ⅶ 分科会に向けて

蟻川 「対論」では国家という観点が中心でしたけれども、私の第2分科会では「個人の尊厳」を扱います。

「個人の尊厳」は、日本国憲法の体系の一番の起点もしくは終点にあるものです。これは樋口先生が一人で切り拓かれた、日本国憲法、そして近代立憲主義の核心の部分です。今日の「対論」との関係でいうと、先ほども少し触れましたが、国家というものを、私は「朕は国家なり」という言葉には、通常は意識されないもう1つの含意、すなわち、王は勝手なことを何でもしたい放題にできるのではなくて、自分は国家だからこそ自由勝手に振舞ってはいけないという含意が観念的には存在したという側面から捉え返してみたいと考えています。

ここで見逃せないのは、絶対君主も一人の個人であるという事実です。丸山眞男流に言えば、近代的な作為の論理の出発点は絶対君主にある。王が制度に対して完全に自由に振舞うという歴史的地平が、近代的な作為の論理の出発点にある。近代的な個人が一番最初に現われるのは、普通の市民ではなくて国王においてです。この意味で、国家の問題と個人の問題は、実はパラレルに存するのだと思うのです。

したがって、「個人の尊厳」も、ある水準では、「朕は国家なり」における絶対君主の尊厳とパラレルな問題を潜ませている。個人はプライベートな空間では私的な自由を持つとされ、憲法学では、私人と個人は大体同じものとして捉えられます。けれども、先ほどの丸山的な論理からいくと、個人は公的存在であるかもしれない。そうすると、国家に対して課せられる様々な負担とか重荷は、最終的には個人が担わなければいけないかもしれないわけです。

ひょっとしたら、そういう重荷を担うことが、個人を尊厳たらしめているのかもしれない。しかし、重荷を個人に担わせることは、そもそも個人に過剰な負担を与えるから、大抵の個人は耐えられない。樋口先生ご自身も、立憲主義は個人に負担を課すようなことはしない、個人に対してはタダ乗りすることを許すのだとおっしゃられるのですが、樋口先生の「個人の尊厳」の論理の中には、個人に負担を課す側面がないとは言えないと、少なくとも私は解釈しています。過剰負担かもしれないけれども、そうした重荷を課せられた個人が自由に振舞うということを、果たして近代立憲主義は容認するのだろうか。国家について言うべき論点と、個人について言うべき論点が、普通の憲法理論、踏み込んで言えば普通の立憲主義とは全く違うことになるのですけれども、同じになるかもしれない。そういう思考作業を、いろいろな例を使いながら、皆さんと考えていければと思っています。実際そういう話になるかどうかはわかりませんけれども、今のところはそのように考えています。

木村　第3分科会を担当する木村です。私のテーマは立法と司法です。先ほど私から質問させていただいたことについてコメントさせていただきます。私は石川さんのお話を聞いていたので、集団的自衛権が問題になったときから、「統治機構論が主戦場になる」と考えました。統治機構の様々な技は、9条論に比べると小技でみみっちい感じがするもので、石川風に言うと、小刀のようなものが多かったと思うのです。そこが主戦場になるのではないかと思って、そこでの議論を、私なりにいろいろ出してみたということです。

そういう中で、石川さんがどう動くのかをずっと見ていたのです。石川さんは、もちろんそういう闘い方も玄人的にやる一方で、立憲非立憲という非常に華々しい闘い方もされていました。私としては、いささか梯子を外された感もあったので、その辺りはどうだったのかを伺ったわけですが、なるほどという感じが今いたしました。

その上でということですが、外国の憲法の教科書などを見ても、法治国家、法の支配といったことがキイ・ワードになっていることがわかります。立法と司法というのは、いずれも法に関わる権限であります。その中で、私は今回、「法の解釈」ということに力点を置きながら、立法権と司法権とは何なのか、あるいは法を立てて、それで支配するということはどういうことなのかということを考えてみたいと思います。

2015年の安保法制の「存立危機事態」の条文1つとっても、そもそもどういう時に使う条文なのかということすらはっきりしていない。つまり、憲法解釈とは別に、あの条文の解釈自体について、我々は今後考えていかなくてはいけない。そういう理念とは別の技術的な課題がある中で、もう一度法の支配について考えてみようというのが立法と司法の中で話してみようと思っていることです。

また、アメリカの憲法教科書に特に顕著に表れていますけれども、日本は付随的審査制というのを採っているので、具体的な法律を司法の現場で適用するときに、その法律が憲法に適合しているかということも、同時に考えなくてはいけません。憲法、立法、司法というものが複雑に絡み合いながら事案に解決を与えなくてはいけないというのが、日本の司法の現場です。その実例として、私は謝罪広告を取り上げてみようと思っています。謝罪広告は、蟻川さんの非常に優れた考察があるところなのですが、その考察の答えをいきなり言ってしまうと面白くないので、最終的にそれをみんなで考えて、蟻川さんの考えた答えに行き着けるかどうかみたいなことも考えながらやってみたいと思っています。

石川　梯子を外されたという苦情を申し立てられたのでもう一言申しますと、私としては、自分で一生懸命奔走して立ち上げた、2015年6月6日の「立憲デモクラシーの会」のシンポジウムが、きっかけとしてはあります。この中にも来てくださった方をちらほらお見受けします。「立憲主義の危機」みたいな、非常に大まかなテーマで佐藤幸治先生に直接お願いしてお引き受けいただいて、そういう大まかな、そして学問的なシンポジウムをやりました。「こういう緊迫した状況で、こんな呑気なテーマのシンポジウムを開くなんて、何だかすごくズレているのではないか」という思いもありましたが、その2日前の6月4日に、例の憲法審査会での長谷部先生たち3人の憲法学者による、安保法案違憲発言というのがあって、一挙に政局化していくということがあり、そのお蔭で2日後の我々のシンポジウムは、信じられないぐらいの熱気に包まれたわけです。本当に何か、立憲主義の地霊が立ち上がったような、そういう異様な雰囲気になりました。そのことを非常に大事にしたい、という気持ちが私にはありました。

東大の樋口陽一と京大の佐藤幸治が、東大法学部の25番教室という聖地で並び立っている、という奇跡のような光景を目の当たりにして、一緒に壇上に上げられてしまった私は、京都帝国大学の佐々木惣一の「立憲非立憲」という主張を紹介しました。佐々木惣一は、佐藤先生にとっては学問上の祖父にあたる方ですが、佐々木先生の問題提起をかりて現在の争点の所在を明らかにしようという気持ちを、私はその場のとっさの判断で起こしたのでした。6月4日の争点というのは〈違憲か合憲か〉だったわけですが、6月6日の争点は〈立憲か非立憲か〉でした。

こういう次第ですので、別に梯子を外したわけではなくて、6月4日ではない6月6日の争点というものを自分なりにずっと演出していく責任があるのではないか、というように考えたわけです。そうした中で、安保法制論議が大詰めになっていた9月14日に、「あなたが解説を書いてくれるならば、『立憲非立憲』を復刊したい」というオファーを講談社学術文庫の編集者から受けまして、そこから本格的な佐々木惣一研究に初めて取り組みました。主要なテクストは、もちろんかねて愛読していましたが、何度も京都や大阪に出かけて一次資料を調査し、自分では思いもよらなかった発見を繰り返しました。その本邦初公開の研究成果を、昨日講談社学術文庫から『立憲非立憲』が復刊されたのにあわせて、公表することができた、ということです。瓢簞から駒ですが、佐々木研究を大きく進展させることができた気がしています。とりあえずそんなところで、次は宍戸さんお願いします。

宍戸　私は第4分科会で「表現の自由」を担当します。随分今までの話とはトーンが違うような印象を受けるかもしれませんけれども、私自身はそうは思っていないという言い訳をします。取り上げる素材は、放送、通信、あるいはインターネットですが、樋口、石川、蟻川、木村と大変に重厚なお話が続いてきた後に、これは憲法の話なのかと思われるかもしれません。メディアによく出演されている木村さんの表現の自由を守るという、せいぜいそのぐらいの話なのかという感じを受けるかもしれません。

ただ、今日の対論とパネルディスカッションに引き付けますと、樋口先生が提起されて、そして今の憲法学の最大公約数になっている立憲主義という概念があります。私自身は東大教養学部の授業で樋口先生の謦咳に接した、最後の世代に属するのですけれども、その強い磁場の中で、石川さんより若いですから、まだ樋口先生に逆らおうとしています。国家権力を立憲主義によって拘束するという前の段階で、そもそも国家権力がどうやって作られるか、権力の構成原理の部分にも立憲主義が及んでいないと、先ほどの蟻川さんのお話につながりますが、できあがった権力から個人、人権を守ることができないのではないか、ということをずっと考えてきました。

石川さんがよく指摘されることですが、例えば20世紀への転換期には新聞が、その後は映画とかラジオが、個人を大衆化し、蟻川さん流に言えばモブ（mob）として非常に大きな力となって、政治的な意思決定を玄人の手から奪う。玄人間の闘いも、そういう大衆的な政治プロセスをうまく駆動する形で、強行的に意思決定をすることがある。なればこそ、世界各国で表現の自由は放っておく、とにかく最大限保障すればいいという建前とは別に、それだけでもない、例えばプレス法制や放送法制のような仕組みを、それぞれの国が考えてきたところです。

その論点を私の分科会では、例えば放送規制とか「忘れられる権利」とか、最近よく議論される問題を素材にして扱ってみたい。考える出発点であり、同時に戻ってくるべき憲法学として、新しい問題に憲法学がどのようにリアルに関わっているのかを議論する素材として、先ほど対論の中に出てきた、国家からの独占放任型の形式的自由と、国家による独占からの実質的自由の対抗図式が、表現の自由とどう関わるかという、樋口先生の『国法学〔補訂版〕』（有斐閣、２００７年）の該当箇所を配布します。そういうことですので、第４分科会のほうは、単にクジ運が悪かったと思わずに参加していただければと思います。

Ⅷ　おわりに

石川　これも非常に鋭い内容を含んだお話だったと思います。伺っていて非常に面白かったのは、木村さんと宍戸さんは、厳密には樋口先生のお弟子さんではなくて、その次の世代の高橋和之先生のお弟子さんなのですが、やっぱり高橋先生の影響があるのだなあ、ということです。私が見ている限りでは、高橋門下の方というのは、師匠の高橋先生のことを全然尊敬していないなという感じがありまして（笑）。この点、蟻川さんと私は樋口先生の直弟子ということになりますが、われわれは何だかんだ言っても、この方を恩師とすることができたということを、本当に生涯の幸運だと思っている。いくら楯突いても、心底そう思っています。これに対して、はたから見ていると、高橋門下というのは、全然師匠を尊敬していないなという印象を持っていたのです。しかし、やはり、ちゃんと影響があるのだということが今日わかりました。初めてわかった気がします。

「構成」という話をされましたけれども、これは高橋先生が、先輩世代の樋口先生に楯を突いて言い出したことなのです。樋口先生たちは、まずはこれまでの自明の言説というものの、自明性を剝がしていくというような形で、非常にスリリングな議論をされたのです。これまで自明だと思われていたことが、全然自明ではない、自明性がガラガラと壊れていくというのは、学問の醍醐味です。法学部みたいなところで、こんな学問の醍醐味が味わえるのか、という想いが、多分蟻川さんと私が現在ここにこのようにしてあることの、大きな理由だったと思います。

それに対して、自分はそうでないやり方をしたい、とおっしゃったのが高橋和之という方です。「イデオロギー批判を超えて」という論文を書いて、今まで樋口先生たちが使っておられた主権論などを、現実に権力をどう構成するかという、まさに「構成原理」の問題として置き換えていくということを、意識的にされた方なのです。それが、ちゃんとお二人の弟子の理論に生きているということで、感心しました。やはり師匠というのは大したものです。

あと7分ぐらいありますので、一言ずつ、それぞれの分科会に参加してくださる皆さんに対して、あるいは折悪しく希望の分科会に参加する機会を得られなかった人に対しても、何か分科会でやりたいことのセールスポイントを、最後に訴えて締めることにしたいと思います。蟻川さんは何か言うことはありますか。先ほどのお話で言い尽くしてしまいましたか。

蟻川　思い付かないです。セールスなし。

石川　セールスなしということです。木村さんはどうですか。

木村　私が高橋先生を尊敬していないのではないか、という点なのですが、もちろん、尊敬はしているのです。しかし、尊敬していないように見えるとすれば、おそらく、こういうことです。私が高橋先生のことを最も影響を受けているのは、「法律学というのは勝負だ」という姿勢です。法解釈は、優れた解釈をめぐる闘いであり、トーナメントに臨む気持ちでやるのだと。厳しい議論をする場合、相手に敬意を払うのは当然ですが、敬意を超えて、ただ相手が尊敬できる人だからと盲従するようになってはいけない。だから、高橋先生と議論するときにも、尊敬の気持ちは内部にとどめ、徹底的におかしいと思ったことはぶつける。高橋先生に教えていただいた議論の姿勢を示そうとするため、尊敬していないように見える、ということではないかと。

私は助手の頃にいろいろな議論をして、高橋先生から、そのことを厳しく教わりました。議論のときの高橋先生は、要するに非常に大人げないわけです。若手のペーペーの助手を、もうそろそろ定年を迎えそうな東大教授が、1対1で対等な立場で喧嘩をしてくれる。議論の場では、尊敬などいらないから、とにかく理論を突き詰めて互いに全力を尽くすのだ、という姿勢を示してくれました。これはすごいことなのではないかというのが、私の学問的原体験の1つです。私もそういうつもりで分科会に臨もうと思いますので、是非闘いに挑むつもりで参加していただければと思います。

宍戸　第4分科会のセールスポイントというか言い訳は既にしました。木村さんに引き続いて言うと、私は指導教授である高橋和之先生を反面教師にしています。対立、対決というよりは、和解と統合のほうへ行きたいと思いますので、分科会は和気藹々とやりたいと思います。

それから、高橋門下と言っても、木村さんと私ではかなり年が離れています。木村さんの場合には、高橋先生だけではなく、長谷部先生の影響もかなりあるのではないかと思っておりますが、私については長谷部先生を反面教師にしているというのも同じです。

いずれにせよ、長丁場ですがどうぞよろしくお願いします。

石川　もしよろしければ、せっかくずっと聴いていてくださいましたので、樋口先生に一言感想を述べていただいて、終わりにしましょう。

樋口　もししゃべろうとすると10項目ぐらいありますが、それはやめて1つだけ、講義というものについて。私は、学部段階の講義を聴いてくれている諸君に、憲法なら憲法、民法なら民法、法制史でもローマ法でもそれぞれについて面白いなという知的な関心を持たせること、それも物事の自明性を疑ってみる知的習慣を誘うことができるかどうかが肝腎なこと、と考えてきました。極端な言い方をすればそこまでがいわゆる指導教授の役柄とすら言えるかもしれない。指導教授のあり方についてはいろいろな考え方がありえますが、指導教授不指導の伝統もまた東大法学部の1つの遺産だったと言えるでしょう。美濃部は、宮沢や清宮を指導しなかった（清宮四郎「私の憲法学の二師・一友」1981年日本公法学会講演、公法研究44号）。清宮先生ご自身もそうです。話を聞くと宮沢先生も、どうもそうだったらしい。

それはともかくとして、物事の自明性を突き崩すということに関連して、先ほどからの議論の中に出てきた「イデオロギー批判」という言葉について、聴き手の皆さんのため念のためつけ加えておきますが、それはイデオロギー的な批判ということではなくて、その逆なのです。虚偽表象としての性格を持つ言説のイデオロギー性を批判する、ということです。いろいろなコンセプトのまとっている衣裳を剝ぎ取って、中身をあばいて見せるということです。これは、特に西洋の学問の

1つのポイントです。イデオロギー＝建前を剝ぎ取るだけに、それを言ってしまってはおしまいよというものが見えてくる。そういう意味では場合によっては非常に危険なことにもなります。1つの例で言えば、「人権」という観念の虚偽性をあばくということが反・人権の主張の居直りを助けることにならないか。

蟻川さんのある研究会報告の記録について、私のコメントを短い文章の中に書いたことがあるので、それを念頭に置いての先ほどの蟻川発言だったと思います。それは危ないからやめたほうがいいということではもちろんなくて、およそ危うさを含まないような思想とか、学説一般というのは意味がない、という前提を置いた上でのことです。実際、蟻川報告を好意的に受けとめながらもその「危うさ」を指摘したその論者が、傍論的に私の言説についても同じ意味を持つ言及をしてくれています。早い話が、立憲主義と民主主義との緊張感がある、立憲主義と平和主義との緊張感がある、ということです。

およそ危うさのない議論はつまらない。その反対に、私の基礎教養はドイツ語系の学問でしたから、1920~30年代の危険な憲法学、ハンス・ケルゼンとカール・シュミットの二人が私を強く捉えました。ケルゼンの純粋法学は、立憲主義、民主主義、それどころか「法」そのもののイデオロギーを剝ぎ取ろうとする意味で「純粋」を掲げていたのです。そのケルゼンが両大戦間期の危機の中で『民主主義の本質と価値』を書き、ごく最近長尾龍一さんが新しい、読みやすい訳文を作って岩波文庫に入っています。「本質」と「価値」という本のタイトルが想像させるのとは違って、絶対的価値の認識は不可能だという前提に立った上での、いわばつき放した立場からのデモクラシー擁護論でした。危うい議論の中に分け入った上で、しかし、流れに身を委ねる価値ニヒリズムを断乎として拒否したのです。

カール・シュミットはどうかと言えば、ワイマール憲法下にあってまさに危険な尖った議論をしていたのです（『現代議会主義の精神史的状況・他一篇』を岩波文庫に最近〔２０１５年〕入れました）。体制が変わると、新体制に危険どころか、ワイマール民主主義に追い討ちを掛ける議論になってしまったという決定的な違いがありますけれども、議論そのものとして危険な議論の典型がハンス・ケルゼンとカール・シュミットだっただろうというふうなことを思い出しながら、４人の議論を聴いておりました。

石川　最後にそのように言っていただきまして、この長丁場のディスカッションも意義のあるものになったのではないかと思います。時間もまいりましたので、分科会講師によるパネルディスカッションは、ひとまずここで閉じさせていただきます。これから簡単なオリエンテーションがあり、その後、それぞれの分科会に分かれて議論をすることになろうかと思います。最後まで聴いていただきましてありがとうございました。

第3部

分科会

第1分科会　「統治と行政」―石川健治
第2分科会　「個人の尊厳」―蟻川恒正
第3分科会　「立法と司法」―木村草太
第4分科会　「表現の自由」―宍戸常寿

第1分科会 「統治と行政」

石川健治

〔1日目〕

石川 みなさん、こんにちは。本日は「統治と行政」というテーマで話をさせていただきます。憲法の統治機構を所与のものとして逐条解釈の対象とするのではなく、統治機構を構成(constituer)するという地平に降り立って、「統治機構を学問する」とはどういうことか、その学問は、そもそも、どうやってできているのか、という切り口から、議論していきたいと思っております。おひとりおひとりの自己紹介を通じて、護憲派も改憲派もおられ、年齢的にも「老・壮・青」のヴァラエティーに富んだ、素晴らしいメンバーに恵まれたことがわかりました。この分科会に参加してくださった、みなさんのご関心の論点にも少しずつ触れていくという形で、進めてゆくつもりです。

I　問題群

ここでの話題は、まず、統治する主体と作用をどうやって捉えていくのかということです。主体については、普通に考えれば、その場に支配者がいて、言うことを聞かされている、というだけのことなのですが、何でそういうことになっているのか、それを説明できなければ、支配者も支配者としてその場にいられませんし、また服従する側は服従する理由がないということになります。ですから、そこで行われているのが何故なのかということを理解するための枠組というものが必要で、それが共有されているから、支配者と被支配者の両方が納得しているということなのです。

他方で、そうした統治主体に帰属する、「作用としての統治」について申しますと、私に与えられた「統治と行政」というお題は、統治作用を、行政作用とは区別して主題化することを、求めています。みなさんのご関心の中にあった9条の問題というのも、実は、軍事に関する作用論で、軍事とか外交というのは、一体どういう作用なのかというところが、まず出発点です。これをどのように憲法的に捉えていくのかという話になります。

それから、軍事や外交に限らず、国家の作用は、その担い手がいなくてはなりません。担い手が一人である場合も、合議体が担い手になる場合もあります。担い手には、その前提となる国法上の地位があり、それに応じた責任が伴います。

さらに、この広い意味での組織が作用を担うとして、これをやらせっ放しにしておいていいのか、という問題があるわけです。ある担い手がいて、例えば軍事や外交を担当しているという場合に、彼がもうやりたい放題だということになりますと、これは専制主義、専制政治ということになります。これに対して、必ず概ね力量が拮抗するような、もう1つの主体を用意して対抗させるというのが、立憲主義、立憲政治の特徴です。立憲的な権力というのは、誰かを独走させるのではなくて、それに拮抗する存在（contra role）を用意して、監督（controle）させたり、審査（controle）させたりするという仕組みを必ず用意しているわけです。

そうは言っても、一旦は仕事を丸投げしないと、彼は責任をもってやってくれません。丸投げした以上、そこには自律性が生じます。コントラ・ロールが介入して自らの手で仕事をしてしまったら、もはやコントラ・ロールとは言えませんからね。自らが担当者になってしまい、対抗者ではなくなってしまいます。そこで、一旦は全てを担当者に任せながらも、そこに発生した「責任」をテコにして、コントラ・ロールは、責任追及（問責）という仕方で担当者をコントロール（審査・監督・統制）してゆくのです。

この責任は、法的な責任である場合もあれば、政治的ないし道義的な責任であることもあります。いずれにせよ、一歩引いた所に、担当者とほぼ対等な存在を置いて、さまざまな問責手段を用いて審査や監督をさせる。そういう意味でのコントロールが伴ってはじめて、権力は立憲的な権力になる。立憲主義的な統治システムの作り方というのは、そういうものだということを頭に入れていただきますと、基本的な筋道がわかると思います。

Ⅱ　統治の作用と主体

そこで、例えば、ご懸念の軍事という作用について、考えてみましょう。軍事作用をそれ自体として捉えれば、これはただの実力あるいは暴力にすぎませんね。しかし、それでは、暴力団の実力と軍隊の実力の区別がつきません。軍隊の力が暴力団の力とどう違うのかというと、やはり何らかの意味で、法によってクオリファイされているか否かが、決定的です。裸の暴力と権力の違いというのは、その力が法的な根拠をもっているか否か、つまるところ憲法に根拠があるか否か、だということになります。

では、軍事という作用は、権力そのものなのかといいますと、今度は、それと並存する「権力」が複数出てきてしまうという問題に直面します。軍事も権力、外交も権力、もちろん裁判も立法も権力ということになりますと、権力が複数出てきてしまいます。権力が複数出てきて、それでいいと考えますと、この人は多元主義者だということになります。アングロサクソンの世界に多い考え方です。

しかし、どこかに中心を持たなければ、説明が成立しないのではないか。これは、方法論上の一元主義者ということですが、何らかの統一的な説明が必要であるという立場からみると、権力が複数あったのでは説明になっていない、ということになります。権力はどこか一点に最終的には収斂しなくてはいけない、という立場です。

そこで、そういう一点を設けるということになると、やはり何か1つ、単一の権力、単数形の権力があって、それが複数の現れ方をしているのだ、と捉えないと適切ではありません。ある権力が単数形で存在していて、それが局面ごとに千変万化の現れ方をする。単一の権力が、外敵との関係では軍事という作用となり、外国との政治交渉においては外交という作用になり、訴訟を提起した当事者には司法という作用として現れる、という形で説明したほうがいいのではないか、というわけです。

実は、先程から例えば軍事「作用」という表現で、そういう立場を先取りしてしまったのですが、作用というのは、権力の実体そのものではなく、千変万化するその「はたらき」のことです。例えば軍事を、それ自体権力と捉えずに、単一の国家権力の「あらわれ」・「はたらき」として捉えるのが、「作用」という言い方です。作用ということになりますと、局面ごとに限定された「あらわれ」・「はたらき」であって、その目的によって「作用領域」が区切られ限定されていきます。そこで、これを「権限」と呼んで、「権力」と意識的に区別することも多いのです。さらに一口で軍事といっても一様ではなくて、例えばそれを具体的に運用するという局面を問題にしているのか、あるいはそうでないロジスティクスの側面を問題にしているのか、と考えると、さらにいろいろな作用を含んでいるわけです。いずれにせよ、国家にはたくさんの「はたらき」、つまり作用があって、それらは単一の国家権力の「あらわれ」である、というふうに叙述すれば、一元的なきれいな説明になるということです。

そうなると、この権力というものが、どういう状態・身分で存在するのかが、次の問題になるわけです。ここで問題になる「権力」の形容として、一番有名で一番強いものが、「主権」です。「主権」とは、絶対ないし至高の権力にのみ与えられる、形容です。「対外的には独立、対内的には最高」の権力です。もちろん、強いけれども、「主権」の形容までには至らない、「権力」で重要なものも、たくさんあります。しかし、統治機構の一元的な説明をするためには、「主権」的な権力の存在を起点として行うことができれば、一番純度の高い、透明な説明になりますね。

Ⅲ　設問としての「主権」

それにしても、そもそも、われわれの政治社会・政治共同体のなかに、「絶対」とか「至高」とか、そういう形容が当てはまるような、超越的な権力が存在する必要があるのかどうか。これは、政治社会を考える場合に、最も重要な「設問」です。

単一で最高独立の「権力」の実在性をどこかに措定することではじめて、現実に多数存在する全ての「権力」は、そこから流れ出ているのだ、という議論が可能になります。けれども、われわれの政治社会にはそんな主権的な権力は要らない、と考えますと、多くの場合は、先ほど申し上げた「多元主義」の立場に戻ります。そう考えるのであれば、単一の「権力」と多数の「作用」という観念の使い分けは、不要です。

そして、複数の「権力」が、どんぐりの背比べ状態で、競合している状態こそが望ましい、強すぎる絶対的存在は要らない、というのは、むしろ「立憲主義」に適合的な考え方です。コントラ・

ロールが、はじめから存在しているわけですからね。この多元主義の末裔が、モンテスキューの三権分立論です。

しかし、ヨーロッパ大陸にみられたように、封建制が根を張って近代化を阻んでいる状態においては、そうした膠着した局面を打開するために、「主権」論が社会的に要請されることもあります。最初に、「自分が主権者」だといったのは、ブルボン朝の王様であり、そのイデオローグが、ジャン・ボダンという天才的な政治哲学者でした。

もちろん、それは僭称です。本当に至高の存在がいて、それが広く承認されているのだったら、自ら「主権者だ」などと名乗ったりする必要はありません。まだ「主権者」になりきれていないから、自ら「主権者だ」と言い募るのです。そして、そのことによって、局面が動き始めます。

「主権者」の何がいいって、それは、既存の法や権威に従う必要がなくなることです。法や権威の方が上だったら、厳密にいえば、その人はもはや「主権者」ではありません。「主権者」である以上、実定法にも縛られず、誰にも咎められず、不法行為やり放題、乱暴狼藉やり放題、なのです。文字通り、「立法者は自分」であり、「批判なき政治」「しがらみのない政治」が可能ですから、封建諸侯の既得権をばっさばっさと刈り取っても構わないわけで、結果的には封建制を打破して、近代社会への道を拓くことになります。

要するに、「主権」という観念は、絶対主義の表象です。国王の絶対性・至高性を強調する絶対王政がもたらしたのが、「絶対」と「王政」(「君主」)の順序をひっくり返した定式である「君主主権」です。政治社会に「主権」的存在を必要とする「主権論」は、絶対主義に起源をもっており、それゆえ、本来的には「立憲主義」と対立関係にあるのです。そのことは、「君主主権」であっても、「国民主権」であっても、変わりません。

国民が「主権者だ」と名乗りを上げた場合の困難は、君主とちがって国民は複数いる、ということです。主権者は絶対的な存在ですから、必ずピラミッドの頂点にいなければならず、頂点にいるということは、単数形の存在でなければなりません。宮沢俊義が試みたように、「everyone（Jedermann）を使えば、単数形だからOK！」という技巧的な処理は可能ですが、やはり「国民」を単数形で処理するためには、「国民」を何らかの意味で1つにまとめるカラクリが必要になります。

最も有名なカラクリは、「代表」という観念です。国民の「代表」と称する個人もしくは合議体を通じて、単一の「民意」というものが、そこに現前すると説明するわけです。実際にそこにいるのは、個別具体の人間もしくは人間たちであって、のっぺらぼうの「国民」という生き物が、そこにすっくと立っているわけではありません。しかし、この国民代表というカラクリを通じて、複数・多数の人々のなかから、あたかも、単一の「民意」が立ち上がったかのような説明をするわけです。そして、そういう単数形の「民意」ないし「国民」であれば、これが絶対者として頂点に座ることも可能になるわけで、めでたく「国民」＝「主権」という定式が成立するわけです。このように、国民主権というのはなかなか厄介な観念でして、何らかのカラクリなしには成立していない。そこが民主政論の難しいところです。

しかし、それとは逆に、単一の頂点があるような、ピラミッド型の組織は民主的でない、そもそもデモクラシーの世の中にピラミッドを作るのが間違っているのだ、という考え方もあり得ます。どんぐりの背比べ状態の、力が拮抗した者たちが、競合・競争しあっているという方が民主的ではないか、という考えです。これは、多元主義的な民主政観で、イギリスやアメリカのようなアングロサクソン諸国で支配的だったのは、むしろ、そうした「反・主権論」的なデモクラシーでした。国民「主権」という、いささか強すぎる前提に立った民主主義を作るのか、それとも「主権」という考え方を捨ててしまって、どんぐりの背比べでやっていくのが民主主義だと考えるのか。これは、現在もなお、根本的な対立軸になっています。

特にイギリスの場合ですと、主権者は国王（現在は女王）だということに一応ならざるを得ませんので、そのもとで民主主義を語るためには、「主権」論では非常に具合が悪いわけです。そこで、多元主義のイメージを前面に出すのが自然です。アメリカの場合も、イギリスのような頂点としての国王（女王）を作りたくない、という考え方で作られた政治社会ですので、多元主義的(pluralism）的な民主政観が永らく優勢であったのです。

これに対して、「主権」論を回避できる、もう1つの巧妙な説明が、特にドイツで発達しました。それは、近代史において、主権者に登り詰めたのは君主でも国民でもなく、国家だったのだという歴史観に基づく、「国家主権」論です。そういうイメージで一連のプロセスを捉えると、「君主主権」・対・「国民主権」という図式は正確ではなく、あくまで頂点にあるのは国家であって、そのもとで君主と国民が主導権争いをしているにすぎない、という絵柄が見えてくるのです。

その主導権争いにあたっては、すでに「国家」が主権性を獲得していますので、アクターとしての「君主」も「国民」も、もはや「主権」を名乗れません。多少話を端折りまして、ここで「法人」論のメガネをかけて事態を見直せば、「君主」を名乗る個人も「国民」を名乗る集団も、国家法人の「定款」である憲法に準拠した「機関」に就任しない限りは、ただの暴徒ないし暴力団であって、「機関」に就任してはじめて適法な権限の行使が可能になります。そこで、「君主」も「国民」も、なにか魅入られたように、国家法人という回路のなかに吸い込まれてゆき、憲法に準拠した権限を行使しはじめて、おのずから立憲主義・法治主義が実現することになります。「君主」と「国民」の主導権争いも、「最高機関」を定める憲法によって、決められます。かつて「君主主権」か「国民主権」かで争われた政治闘争は、憲法に準拠した、最高機関への就任の問題へと変換されます。まるでマジックのように巧妙なカラクリですね。

このように、国家法人説は、主権論を用いながらも、絶対主義の論理を「国家」に棚上げして、国家内部での多元主義・民主主義を許容する、というのがポイントです。これを、大日本帝国憲法にあてはめたのが、天皇機関説というわけです。最高機関の座に誰が座るかは、定款を見ればわかります。帝国憲法において、天皇が最高機関であるのは、一読して明らかでしょう。しかし、格下とはいえ、帝国議会も国家機関、裁判所も国家機関であり、権力分立制が採用されることで、多元性が担保されています。戦前の日本であれば、もうこれしかない、というくらい巧妙な説明ですね。

そういう次第で、日本では一貫して、独仏型の一元主義による説明が維持されてきました。そして、日常言語で「権力」と呼ばれるものは、法学的に正確な表現を用いれば――国家権力それ自体を除いて――そこから派生する「作用」もしくは「権限」にすぎない、ということになります。

元々、日本の憲法学は、ヨーロッパ大陸の「国家」学を前提にして展開されてきましたが、こうした国家主権論の支配のもとで、それは固定化されました。多元的国家論あるいは多元主義的民主政論が、日本に根づくことはありませんでした。

いろいろ補足したいことは多いのですが、まずはこんな感じで、大枠をつかんでいただければ結構でしょう。

Ⅳ 作用と組織

かくして、軍事も外交も、権力ではなく「権限」「作用」として、説明されることになります。それらについて、仮に憲法典の条文に「権力」という表現が用いられても、学問的には「権限」「作用」が正確な呼称です。一口に三権分立と申しましても、立法の権力、行政の権力、司法の権力という説明では多元主義になってしまいますから、立法権限（立法作用）、行政権限（行政作用）、司法権限（司法作用）の権限関係として説明されることになります。

そこで、ここにともかくも何らかの作用があるといたしまして、今度は、それはどこかの担い手に分配されなければいけないわけですが、それは広い意味で「組織」の問題になります。組織を作る場合の基本は2通りありまして、1つは独任制、つまり特定の人間に責任を全て負わせるというパターンと、いま1つは合議制、つまり一人ではなくて複数人が集まった合議体に作用を預けようというパターンとがあります。

アメリカのように、国家元首として大統領制を選択した場合、それは独任制で組織したということになりますし、日本の内閣は合議体になっていますので、合議制を使ったということになります。役所仕事は基本的に独任制で作っていますので、役所に行けば、担当の人が責任をもって応対してくれますが、例外的に合議制を採用している場合があり、それは行政委員会と呼ばれます。合議体をわざわざ作るということは、通常とは違ってコントラ・ロールを弱めて、独立性の高い判断を認める形にしようとしているのが普通ですので、独立行政委員会と呼ぶことが多いです。

そうしますと、例えば軍事なら軍事という作用を預ける組織について、それをどのようにして作るのか、責任を誰が持ち、誰がコントロールするのか、こういう形で考えていくということになるわけです。独任制にして一人に預けるのか、それとも、合議制を採用して合議体に預けるのか、という制度設計は、その場合特に重要です。しばしば混同されますが、内閣総理大臣に預ける独任制と、内閣という合議体に預ける合議制とでは、設計思想における違いが非常に大きい、ということに注意してください。意思形成過程や、責任の負い方において、両者は大きく異なり、それに対するコントラ・ロールのつくり方も異なってきます。後に見る解散権の所在について、この区別は重要な意味を帯びてきますから、注意しておいて下さい。

ともあれ、まず権力があって、作用があって、その受け皿としての組織を作って、という形で、統治機構の枠組ができてきます。憲法解釈論を勉強する際にも、そうした枠組を知っておくと、的確な理解が可能になってくるということです。

V　作用としての統治

まず、ここで話題になっている「作用としての統治」を、どのように処理するのか。これは、「統治」機構論を考える場合に、きわめて重要です。これまで話題にしてきた「統治」という作用とは、歴史的には「君主」――大統領などを含めて一般化すれば「国家元首」――が握って離さなかった「大権」と呼ばれた作用に属しており、軍事とか外交といった、高度に政治性のある作用のことです。それらを元々は君主が独占していたところ、コントラ・ロールとして議会が登場し、力をつけてゆきます。当初の議会は、貴族が集まった特権団体でありましたから、大権と特権との争いになりました。しかし、君主は、依然として、この議会の活動能力を握っています。議会が活動を開始するためには、君主による召集が必要です。君主には、議会の活動を止める停会や、突然活動を終わらせる解散の権限もありました。この召集・停会・解散もまた、大所高所の観点から国の方向を動かしていく高度に政治的な作用ですので、これも典型的な統治作用であり、君主が握って離さなかったものです。こうした高度に政治的な君主の作用のことを、ここまで狭義の「統治」と呼んできたわけですが、本来は、国家の作用全般を君主が掌握してきたのであり、広い意味でいえば、国家の作用全般が「統治権」であったわけです。

この広義の統治権が、独任制としての君主によって単独で担われている状況に対し、議会を中心とする各種コントラ・ロールが現れてきて、実権を奪ったり統制を強めたりしてゆこうという考え方が強くなってくる。この流れが、立憲主義や法治主義のプロジェクトの基調になります。

　歴史的には、まずここに裁判所が登場して、君主の持っていた広義の統治作用から、特に「司法」と呼ばれる部分を引き算していくことになります。次に、「立法」と呼ばれる、それ自体政治的な作用を、議会がもっていってしまいます。こういう形で、だんだん君主の権限が引き算されていって、残った作用が「行政」と呼ばれる。この行政は、もはや「法律の誠実な執行」を意味し、常に法律に根拠をもって行われます。「引き算」のことを難しく「控除」と呼ぶことができますので、こういう「統治」と「行政」の区別の仕方は、行政控除説と呼ばれます。きわめて図式的にいえば、そのように歴史は動いてきたということです。

　しかし、こうやって引き算された「行政」は、「統治」の一部が引き算された結果、作用領域は小さくなったにせよ、依然として「統治」――小さくなった「統治」――でなければなりません。「統治」は君主が「法から自由に行う」作用であって、いくらそこから司法と立法を引き算しても、残されたのは「法から自由な」作用であるはずなのであって、それがいつのまにか「法律に準拠した行政」になっているのは面妖です。

　つまり、そこで行われているのは、単なる引き算ではない。残りの「統治」についても、法治主義というフィルターを通して濾過された結果が、「行政」であるわけです。かつては、行政蒸留説という呼称もあったようですが、単なる「控除」よりは「蒸留」の方がしっくりきますね。この、司法でも立法でもない残余の部分が、同時に、必ず法律に根拠を置かなければいけないというルールを確立したのが、法治主義（法治国原理）であるわけです。これによってはじめて、君主から

「統治」作用の全てが手放されて、君主は「君臨すれども統治せず」という状態になります。

しかし、果たして、残余の「統治」作用は、残りなくフィルターを通して濾過されたのだろうか。もしそうなら、全ては法律に根拠をおいたルーティーン・ワーク、俗っぽくいえば「役所仕事」に解消されたはずだ、ということになります。けれども、濾過されずにダマのようになって残ったものが、実はないのだろうか、という疑問が残ります。軍事とか外交といった作用には、やはりルーティーンの役所仕事に尽きない、何かがあるのではないか。議会の召集とか解散のように、国運を左右しかねない行為が、果たして法律の誠実な執行なのだろうか。そう考えてみますと、それらは、法治主義のフィルターを通って濾過されるには粒子が大きすぎ、依然としてダマのように残っている、と考えた方が自然であるようにも思われます。

この、ダマの部分を認めるか認めないかという問題が、昨年（2015年）話題になった砂川判決などで問題になった、「統治行為」と呼ばれる論点にほかなりません。もちろん、立憲主義と法治主義のプロジェクトによれば、立法・行政・司法のいずれかに濾過されたのであり、「行政」といえども、いまや法律に準拠しているはずだから、裁判官がコントラ・ロールの役割をかってでて、法律の根拠に照らして「審査」することが可能になっている建前です。けれども、実際にはダマのようになって残っている、「第4の領域」ともいうべき一群の国家行為があるのではないか。

そうした「第4の領域」を審査・監督する仕事を、裁判官に負わせるのはあまりにも酷だ――ということで悲鳴をあげたフランスの行政裁判所（コンセイユ・デタ）が、広義の「行政行為」を「統治行為」と狭義の「行政行為」に分類し、「統治行為」については裁判的審査を放棄することになったのです。行政の審査を司法裁判所が行ってきたアメリカでも、同様に「政治問題」について裁判所は審査をしない、という判例が確立します。ドイツや日本のように、そうした「統治行為」「政治問題」が出訴事項から外されていた国とは異なり、どちらも立憲主義・法治主義が貫徹されたが故の悲鳴であり、戦前の日本においては対岸の火事でした。しかし、日本国憲法のもとで、全ての行政事件を司法裁判所が受けつけるアメリカ型の制度が採用された以上、「統治行為」「政治問題」に早晩直面せざるを得ないことは、多くの論者に認識されており、それに備えた研究も蓄積され始めたところだったのです。

そこへ来て、第二次吉田茂内閣の「抜き打ち解散」の違憲性と、日米安全保障条約の違憲性という、どちらも戦前は天皇が掌握していた典型的な「統治行為」について訴えが提起され、最高裁まで争われることになりました。時局から先に判断が下されたのが、砂川判決です。戦前の帝国大学法学部では教えられていなかったフランス的な「統治行為」論に、急には頭がついて行かなかった最高裁大法廷は、「主権国としてのわが国の存立の基礎に極めて重大な関係をもつ高度の政治性を有するものというべきであつて、その内容が違憲なりや否やの法的判断は、その条約を締結した内閣およびこれを承認した国会の高度の政治的ないし自由裁量的判断と表裏をなす点がすくなくない」ため、「一見極めて明白に違憲無効であると認められない限りは、裁判所の司法審査権の範囲外」である、という玉虫色の定式で対応することになりました（最高裁昭和34年12月16日大法廷判決・最高裁判所刑事判例集13巻13号3225頁）。

なお、その際、「一見極めて明白に違憲」である場合には、裁判所としても例外的に「無効」とする用意があるという論旨については、「統治行為」といえども広い意味では「行政行為」である以上、いわゆる「無効の行政行為」に対する法理（特に明白説 Evidenztheorie）が適用される余地がある、という入江俊郎裁判官の意見が影響したとみられます。しかし、これは、合憲判断に近い政治的効果を狙った「アメリカ合衆国軍隊の駐留は、憲法9条、98条2項および前文の趣旨に適合こそすれ、これらの条章に反して違憲無効であることが一見極めて明白であるとは、到底認められない」というパッセージを引き出すためにだけ用いられた、という印象が強く、直後に出された苫米地判決の、入江説で統一された「統治行為」論の論旨からは、逆に姿を消しています（最高裁昭和35年6月8日大法廷判決・最高裁判所民事判例集14巻7号1206頁）。

このようになってみると、このダマの部分、狭い意味での「統治」作用に関する限り、コントラ・ロールの役割は、政治部門としての「議会」——あるいは、選挙に従事する「有権者団」としての国民——に引き受けてもらうほかない、というのが最高裁の立場であり、そこから析出されるのは、憲法65条が「行政」の観念で説明している国家作用の多くは、実は依然として狭義の「統治」であるという結論です。「行政」との対比において、これを「執政」と表現することもあります。日本国憲法は、「行政各部」（72条）が行う「一般行政事務」（73条）を、65条で内閣に分配した「行政」権とは区別して扱っており、法治主義の論理によって「統治」ないし「執政」を言葉の上では封じ込めながらも、実際には、「統治」の機構を構成するという、自覚的作業が行われたことがわかります。「行政」法学ではなく憲法学が担当してきた統治機構論の核心は、まさしくこの狭義の「統治」（執政）のメカニズムにほかなりません。

それでは、日本国憲法の「統治」機構は、基本的にどうやって作られているのか。これについては、法典の条文を所与として解釈するのではなく、憲法制定過程における統治機構の「構成」のありようを追体験する形で理解するのが、勉強の仕方としては有効です。これは、今後、統治構造改革が俎上にのぼった場合には、より一層重要なアプローチだといえます。

さて、ここらへんで休憩入れましょうか。

Ⅵ 入江俊郎と法律日本語

そろそろ再開しましょう。ここで急に本題に戻ると、論理に頭がついていかないかもしれませんので、少し脱線して、これまで何度か登場した入江俊郎という人物について、小さな註釈をつけておきましょう。

1901年生まれで、憲法学者の宮沢俊義や清宮四郎、法哲学者の尾高朝雄らを輩出した黄金世代の、すぐ下の後輩にあたる入江俊郎は、東京帝国大学在学中からローマ法の論文を書いて藤田賞をとるなど（『Ius praetorium の研究――羅馬私法進化論』〔巖松堂書店、1926年〕）、元々学究肌の学生でした（藤田賞については、三ケ月章「ローマ法の学生論文を書いた頃のこと」同『民事訴訟法研究第9巻』〔有斐閣、1984年〕347頁以下、を参照）。彼は、学界ではなく官界に身を投じましたが、それにもかかわらず、「秀才の地方局」と呼ばれた内務省地方局に配属された結果、まずは研究者として地方自治の比較研究を行うところから、そのキャリアをスタートしました。

と申しますのも、後に内務大臣などを歴任し、最後の枢密院副議長として日本国憲法の審議にも関与した潮恵之輔という名物局長のもとで、当時の地方局はシンクタンク化しており、地方自治制度の国際比較研究のプロジェクトを遂行中であったからです。日本における地方自治研究のメッカは、東京帝国大学法学部ではなく、内務省地方局だったのであり、戦後の地方自治制度の基礎をつくったのは、彼らによる研究蓄積だったといって過言ではありません。そのただなかで、新米ながらエース級の仕事をしたのが、この入江という人でした。

このように、地方局における彼の3年間は、大学に残って研究者修業をするのと同じ実質をもった時間だったといえます。その後内閣のもとに置かれた法制局に転じ、法制官僚としてのキャリアを積んでゆきますが、1931年には『自治政策』(雄風館書房)という卓れた、かつ言文一致体の体系書を公刊していますし、1935年の天皇機関説事件の頃には、東京帝国大学農学部で憲法の非常勤講師をやっており、機関説論者として宮沢らとともに文部省思想局による思想統制の対象になっています。そうした入江の後を追うようにして地方局から法制局に転じた人に、日本国憲法制定過程において法制次長としてGHQと折衝にあたった佐藤達夫がおり、入江・佐藤のコンビが日本国憲法の起草をリードすることになるのです(参照、石川健治「未完の第八章」自治実務セミナー638号〔2015年〕2頁以下)。

若き『自治政策』の著者は、法制官僚として活躍するなかで、早くから法文や判決文の現代語化を夢想していました。実際、多方面でそうした要請は高まっていたようでしたが、膨大な法律や判決の集積を前に、それは革命的な企てといわざるを得ない状況でした。その意味では、後に「八月革命」と呼ばれた革命的な状況であるからこそ、法律向けの新しい日本語を開発するチャンスが到来したのであり、日本国憲法の制定にあわせて法律日本語の開発が急ピッチで進められることになりました（参照、入江俊郎『憲法成立の経緯と憲法上の諸問題』〔第一法規、1976年〕269頁以下）。

直接には、「国民の国語運動連盟」という知識人集団から、全ての法令や公文書に口語を用い、句読点を打ち、ひらがなを用いることなどを要請する、「法令の書き方についての建議」という意見書が、幣原喜重郎首相あてで提出されたのを契機として、その作業は開始されました。法制局長官の入江が決断し、閣議を通しGHQの了承も取り付けて、口語体の憲法改正草案が準備されました。「国民の国語運動」の主要メンバーである作家の山本有三に、とりあえず前文や1条から9条までの口語化を依頼する一方、入江俊郎法制局長官、佐藤達夫法制局次長、渡辺佳英法制局参事官らも素案を出します。原資料でそれらを比べて読んでみますと、入江の日本語が一番ソリッドで、日本国憲法の文体に近いのは明らかです。先ほどの自己紹介のなかで、「日本国憲法というのは日本語がおかしい」、という意見をお持ちの参加者の方もおられましたが、しかし、これは入江が開発した新しい法律日本語なのです。

それまでの法律日本語は、漢文の書き下し文のような文体であり、漢字とカタカナで表記されていました。西欧風の法律文化を日本に受容するために、それ自体が、大和言葉からすれば翻訳調の、人工的な日本語として、明治期に開発されたものであったわけです。法文や判決文のなかに、今日のような法律日本語は、そもそも存在していませんでした。

一例として、入江法制局長官が責任をもってチェックした政府草案は、従来の「〜ヘシ」を、

「〜しなければならない」に変更しましたが、これに対して、枢密院での審議段階で、美濃部達吉が異を唱えています。「しなければならない」は東京地方の方言で、文法的には「せねばならぬ」とすべきだ、というのです。「しなければならない」は、現在では、普通の表現になっていますが。

そもそも学術的な日本語全般が、1930年代まではカタカナ混じりの漢文調であり、教科書や講義はそれで行われていましたし、学生もノートやメモをとる際にはカタカナを使うのに慣れていました。これに対して、憲法学でいえば宮沢俊義先生あたりの世代の先生方が、文体の実験者として、言文一致体による教科書・体系書の可能性を試してゆかれたのでした。そうした実験のなかを生き残った文体を、われわれは現在使っています。

この点、作家・石原慎太郎が「免れるという動詞は、『から』ではなく『を』という助詞をとるのが、正しい日本語だ」としばしば批判する、憲法前文の「ひとしく恐怖と欠乏から免れ」というフレーズも、少なくとも学術的な日本語としては、通用していました。例えば、清宮四郎訳・ケルゼン『一般国家学』(岩波書店、1936年)には、その例がみられます。この本は、学術日本語の開発に意欲的だった訳者が、多くの同僚のチェックを受けて完成した翻訳であることに特色があり、当時の学術日本語として許容可能な最大限度を示している、とみてよいでしょう。

もっとも、件の表現についていえば、草案段階では、「ひとしく恐怖と欠乏から解放され」でした。議会での審議段階で変更が入ったのです。「から解放され」という、欧文脈ではあるが正しい日本語を、「から免れ」という「間違った」日本語に置き換えたのは、ほかならぬ議会人としての石原の先輩にあたる、当時の議会政治家たちでした。そのことは、入江らの名誉のためにいっておおく必要があります。

Ⅶ　統治行為論と裁量行為論

このように、日本国憲法の、それも日本語そのものの制定に携わった入江俊郎は、その後、国立国会図書館専門調査員、衆議院法制局長を経て、1952年に51歳の若さで最高裁入りします。そして、最高裁裁判官の資格において、日本公法学会で「統治行為」論の基調報告を行いました（同「統治行為」公法研究13号〔1955年〕75頁以下）。

そこでは、統治行為論がもたらす司法権に対する制約は、三権分立の原理に由来し、特定の明文による規定はないけれども、司法権の憲法上の本質に内在する制約と理解すべきである、と主張されました。砂川事件最高裁判決における藤田・入江意見を経て、苫米地事件では法廷意見として採用された、いわゆる内在的制約説で（前掲最高裁昭和35年6月8日大法廷判決）、これによれば、統治行為の審査は、裁判所にとって原理的に不可能であることになります。そのため、公法学会では、それはあくまで裁判所の自己抑制に過ぎず、その気になれば裁判所は審査できる、とする自制説の立場からの批判を浴びています。

しかし、その一方で、裁判所の審査に本来的になじまない統治行為といえども、広義の「行政行為」ではある以上、「無効の行政行為」論の法理が適用されるはずであると、入江は学会報告の段階で説いていたのです。この点、「無効の行政行為」論プロパーにおいては、ドイツ語圏では、瑕疵の重大性を問題にする重大説（Schweretheorie）と、瑕疵があることが外観上明らかであることを重んじる明白説（Evidenztheorie）とが対立していることは、よく知られていました（参照、柳瀬良幹『行政行為の瑕疵』〔河出書房、1943年〕109頁以下）。そして、通説形成者の田中二郎が、デンマーク人アンデルセン（アナセン）の見解を下敷きに、両説の旨味をとって重大明白説を説き（同「行政行為の無効と其の限界」国家学会雑誌47巻9号〔1933年〕1285頁以下。後記：これについては、交告尚史「北欧の行政裁量論――デンマークを中心に」国家学会雑誌130巻11＝12号〔2017年〕1006頁以下、が参照されるべきである）、砂川事件と同時期の判例によって採用されています（最高裁昭和34年9月22日判決・最高裁民事判例集13巻11号1426頁）。こうした文脈において、入江は、広義の行政行為としての統治行為についても、外観上瑕疵が明々白々である場合には、当初から無効だったものとして扱われる余地を残したのでした。あまりにも有名な「一見極めて明白に違憲無効」という定式は、苦し紛れの思いつきの所産ではなく、きちんとした学問的な裏づけのあるものだったのです。

学究肌の入江俊郎裁判官の「学説」は、しかし、全ての最高裁裁判官の頭にすっと入ってゆくものではなかったのも事実です。すでにお話ししたように、「統治行為」が出訴事項から予め外されていた戦前日本の行政裁判所制度の下で、統治行為論はあくまで外国の話として戦前は研究されていたのであって、帝国大学の法学部における講義や教科書では扱われていなかったでしょう。教わったことのない議論には拒否感が生じるのが自然です。そこで、新奇な概念を導入することなく、「自由裁量行為」として説明すれば足りる、と考えた裁判官も少なくなかったようです。「自由裁量行為」なら、美濃部達吉の本にも書いてあり、学生時代に教わっているからです。いわゆる美濃部三原則にまつわるお話です（参照、塩野宏『行政法Ⅰ〔第6版〕』〔有斐閣、2015年〕140頁）。

裁量という概念は、政治と法の相剋の表現です。立憲主義や法治主義は、合法性の論理――既存の法に照らして、違法か合法か、を問う二値論理――を貫こうとします。法治主義が貫徹されれば、あらゆる国家行為は法に準拠して行われるはずで、そうだとすれば、裁判所が法的根拠に照らして審査することも可能である、というのが理屈です。しかし、もともと合目的性の論理――実現すべき目的を設定し、達成可能な手段を考える――で動いてきた政治部門（立法・行政）は、なかなか合法性の論理にはなじみません。そこで、違法・合法の二値論理の世界のただなかに、政治部門が合目的性だけで動くことを許容するゾーンをつくってやることにより、立憲主義や法治主義と「政治」との調整を図ることになります。この「許された政治」のゾーンが、裁量と呼ばれるわけです。

そして、当初の議論では、法によって拘束された「羈束行為」とは異なり、「裁量行為」については裁判所が審査しない、という前提（裁量不審理原則）がデフォルトになっていました（参照、山田準次郎『自由裁量論』〔有斐閣、1960年〕）。もちろん、このデフォルト値を克服すべく、その裁量行為のなかにも、さらに法の網をかける努力が続けられました。何が法であるかについての裁量についてなら、裁判所は審査可能であるという観点から、審査対象となり得る裁量行為がカテゴライズされたのは、その一環です（羈束裁量行為）。けれども、それ以外の「自由裁量行為」については、やはり本則に戻って、裁判所による審査が及ばないことになっていたのです。

さらに、その後の裁量論の進展により、想定された裁量の枠を逸脱したり（裁量権の逸脱）、枠内であっても本来の目的外に権限が行使されたりした場合（裁量権の濫用）については、なお裁判所による違法判断が可能になりました。ですから、現在の論理感覚からいえば、裁量行為論を使うと、法的統制を諦めないで済む代わりに、裁量権の逸脱・濫用でない限り「合憲」という評価をせざるを得なくなる、という違いが出てきます（参照、石川健治「政府と行政――あるいは喪われた言説の場」法学教室245号〔2001年〕74頁以下）。そこが、法の網がかからないため裁判所としては合憲とも違憲ともいわずに済む、統治行為論との違いになっています。

しかし、砂川判決当時の常識では、法的な評価が可能な「羈束裁量」とは区別して「自由裁量」の行為に分類されたからには、裁判所としては審査できず、違法（違憲）とも合法（合憲）ともいえない、ということであったようです。そうなると、統治行為論と一応等価であると考えることも可能になり、「違憲なりや否やの法的判断は、……高度の政治的ないし自由裁量的判断と表裏をなす点がすくなくない」という玉虫色の論理によって、全員一致の結論が導き出されたのでした。入江の立場からすれば、これは統治行為論でしたが、反対の側からすれば、自由裁量論として読めるようになっているわけです。かくして、日本の裁判官のなかでは、軍事とか外交の事案については判断をしない、違憲とも合憲ともいわない、という態度が定着していくことになります。

Ⅷ　統治行為の「審査」

これは、決して統治行為を無審査状態、無統制状態に置こうというのではありません。砂川判決は、「右違憲なりや否やの法的判断は、純司法的機能をその使命とする司法裁判所の審査には、原則としてなじまない性質のものであり、従つて、一見極めて明白に違憲無効であると認められない限りは、裁判所の司法審査権の範囲外のものであつて、それは第一次的には、右条約の締結権を有する内閣およびこれに対して承認権を有する国会の判断に従うべく、終局的には、主権を有する国民の政治的批判に委ねられるべきものであると解するを相当とする」と述べています。

要は、裁判所ではなく、最終的には「国民」――法学的には、国家機関としての有権者団――がコントラ・ロールになって、審査すべき問題だといっているのです。例えば、憲法違反の疑いのある解散権の行使があった場合には、当該解散をうけた総選挙において、最高裁に代わって国民が違憲審査をするのだ、という意識をもて、ということです。第二次吉田茂内閣による「抜き打ち解散」の合憲性を争った苫米地判決では、最後の箇所が、「その判断は主権者たる国民に対して政治的責任を負うところの政府、国会等の政治部門の判断に委され、最終的には国民の政治判断に委ねられているものと解すべきである」となっており、法的審査（コントロール）ではなく、政治責任を梃子にした政治的統制（コントロール）の体系に委ねる、という文脈が、より鮮明になっています。

IX　日本国憲法における「執政権」の所在

こうした統治行為は、たしかに引き算の発想（行政控除説）からいえば、立法でもなく司法でもありませんので、行政権に分類されます。日本国憲法に新設された「行政権」の規定（65条）は、そういう引き算の観点からみることも、もちろん可能です。

具体的に点検すると、現4条によって天皇から吸い上げられた旧憲法下の大権のうち、「立法権」を「国会」に（41条）、「司法権」を「裁判所」に（76条）それぞれ割り付ける一方で、軍隊の存在を前提とする軍政（旧12条）・軍令（旧11条）・戒厳（旧14条）・宣戦（旧13条）の大権は、現9条がカテゴリカルに消去し、美濃部達吉のいわゆる不文の祭祀大権は、政教分離条項（現20条・89条）が公共空間からシャットアウトしました。残された大権事項については、73条で「合議体としての内閣」の権限としてリストアップされ、一般行政作用ともども、「行政権」の名の下に65条にまとめられています。旧憲法によっては正統性を認められなかった「内閣」という合議体は、そうした「行政権」の受け皿としての地位を与えられ、1885年の発足以来60年を経て、漸くに憲法上の正統性が付与されたわけです。

しかし、「行政権は、内閣に属する」という65条の規定は、そういう掃き溜め的な意味しかない条文ではもちろんありません。「統治」「執政」の中心を天皇から内閣に移す、という意図があきらかに感じられます。この点、日本国憲法の規定が、客観的にみてどういう位置価をもっているのかを考えるためには、外国語に翻訳して、他国の制度と共約可能な文脈に置き直してみるのが有効です。英訳では Executive power shall be vested in the Cabinet. と翻訳された条文が、他国においてはどうなっているのかを点検するのです。

しばしば比較の対象となるイギリスの立憲君主制についていえば、不文憲法ですので条文を示すわけにはいきませんが、学説上は「行政権は、女王に属する（Executive power shall be vested in the Queen.）」というふうに明言されています。先ほど対論でお示ししたブラッドリーとユーイングの本にも、そのようにはっきり書かれています。さらに、同じイギリス連邦の一員であるカナダの成文憲法には、９条でこの点が明文化されています。The Executive Government and Authority of and over Canada is hereby declared to continue and be vested in the Queen.

このようにしてみると、もし戦後の日本がイギリスと同様の立憲君主制の国であったなら、「行政権は、天皇に属する」でなければならなかったところを、留保なく「行政権は、内閣に属する」と言い切った点に、65条に固有の意味があることがわかります。そこにいう「行政権」は、やはり「行政各部 various administrative branches」（72条）が担う「他の一般行政事務 other general administrative functions」（73条）とは区別された、執政権（executive power）を意味しており、「執政権」の意味での狭義の「統治権」の主体は、戦後、独任制の天皇から合議制の内閣に移動したわけです。独任制の君主や大統領を念頭におく「国家元首」の定義を、あえて合議制の国家機関も含むものと拡大解釈すれば、日本国憲法によって、「国家元首」の座は天皇から内閣（内閣総理大臣ではない）に移動した、と説明することも可能です。４条にみられる象徴天皇制と立憲君主制の原理的な差異は、65条の文言のなかに、あますところなく表現されているのです。

このように、日本の統治システムは、executive power を最初から内閣が１００パーセント掌握した上で、この内閣という組織を国会（衆参両院）が構成することによって、成立しています。

これに対して、議院内閣制の典型とされるイギリスの統治システムは、依然として女王に100パーセント属している executive power について、助言と承認を通じて内閣がその実権を掌握することによって、成立しています。内閣という組織を、民選議院が構成する、という点は日本と同じですが。

X 「外交権の民主化」としての議院内閣制

この点、議院内閣制については、ボリス・ミルキヌ＝ゲツェヴィッチ（Boris Mirkine-Guetzévitch）という比較憲法学者が、「外交権の民主化」だと断言していますが、この着眼はきわめて重要です。ミルキヌ＝ゲツェヴィッチは、ウクライナのキエフ出身で、ロシア革命後の混乱のなかフランスに活躍の場を移し、宮沢俊義先生と個人的な交流のあった方です。ナチス・ドイツの侵攻により、さらにアメリカに亡命しました。

その彼が、戦間期の1933年に、『国際憲法（Droit constitutionnel international）』というフランス語の著書を書きました。「国際憲法」といっても、世界国家や世界連邦の憲法を論じているのではなく、あくまで各国の憲法の比較研究です。ただし、そうした比較研究の結果として、各国の国内憲法のなかに、「国際社会」向けの規定（国際憲法的規定）が、同時並行的に登場する世界的なトレンドが発見された、という本なのです。戦後、宮沢先生は、この親友の著書を『国際憲法』というタイトルで翻訳紹介することを企てて、まだ駆け出しの国際法学者・小田滋（後の国際司法裁判所判事）に丸投げしたのですが、諸般の事情でかなりバタバタして出版することになったため、小田先生としては不本意な仕上がりとなりました。そこで、樋口陽一先生との共同作業で訳し直し、『憲法の国際化』というタイトルで、再度世に問うことになりました。ですから、翻訳としては小田＝樋口訳を参照していただきたいのですが、諸般の事情で「国際憲法」というメイン・タイトルを失ったのは、ちょっと惜しい感じがいたします（宮沢俊義＝小田滋訳『国際憲法――憲法の国際化』〔岩波書店、1952年〕、小田滋＝樋口陽一訳『憲法の国際化――国際憲法の比較法的考察』〔有信堂、1964年〕）。

これに関連して、「国際私法」という、わかりにくい法観念がありまして、渉外的私法関係に適用すべき私法（準拠法）を指定する法規範のことを意味します。もう少し砕いていえば、外国の企業との私法上の事件などにおいて、適用されるべき法条につき各国の私法の規定内容が相互に抵触している場合に、適用すべき私法はどれかを指定する法規範だ、と大まかにいうこともできそうです。そして、グローバル化のもとで状況は劇的な変化を遂げつつあるにせよ、これまでのところ、そうした国際私法的規定は各国の国内法におかれるのが普通で、日本には「法の適用に関する通則法」があります。そのようにして、同時並行的に置かれた各国の国際私法的規定には、しかし、共通性が見出されるのです。ミルキヌ＝ゲツェヴィッチのいう「国際憲法」は、そうした「国際私法」になぞらえた観念だといってよいでしょう（参照、石川健治「『国際憲法』再論――憲法の国際化と国際法の憲法化の間」ジュリスト1387号〔2009年〕24頁以下）。

そして、ミルキヌ＝ゲツェヴィッチは、「国際憲法」的規定の典型の1つとして、議院内閣制を採用する各国の憲法規定を挙げるのです。議院内閣制がなぜ「国際憲法」なのかといえば、最後まで君主が握って離さなかった「外交権」の民主化を主眼としているからであり、議院内閣制の普及は、「外交権の民主化」というトレンドの反映だというわけです。なるほど、そうだったのか！と、膝をうつ感じでしょう。この点でも、外交権が留保なく、ひとまず国王（女王）のものになっているのか、それとも、それが留保なく内閣のものになっているのかが、イギリスと現在の日本との大きな違いということになります。

このように、日本国憲法の関連条文を理解するには、一歩下がって、それを了解するための「解釈図式（Deutungsschema）」が必要です。条文だけで、憲法は成立しない。憲法上の統治システムが実際に意味を持つには、それが何をしようとしているのかについて本当に理解するための「解釈図式」を、丁寧に作り、点検を繰り返してゆく必要があります。憲法を学問するというのは、そういうことです。それが、憲法学に期待される役割です。

そういう点でいうと、とりわけ外交権の核心をなす条約締結権について、当初は議会の条約承認権が君主（国家元首）の条約締結権を制限するコントロール（コントラ・ロール）として置かれていたところが、次第に議会の勢力が伸長して議院内閣制の様相を示し、ついには条約締結権が議会と政府（内閣）が協働行使する権力（協働権 kombinierte Gewalt）と理解されるに至るプロセスが、日本国憲法73条3号の「解釈図式」には、じかに反映されるようになります。これは、私が何か突飛なことをいっているのではなく、皆さんが普通に手に取る教科書に書かれている内容です（参照、芦部信喜〔高橋和之補訂〕『憲法〔第7版〕』〔岩波書店、２０１９年〕３２４頁以下）。これについては、そうした「解釈図式」が形成される学問の現場を生々しく再現する、高見勝利『芦部憲法学を読む――統治機構論』（有斐閣、２００４年）をお読みください（１９７頁以下、３９９頁以下）。

そして、本来は、内閣に対する単なるコントラ・ロールとして置かれたのかもしれない「条約締結に対する国会承認」の規定が、立法機関としての国会が自ら執政機関として外交権を行使する範囲を画定する規定として読み直されることになり、73条3号にいう「条約」の解釈が国会の執政権の限界を画する権力問題としてクルーシャルな意味をもってくるのです。「条約」に関する限り、外交権は内閣と国会が協働して行使され、もはや内閣の単独では外交を行い得ない。逆に、「条約」ではない「行政協定」であれば、内閣単独で外交権を行使できる。日米安保条約については、その核心的内容が「行政協定」によって決められていますが、この点について、砂川判決は次のように述べています。

「（なお、行政協定は特に国会の承認を経ていないが、政府は昭和27年2月28日その調印を了し、同年3月上旬頃衆議院外務委員会に行政協定およびその締結の際の議事録を提出し、その後、同委員会および衆議院法務委員会等において、種々質疑応答がなされている。そして行政協定自体につき国会の承認を経べきものであるとの議論もあつたが、政府は、行政協定の根拠規定を含む安全保障条約が国会の承認を経ている以上、これと別に特に行政協定につき国会の承認を経る必要はないといい、国会においては、参議院本会議において、昭和27年3月25日に行政協定が憲法73条による条約であるから、同条の規定によつて国会の承認を経べきものである旨の決議案が否決され、また、衆議院本会議において、同年同月26日に行政協定は安全保障条約3条により政府に委任された米軍の配備規律の範囲を越え、その内容は憲法73条による国会の承認を経べきものである旨の決議案が否決されたのである。しからば、以上の事実に徴し、米軍の配備を規律する条件を規定した行政協定は、既に国会の承認を経た安全保障条約3条の委任の範囲内のものであると認められ、これにつき特に国会の承認を経なかつたからといつて、違憲無効であるとは認められない。)」

「条約」か否かの字句解釈のなかに、国会の（あるいは野党の）外交権への関与をめぐる戦後政治の力学が、ギリギリと音を立てて軋んでいるさまを、読み取ることができるでしょう。そこでは、日本国憲法による「外交権の民主化」の実質が、問われています。民主主義ってなんだ？と思わず問いたくなるような生々しい政治的現実に対して、それを法的に了解するための「解釈図式」を、その場の勢いに流されずに、通時的あるいは共時的に広い視野をとって、いかに鍛え上げてゆくべきか。皆さんも、今晩それぞれに、考えてみてください。そろそろお腹が空いてきたかな、というところで、ちょうど時間になったようです。このあたりで議論は切り上げて、ル・コルビュジエ門下の吉阪隆正が設計した、あの個性的な本館の夕食会場に移動しましょうか。懇親会では大いに飲み、かつ語りましょう。

〔2日目〕

石川　おはようございます。ゆうべの懇親会はいかがでしたか？　私は、大勢の方とずっと話し込んでいたので、なかなか食事もとれないくらいでした。

全国各地の大学から篤学の学生さんが集まり、樋口陽一先生をはじめ、講師たちを囲んで語り合う光景は、充実感で溢れていました。実は、私が今学期、1・2年生向けに駒場で開講している演習（全学自由研究ゼミナール「憲法─読む・考える・話す─」）からも、男子学生が一人参加してくれているのですが、普段とは違って女子学生の比率が高く、とても楽しそうで、お誘いして良かったと思いました。

社会人の方々も、人に歴史ありと申しますが、大変印象的でした。小学校までは、現在のソウル（かつての呼び名で京城）にお住まいで、京城師範附属第一国民学校に通っていらした方がおられました。他の分科会の方でしたが、私も当時のことをお聞きして、いろいろと勉強させていただきました。また、東日本大震災当時に東京電力にお勤めでしたが、思うところあって会社を退職し、現在は「原発カフェ」という勉強会を主宰されている、という方もおられました*。私の初講義を聴き、最初のゼミ生だった方をはじめ、昔の学部学生・法科大学院生だった方々とも再会することができ、かつて蒔いた種がそれぞれに実っていることを実感しました。

懇親会がはけた後も、みなさん、部屋に戻って飲み会の続きをされたり、勉強会をされたり、2日目に備えて自由報告の準備をされたりして、思い思いに過ごされたようです。合宿ならではのことですね。

＊　第1分科会では、実はこの方に自由報告をお願いし、それを承けての印象的な討論が行われたが、活字化

を予定しない前提で行われたものであるので、ここでは割愛させていただくことにする。

XI 立憲主義・民主主義と「議院内閣制」の対抗関係

さて、昨日の最後に、外交権の民主化としての「議院内閣制」が話題になりました。そこには、第1に、かつて君主が手放そうとしなかった外交権が、典型的な統治行為であったという、「作用としての執政」の問題と、第2に、そうした執政作用を、君主以外のものが担当するとして、それをどのように「構成」するか、という問題と、第3に、そのようにして構成された組織を、いかにして「統制」（コントロール）するのか、という問題が含まれていました。

そして、それらを考える格好の素材として、第1の水準において外交権の核心をなしている条約締結作用をめぐって、第2・第3の水準（「構成」と「統制」）でせめぎ合う「内閣」と「国会」の姿を、見てきたわけです。そうした権力問題を左右するのが、憲法73条3号ただし書をめぐる解釈論であり、この解釈論は「解釈図式」に依存するのでしたね。憲法解釈論が、ほかの法分野の解釈論に比べても学説への依存の度合いが高いのは、古典古代にまで遡る精神史的背景に対して開かれた、含蓄豊かな法概念や法命題が多く、それらの前提としての「解釈図式」を学問的に議論しないと、法文の意味を画定できないケースが殆どだからです。

そうした「解釈図式」は、端的に訳語の選択のなかに反映されます。議院内閣制とは、英語では parliamentary government といいます。作用としての government が問題の核心であること。

組織としてのgovernmentを構成するのは、Parliamentであること。構成されたgovernmentに対して、Parliamentがどういう地位にたつのかは、それ自体が問題的であること。これら3つの水準の問題が、層をなしているような英語表現ですね。

もっとも、一口にParliamentと申しまして、身分制が残っていて貴族院（上院）と庶民院（下院）という2つのHouseから成っている場合には、Parliamentのうち民選議院が内閣をつくるようになったということが、民主化の観点からは大事です。戦前の日本は、イギリスと同様に貴族院をもっていましたので、帝国議会全体が内閣をつくるというのではなくて、民選議院たる衆議院が内閣をつくる、という意味で、「議院」内閣制と訳してまいりました。

しかし、日本国憲法の下では参議院も民選議院ですし、憲法66条3項で内閣は、全体としての「国会」に対して責任を負うことになっていますので、現在では「議院」内閣制という言葉にこだわる理由が、実はなくなっています。「議会」（「国会」）が政府をつくる、という意味では、「議会」内閣制（「国会」内閣制）、あるいは端的に「議会」制（「国会」制）でも、良いわけです。

統治の組織形態としての議院内閣制は、もともとイギリスで発達しましたので、民選議院と内閣のほかに、第3のアクターとしての君主を抜きにして考えることができません。君主がいて、現在も統治権の全てを握っているという政治社会、これがイギリスであるわけです。そして、君主は大権（prerogatives）をもっている。ところが、これに対抗する存在（コントラ・ロール）が現れてくるわけですが、これが議会です。しかし、この議会というのも、もともとはデモクラシーとは何の関係もない組織で、貴族が集まった特権的で寡頭制的な組織でした。日本でいう議院自律権について、現在でも、イギリスでは議会の特権という言い方が使われているのですが、これはその名残です。この議会が、とりわけ課税同意権を梃子として、君主に対抗します。

ということで、君主の「大権」と貴族の「特権」の綱引きの歴史、これが中世における議会制の歴史です。とはいえ、専制化しようとする君主に対するコントラ・ロールが現れたことで、（さしあたりは貴族の）自由が確保されるわけですから、それが中世的な意味での立憲主義であり、近代以降の立憲主義の最重要の源泉になっているということです。さっき、私の隣に座っていた蟻川さんなどは、だから立憲主義はむしろ貴族制的・身分制的な淵源をもっていることを強調すべきだ、とおっしゃるのですが、この説明は、発生論的には正しいのです。あくまで発生論的には、ですが。そうした特権と大権の戦いにおいては、もちろん国民は蚊帳の外でした。

やがて君主が、実際の政治の実務を行うためにCabinetというものをつくるようになり、これが、内閣といわれるものの始まりです。説明の都合上、歴史を単純化してお話しするしかないのですが、ともかくも本来、内閣は君主がつくるものだった、という経緯は重要です。ただ、実務を担当するのは内閣ですので、しばしば内閣がイニシアティヴをとって、君主に輔弼（助言と承認）を行い、統治権（執政権）を動かしてもらう、というのが実際のかたちになります。そうこうしているうちに、実権は内閣に移ってゆきますが、結果責任を負わなくてはならないのは、輔弼をした内閣の方です。この責任は、この時点では、もっぱら内閣を構成した君主に対してのものです。

しかし、君主に対するコントラ・ロールとしての議会が、次第に民主化されていくということになります。まず、貴族中心の議会から庶民院が独立して、身分ごとの議院によって議会が構成されるようになり、その庶民院にだんだん力が集まってゆきます。さらに、選挙制度の改革を繰り返して普通選挙制を実現し、普通選挙で選挙された議員が議会を掌握するようになると、漸く「議会制」と「民主主義」が接近するようになり、一口に議会制民主主義と呼ばれるような実態へと近付いていくことになります。議会を実際に掌握するのは、貴族ではなく「選挙された議員」であり、「選挙された議員」が構成する庶民院が、議会全体の権力を牛耳るようになるわけです。

ここで、君主を倒すと革命になりますので、民選議院は内閣に手を出そうと考えます。歴史をここでも単純化していえば、この過程で、かつて君主がつくり、君主に対してだけ責任を負っていた内閣の顔を、議会(とりわけ民選議院)の方に向けさせるようになる。内閣は、君主だけでなく、議会に対しても「責任」を負うようになり、議会は内閣に「責任」をとらせることができるようになります。他方で、民選議院の多数派が内閣を形成して政治を行うようになります。政治の中枢である内閣について、民選議院が「統制」するだけでなく「構成」もするようになるわけです。

ここにおいて、キー・コンセプトになるのが、「責任」です。責任の観念は、内閣に一定の自律性を認めることによって、成立しています。責任と自律は引き換えの関係にあります。責任を負うかわりに自律を獲得するのです。内閣の「構成」者は、気に入らなければ、いつでも、有無を言わさず内閣を「再構成」してしまえば良さそうなものですが、責任の観念が発生している以上、責任をとらせて辞職させるという手続を踏まなければ、再構成することはできません。言い換えれば、「責任」をとっての「辞職」と引き換えに、内閣は、「構成」者の意に反した「自律」的決定ができるのです。これが「責任政治」です。

民選議院によって構成される「議院内閣制」は、同時に「責任内閣制」とも呼ばれるように、民選議院に対する内閣の「責任」が梃子になっており、「構成」者としての民選議院に対する内閣の「自律」性が、もう1つの特徴になっています。民選議院を中心とする議会の、国民に対する関係も「責任」です。ここで、昨晩ご紹介した、「主権者たる国民に対して政治的責任を追うところの政府、国会等の政治部門」という、苫米地判決の一節を思い出していただきましょう。

日本国憲法が想定する民主主義のシステムは、憲法改正の国民投票や裁判官の国民審査を例外として、「責任」を梃子にした間接的な民主主義です。つとに、大正期日本の立憲主義憲法学は、その「立憲主義」の定義において、「責任主義」を梃子にして「自由主義」と「民主主義」を結合させました。そのようにして、明治憲法下に成立した議院内閣制的な運用を、応援したのです。この点は、発表されたばかりの佐々木惣一『立憲非立憲』の解説のなかに、書き込んでおきました。

しかし、直接民主主義を本来の民主主義だと考える人々にとって、この「責任」と「自律」の連鎖によってつながる「政治部門」と「国民」の関係が、そのままでは民主的な統治システムとして受け容れ難いのは明らかです。ラディカルな民主主義者は、「責任政治」としての自由民主主義の体制を、あくまで消極的な代用物としてしか評価しないことになります。

他方で、立憲君主制の登場以降、「民主主義」とは区別された「自由主義」の教説として精錬されてきた、という「立憲主義」に特有の文脈からすれば、「責任主義」だけで充分に「民主主義」から「立憲主義」を守り切ることができるのか、という疑問が生ずることになります。外交権を中心とする執政権の「民主化」プロジェクトとしての「議院内閣制」や、同じく財政権の「民主化」

プロジェクトとしての「国会中心財政」（財政民主主義）に対して、立憲主義的な執政・財政の立場からは、実は隠然たる疑いが存在しています。

この点、日本国憲法の立憲主義は、「責任主義」のみによる「民主化」に対して警戒的であり、「議院内閣制」に対する限界規定を置きました。すなわち、典型的な執政作用である軍事作用に対する権限と、一定範囲の財政作用に対する権限とを、「政府・議会等の政治部門」から剝奪する9条と89条を用意したのです（後記：詳しくは、石川健治「『真ノ立憲』と『名義ノ立憲』」木村草太ほか『「改憲」の論点』〔集英社、2018年〕211頁以下、を参照のこと）。そこには、日本国憲法内部における「民主化」と「立憲化」の対抗関係が存在しています。とりわけ立憲主義サイドからみたコントロールの要である違憲審査制の運用において、砂川判決・苫米地判決（前述）とサラリーマン税金訴訟判決（最高裁昭和60年3月27日大法廷判決・最高裁判所民事判例集39巻2号247頁）とが、執政・財政の両作用に対する憲法適合性の「審査」を事実上放棄しており、立憲主義的なコントラ・ロールとしての役割を裁判所に期待できなくなっているだけに、問題は深刻です。

XII 「責任」の諸相

ここで、「責任主義」の問題について、もう少し突っ込んで検討しておきましょう。

そこでいう「責任」とは、もともと個々の大臣が有する法的責任が問題だったのですが、やがて大臣の側で、「自分は法的には責任はないけれども、国政を混乱させたという政治的な責任をとる」

といって、法的責任を追及される前にやめる、という慣行が生まれます。責任を追及することを「問責」と言いますが、その意味はもっぱら政治責任の追及に限定されてゆきます。

「責任」には何通りかのヴァリエーションがあり、問責手段もそれに応じて多様です。契約社会における責任は、賠償責任を中心とする liability と、応答責任を核心とする responsibility からなります。日本国憲法の英訳をみると、30条における納税義務（租税債務）、39条における刑事上の責任、51条における発言の免責については、liability が使われる一方で、3条における天皇の国事行為についての内閣の責任、12条後段における公共の福祉に対する国民の責任、66条3項における内閣の国会に対する責任、87条1項における予備費の支出に対する内閣の責任については、responsibility が用いられていて、ちゃんと訳し分けられています。そこに見られますように、法的責任と区別された政治責任の核心は、後者の応答責任です。

応答責任のなかで一番初歩的なものは、説明責任（accountability）です。昨日お配りした資料の、ブラッドリー／ユーイングの教科書の目次にも、第7章「政府の応答責任と説明責任」とありましたね。説明責任が、政治責任の一番の基本です。説明責任を追及する仕方を「質問」といい、質疑応答の「質疑」とは区別されます。「質問」に対しては、政府（内閣）は必ず説明する責任を負っています。説明責任こそが政治責任の第一歩ですから、議員さんの「質問権」というのは、議員がたった一人でも、内閣ないし大臣の責任を追及する武器になっているわけです。

年金問題における長妻昭議員の質問権行使や、外交問題に対する鈴木宗男議員の質問権行使は、内閣にしばしばダメージを与えました。これが、一番基礎的な、問責手段です。そして、その先には、倒閣までが視野に入っているのです。と申しますのも、応答責任のアルファは「説明」ですが、オメガは「辞職」だからです。「質問」が一番基礎的な問責手段だとすれば、最終的な問責手段は「不信任」です。この「不信任」に対応する責任の取り方が、「辞職」なのです。連帯責任を負っている場合には「総辞職」ということになります。

こういう構造のもとで、最終的に不信任を突き付けられた内閣が、首相や国務大臣の個人責任では済まされずに、組織として、連帯して責任を負って、総辞職するという慣行が生まれてきます。先ほど来、何度か「慣行」に言及してきましたが、この憲法的な慣行のことを、イギリスでは憲法習律（convention of the constitution）といいます。契約社会の発達したイギリスだから応答責任の観念が確立しており、この応答責任を背景に成立したルールが憲法習律なのだ、と説明されることもあります。

身分制のもとで成立した古いイギリス議会において、政治社会の変容とともに、やがて新しい憲法的ルールが慣行として確立してゆきます。そもそも不文憲法の国ですので、別に、どこにそうせよと書いてあるわけではないのですが、むしろ、そこにこそ立憲主義の精神がこめられているのです。日本では、そのようにしてイギリスでは習律上守られているルールをお手本にして、議会制のルールを憲法典に書き込みました。けれども、憲法典に規定がなくとも、立憲主義の精神に照らせばそうならなくてはならないはずの「政治の矩」（尾高朝雄）が、議院内閣制を造型しているのだということを、忘れてはならないと思います。

他方で、そうした内閣の組織については、国会（民選議院）における多数派が、これを構成することになりました。君主が健在である場合には、あくまで大臣の任命権者は君主ですので、国会（民選議院）の多数派が「指名」した内閣総理大臣を、君主はそのまま任命する形になります。そして、多数派のリーダーとしての内閣総理大臣を中心に、組閣が進んでゆくのはご存知のとおりです。その場合に生じ得るトラブルや政治空白について、日本国憲法の場合は第5章で割合に詳しい規定をおいています。

そうやって議会の「執政」「統治」への「関与」が強まってゆくと、コントロール概念に含まれるコントラの要素は希薄化し、むしろ議会自身が執政権者をめざすようになるのは自然です。条約締結権を内閣と国会が協働行使するという芦部説は、執政権の民主化としての議院内閣制が、さらに進んで議会統治制に移行しようというモーメントを、よく示しています。

こうした議会と内閣の対抗関係において、第3のアクターである君主は、どうなるのでしょうか。立憲君主制における君主は、政治責任を免除される代わりに、執政権の実質は内閣に譲り渡します。とはいえ、依然として形式的な権能そのものは掌握しようとするのが通例です。明治憲法でいうところの「統治権の総攬者」の地位を、なかなか降りようとしないのです。

総攬者の「攬」という字は、「みる」という意味の「覧」の字とは違いまして、手偏がつくと「とる」という意味になります。権能そのものは掌握して放さないということです。そして、議会・対・内閣の対抗関係とは一線を画した、中立的権力としてのプレゼンスを保とうとする。近代小説の扉を開いた『アドルフ』という小説の作者として知られる、バンジャマン・コンスタンという思想家は、立憲君主制下の君主の地位を、「中立権」として正当化しました。イギリス型の議院内閣制には、この「中立権」者としての君主も、統治システムの隠然たるアクターとして組み込まれております。民主的な正統性を背景にしていない分、君主は、その地位を確保するために、きわめて慎重にふるまいます。民意を敵に回してしまえば、直ちにその地位を失うからです。立憲君主というのは、概ね賢明にふるまうのが、経験則になっています。

統治権（執政権）の一環として君主が保持する権限の1つに、議会（とりわけ民選議院）の解散権があります。この解散権は、議会や内閣の双方から均衡をとりながら、第三者的にふるまう国家元首でなければ、保持するのが難しい権限です。そのおかげで、政治部門における対立が膠着状態に陥ったとき、君主が民選議院を解散することで、国民に対して訴えを提起し判断を仰ぐことができるのです。内閣に対して、議会がコントラ・ロールの地位を乗り越えて関与を強めてくる過程で、内閣は、輔弼（助言と承認）によって君主を動かし、解散権によって対抗しようと考えます。そうして、内閣が国会（民選議院）と対等にわたりあおうとする一方で、君主は民主的な統治システムのなかでその存在意義を確保しようとする。これが、イギリス流の、議会主義的な政府のつくり方（parliamentary government）です。

ところが、戦後日本の憲法上の天皇は、はじめから「国政に関する権能」そのものがない点で、イギリス型の元首としての国王とは、根本的に異なっています（4条）。イギリス型の議院内閣制を基盤としつつ、その第3の構成要素たる国家元首を象徴化する、という制度設計は何をもたらすのでしょうか。ここにも、やはり「学問」が必要になってくるわけです（関連して参照、石川健治「象徴・代表・機関」全国憲法研究会編『日本国憲法の継承と発展』〔三省堂、2015年〕170頁以下、同「八月革命・七十年後──宮沢俊義の8・15」辻村みよ子ほか編『「国家と法」の主要問題』〔日本評論社、2018年〕1頁以下)。

XIII 議院内閣制の真贋

議院内閣制はドーバー海峡を渡ります。フランス第二帝制のナポレオン3世が、ビスマルク率いるプロイセン王国に破れてしまい、混乱する情勢のもとで雑然と作られたのが、第三共和制という共和国です。そこで、君主を大統領に置き換えた議院内閣制が採用されました。パリ・コミューンを圧殺して成立した評判の悪い体制ですが、この第三共和制において、フランスは、革命以来初めて、立憲主義を安定化させることに成功します。ただ、この第三共和制というのは、結局憲法典というものをつくることができませんで、3つの法律(いわゆる憲法的法律)で暫定的に統治機構を立ち上げただけで、そのままずっと動いていきました。

第三共和制は、当初非常に王党派の強い体制でしたので、本当は王を据えたかったのですが、伝統王家を推すブルボン派、七月王制のルイ・フィリップの家系を推すオルレアン派、それに第二帝制の流れを汲むボナパルト派にわかれて対立していたために、とりあえず大統領制を採用して、遠くない将来、いずれかの王家の当主を据えようと考えたわけです。「王制待ちの共和制」と呼ばれたゆえんです。

その大統領は、直接公選ではなく、両院の合同会議で選ぶということになりました。ナポレオン

3世が、国民投票（プレビシット）を多用して自分の支持をとりつけながら、政権運営していたことに、フランス人は懲りていたのです。初代大統領ティエールは共和派から出ましたが、第2代のマクマオンは王党派でした。任期が7年と長く、その間に政治状況とのタイムラグが生じて、議会の方ではフランス革命以来の共和派が力を増して参ります。最初の選挙は、上院が王党派、下院は共和派で、日本でいう「ねじれ国会」になりますが、王党派の首相候補の指名を下院で否決されたのに対抗して、大統領は解散権の行使を決意します。解散して「ねじれ国会」を解消しようとしたのですが、結果は共和派の圧勝。マクマオンは、下院の指名する首相候補の任命を余儀なくされます。そして、上院においても共和派が多数を占めるにいたって万事休すということで、マクマオンは政治的には権限を失い、自ら辞任します。

この事件を通じて、フランス第三共和制の大統領は実権を失い、象徴化してしまいます。大統領が象徴化するとともに、国家元首としての大統領が掌握する権限も消えてしまい、解散権も事実上行使されない状態になります。そうやって、制度設計もなしに、国家元首が（政治的には）いないも同然になってしまった統治システムには、大きな異変が生じました。議会が多党化していたために、与党連合の組替えによって、すぐに既存の内閣が不信任の対象になってしまいます。解散という対抗手段のない内閣は立ち往生してしまい、平均10か月のペースで内閣総辞職を繰り返す、というのが、この時期以降のフランス「議院内閣制」のパフォーマンスでした。第一次安倍内閣が、参議院選挙での大敗と首相自身の病気悪化から総辞職して以降、第二次安倍内閣が成立するまでの日本が、ちょうど同じ状態でしたね。55年体制が崩壊して多党化した細川内閣の成立期から、強力な自公ブロックが確立した第一次小泉内閣までの時期も、似たような状況が見られました（特に羽田内閣）。

けれども、そうしたフランス第三共和制において、強力な与党連合が形成された時代が例外的にあります。国論を二分したドレフュス事件で、ユダヤ人軍人ドレフュスを擁護して勢いに乗った共和派によって、非常に強固な与党ブロックが形成されたのです。こうなると、このシステムは、逆に異常に強くなります。これも今の日本と二重写しにして聞いていただければわかると思いますが、強固な与党連合ができますと、今度は強すぎる政府を作ってしまうというのが、この統治システムの特徴になります。

この例外的な時期の共和国が、一体何をしたのかというと、それが政教分離です。政教分離というのは、政治と宗教の分離ではありません。政権と教権の分離をつづめて出来た言葉で、本当は「国家と教会の分離」を意味しています。ここにおける「国家」は、共和派の描く公共空間としての「共和国」、「教会」はカトリック教会です。本来カトリックの国であったフランス、したがって、多くの人がカトリックこそが公共的だと思っていて、カトリックの教育を受けたがっているフランスにおいて、この共和派の政府は、カトリックの教会を私的存在として、公共空間から全て切り落としてしまうという力業に出たわけです。そして、みんながカトリックの教育を受けたがっているにもかかわらず、「公教育」制度を新設して、カトリックの息のかかった教師を学校から放逐しました。多数者の信仰を排除して、「政治的・宗教的に中立的な教育」を、嫌がるフランス国民に強制したのです。

これはもちろん、近代国家あるいは近代立憲主義の立場からすれば、宗教的に中立的な教育という意味で、特定の価値観に染まらない無色透明の体制のように思えるかもしれませんが、世界観的に無色透明の共和国とか色のない教育制度自体が、政治勢力としての共和派の一個の政治価値ですから、反対派からすれば、共和派的価値の押しつけなのです。こうした「暴挙」を「強行」できてしまうのが、あの「弱い」統治システムの、もう1つの顔であるわけです。そのことも、是非知っておいていただきたい、と思います。大統領が「いなくなって」、システム上は圧倒的に議会優位の体制のはずなのですが、強力な与党が形成されますと、むしろ実権は、彼らが構成した内閣のほうに、しかも合議体としての内閣ではなく、内閣の総理大臣個人に移ります。それどころか、しばしば実権は、連立与党の執行部に移るという現象も見られます。決定の中枢がそこにあるからです。

これによく似た現象が日本でも起こっておりまして、1970年代に入ると「解散は（内閣ではなく）総理の専権事項だ」という言い回しが使われるようになりましたが、例えば海部内閣のときには、解散権は自民党執行部、つまり当時の小沢一郎幹事長に移っていたことが確認されています（参照、石川健治「危機の政府／政府の危機」駒村圭吾＝中島徹編『3・11で考える 日本社会と国家の現在』〔日本評論社、2012年〕105頁以下、111頁注12）。海部首相は「重大な決意をした」と述べて衆議院を解散しようとしたのですが、出来ませんでした。解散権は「総理の専権事項」ではなかったのです。その後、小沢さんご自身にお聞きしましたら、「あれは金丸さんだ」と言っておられました。ですから本当は、党執行部ですらなく、自民党実力者の金丸信さんが解散権を握っていたわけです。長期にわたって多党化状況が続いたせいで、弱い政府しかつくれないというのが定説の第三共和制ですが、それは与党が安定化しなかったからであって、議会中心に一本化された統治システムというのは、与党が確立すれば、逆に権力一極集中の危険をはらんでいるのです。

このシステムについては、君主が健在であるイギリス型の議院内閣制に比べて、より「民主化」された、その意味で「合理化」された議院内閣制である、という評価が一方ではあります。けれども、それはそもそも「議院内閣制」ではない、という評価もあり得ます。アルザス出身で、第一次大戦前はドイツ語で戦後はフランス語で仕事をした、レズロープという学者の議院内閣制論は、日本でもよく参照されたものですが、その彼は、各国の議院内閣制を比較研究した結果、フランスのそれだけが「贋物」だという評価を下して物議を醸しました（参照、石川健治「議会制の背後仮説――議会と政府の関係の諸相」法学教室225号〔1999年〕67頁以下）。フランス第三共和制は、議院内閣制ではないばかりか、解散権が行使されない結果、任期満了選挙まで「国民」を蚊帳の外においているという点で、イギリスよりも民主的でない、というのが彼の結論です。イギリスでは、中立権としての立場を保つことで解散権を温存する君主がいてくれるおかげで、任期満了をまたずに国民の信を問うことができている、というのです。レズロープは、民主政治のためには共和制よりも君主制が有利だ、という驚くべき断定をしています。

意識的な制度設計なしに国家元首が象徴化された「議院内閣制」であるという点で、戦後日本の統治システムは、第三共和制期のそれ――フランスでは、戦後の第四共和制にも引き継がれた――との比較で考えると、よくわかる部分があります。その一方で、同じ象徴だといっても、第三共和制フランスの大統領に期待された役割と、戦後日本の象徴天皇への役割期待とでは、およそ比較不能の差異があるのも事実です。

それだけに、象徴天皇の役割を憲法が規定している以上に極小化すれば、おのずから、フランス第三共和制型の「民主化された」議院内閣制に接近するでしょう。これに対して、憲法の規定を手がかりに、象徴天皇に応分の役割を割り当てようとすると、日本国憲法が持つ、フランス第三共和制的なモーメント以外の側面に寄与することになります。そこには、復古的なモーメントも当然含まれます。しかし、そのなかで、あくまで憲法適合的な象徴天皇のあり方を追求しようとすれば、日本国憲法の統治システムに内在する「民主化」と「立憲化」のモーメントのうち、後者にコミットすることにならざるを得ません。天皇家の生き残り戦略という観点からみても、それが合理的でしょう。

いずれにせよ、戦後日本の民主政治を規定する隠然たるアクターとして、象徴化した「天皇」の存在が浮上してくるのは、頷ける話だということになります。けれども、戦後日本の統治機構論は、洋風の比較政治制度論に「解釈図式」を求めたため、ごく少数の例外を除き、天皇論それ自体を迂回する議論をしてきました。この点が、日本の立憲主義憲法学にとっては、ときに強みでもあり、弱みにもなっています〔後記：この論点は、本セミナーから2か月後、2016年8月8日に出された天皇のビデオ・メッセージを機に、天皇退位問題に発展した。参照、石川健治「国民主権と天皇制——視点としての『京城』」一色清ほか『明治維新150年を考える——「本と新聞の大学」講義録』〔集英社、2017年〕163頁以下〕。

XIV　ロベスピエールの影

　レズロープも主唱者の一人ですが、一般に、20世紀初頭の時点での各国の統治システムは、政府と議会の相互作用に着目すると、イギリスにみられる議院内閣制型、スイスにみられる会議制（議会統治制）型、アメリカにみられる大統領制型、第一次大戦前のドイツにみられた制限君主制型に分かれる、とされてきました。こうした比較政治制度論のなかでは、フランス第三共和制の「議院内閣制」は、イギリス型議院内閣制の変奏形態ではなく、むしろスイスの会議制（議会統治制）のヴァリエーションだともいえます。

　「会議制（会議政）」は、合議体としての執政府（連邦評議会）が、議会内の1つの委員会として、議会に一方的に従属するのが特徴であり、議会統治制つまり議会執政システムと評価されます。統治システムの比較の観点からいえば、スイス会議制における連邦評議会は、連邦議会に頤使される「弱い政府」のように見えますが、実はそうではありません。閣僚の数が、各会派の勢力分布に従って比例的に配分された（「魔法の公式」とも呼ばれます）、この小さな合議体においてこそ、議会においては成り立ち難い各会派の合意（妥協）が成立するのです。社会的な対立構造が根深く、選挙を何度繰り返しても会派の勢力分布が変わらないため、選挙レヴェル・連邦議会レヴェルでの多数派が成立しません。直接民主主義のイメージの強いスイスですが、そうした連邦評議会を舞台としたコンセンサス・デモクラシーこそが、現実のスイス政治です。そこで、議会執行部としての連れるゆえんです。

邦評議会に、実権が集中することになります。議会統治制のはずが「会議政」になっていると言われるゆえんです。

懸念されるのは、この会議制が、恐怖政治をもたらしたロベスピエールの公安委員会と、完全に同型の統治システムであることです。議会中心に一元化されたシステムは、執行部に実権が集中すると、内部的な抑制と均衡のモーメントがないため歯止めが効かなくなり、恐ろしく権力集中的な統治システムになり、恐怖政治を現出させます。

この会議制と、第三共和制型の「民主化された議院内閣制」とを比べた場合、政府に実権が集中するための諸条件が揃いさえすれば、どちらの場合にも、議会従属的なシステムであるからこそ内閣の地位が強化される、という逆説が成立する点は共通しています。議会中心に一元化されたシステムであるために、政府が議会多数派からの対抗力を考慮しなくてよくなったとき、逆にそこには一切の歯止めが存在しないからです。前者の先蹤といってよい、公安委員会への権力集中の場合はいうまでもないことですが、後者の場合にも、ドミナントな与党が存在する場合や、安定した与党連合が存在する場合には、権力集中が進んで、強すぎる政府をつくった実績があります。そのことに気づくと、暗澹たる気分になりますね。もし日本国憲法の「議院内閣制」が、結果としてそれらに似た側面をもっているのだとすると、それは他人事ではないわけですから。

しかし、幸いにして、スイスには、連邦制における連邦・対・州の権力バランスや、伝統の国民投票システムや直接民主主義の文化があって、外部的な均衡を成立させているため、会議制すなわち恐怖政治という観察は、杞憂に終わっているようです。他方で、会議制と「民主化された議院内閣制」の間には、看過できない憲法構造上の相違も存在しています。そのあたりを論じたいのですが、ここでコーヒー・ブレイクにしましょうか。

XV 「議院内閣制」の変装か変奏か

再開しましょう。先ほど、国王をつくらなかったスイスの統治システムである「会議制」について、お話ししましたね。全会派で連立政府をつくる仕組みについては、隣国オーストリアの州レベルでも伝統的に広くみられたところから、山岳地域の地方自治に通有の、古い、仲間団体的な政治原理の一環としてみることもできます。しかし、他方で、議会がコントラ・ロールの立場を捨て、自らgovernment（作用としての統治、組織としての政府）に関与しようとするのは、まさしく議会中心主義の極致であるとも言えます。

そうしたシステムにおいて、政府が議会からの対抗力を考慮しなくてよくなるような、一定の前提が揃った場合には、議会従属的なシステムであるからこそ政府が一層強くなる、という逆説が成立し得るのです。そこが怖いところです。執行部に権力が集中すると、内部的な抑制と均衡のモーメントがない分、歯止めが利かなくなるのであって、恐怖政治のシステムにも転化し得る、というわけです。

それとの対比で考えると、議会が一方的に強くなってしまったフランスの第三共和政における「議院内閣制」は、もはや議院内閣制ではなく会議制になってしまっているのではないか、という疑問が立ち上がります。ロベスピエールのシステムそのものではないにしても、それに酷似したシステムが、ここに成立したことになりますね。

そこで、フランス第三共和政における「議院内閣制」は「会議制」の変装に過ぎないと見切って、これを「贋物」呼ばわりしたのが、先に述べたレズロープでした。それは、彼が勝手に言っているのではなく、当時のフランスに元々あった否定的な評価を、より印象的に述べたものであって、1つのあり得べき立場を示しています。何かと政府と議会の対立に眼を奪われがちな議院内閣制論ですが、第三のアクターとしての君主（元首）こそが規定要因である、という指摘は、依然として重要です。

レズロープの指摘をそのまま日本にあてはめて言えば、日本国憲法における「天皇」のかたちが日本の統治機構そのものを規定している、ということになりますね。統治機構を勉強するときに、教科書の天皇制のところは飛ばして読んでしまう方も多いようですが、それでは結局、日本の統治機構を勉強したことにはなりません。それどころか、レズロープの指摘はほかならぬ憲法研究者を痛撃しているわけで、いろいろ面倒な問題を含んでいるからといって天皇論を疎かにしていると、いずれつけが回ってくることになるはずです（後記：前で指摘したように、この危惧は、セミナーから2か月後の、2016年8月8日の「おことば」に端を発する、天皇退位問題において現実化することになった）。

また、政府と議会との間に均衡を成り立たせる装置としての「君主」への着目は、そもそも〈自律的な政府〉と〈コントラ・ロールとしての議会〉の間に成立する「均衡」こそが、民主政治にとって本質的だ、という立憲民主主義の考え方を前提にしています。だからこそ、「均衡」を確保するためには、中立的な解散権者によって下院の解散権が確保されていることが必要だ、という議論になり、結果として、「民主政治のためには共和制よりも君主制が有利」、という驚くべき指摘にもつながったのです。

もちろん、既に述べたように、君主がいなくなって民主化されたフランス第三共和政の「議院内閣制」のほうが、イギリスのそれよりも合理的で優れた統治システムだ、という評価も根強く存在しています。この立場からすれば、フランス第三共和政は「会議制」とは別物であり、「議院内閣制」の――より優れた――変奏である、と考えられることになる。こうなると、それが、依然として――本家イギリスのそれを含む――「議院内閣制」の側に属しており、「会議制」とは截然と区別されることを示すための、「議院内閣制」の再定義が必要になります。

ここで、議論は、既に述べた「立憲主義」の再定義においてクローズアップされた、自由主義と民主主義のブリッジとしての「責任主義」の論理を、なぞることになります。と申しますよりも、大正期の日本でも参照された、そうした西欧の理論動向は、ここでの具体例が主要な動因となって展開されたものだったのです。

中世において、君主の専制主義に対抗して、既得権をまもるという動機から貴族たちが主張した立憲主義における「自由」の主張は、「特権」との距離がしばしばきわめて近いものでしたし、国民主権のエネルギーによって実現された革命期の立憲主義は、自由主義と民主主義のアマルガムでした。しかし、君主制のもとでも立憲主義が可能であると主張する立憲君主制のもとで、立憲主義は、民主主義と峻別され、自由主義の思想として精錬されます。君主制のもとで育った議院内閣制論において、強調されたのは権力の「均衡」であり、それは何よりも、「自由」をまもるための要諦であったのでした。

その「均衡」を失わずに、あらためて民主主義の要請に応えようとするのが、立憲民主制です。民主主義に押されて、民選議院に内閣の存立を左右するほどの優位性が認められるようになり、国民→議会→内閣という直線的な連結を実現しようとする流れからすれば、むしろ「会議制」こそが理想形態だということになります。その潮流にあって、「国民」・「議会」・「内閣」の三者間に「均衡」をいかにして確保するかが、問われることになります（参照、石川健治「持続する危機――議会・国民・執政のトリアーデ」ジュリスト1311号〔2006年〕2頁以下）。

まさに、この「均衡」を担保したのが、「自律」と「責任」の論理でした。「民主」的「決定」の要請のなかで、「責任」と引き換えに確保された「自律」が、統治システムの構成単位間の一応の分立を約束し、「自律」的単位どうしの「均衡」を成り立たせるのです。そのようにして、民主主義を専制主義に転化させず、「民主」のただなかに「自由」を約束するのが、「責任」――とりわけ政治責任――の論理でした。かくして、責任主義は、自由主義と民主主義をつなぐ蝶番の役割を果たしました。

これと同じ理屈でフランス第三共和政のシステムをみれば、議会による「責任」追求の最終形態である不信任イコール辞職の観念が生きており、逆に言えば、不信任決議によらない限り政府（内閣）を更迭することはできない、という意味で「自律」と「責任」の論理が成立していて、「責任」

と引き換えに「自律」を確保した内閣と議会の間には、一応の分立・「均衡」が存在していることがわかります。この点、「会議制」の場合は、政府は議会のなかの一委員会ですので、気に入らなければメンバーチェンジをすればいいということで、責任を取らせて辞職させるという手続が要らないわけです。ところが、フランスの場合は、合議体としての内閣が、連帯責任を負って総辞職するという格好になる。総取り替えでないと代えられない点が違います。

それだけに、更迭される前に、議会に一矢報いるような自律的な政策を打ち出して、蜂の一刺しではありませんが、「死ぬ」前に最後のひと勝負をすることもできるのです。このようにして、内閣に一定の――あくまで一定の――「自律」性が認められるフランス第三共和政は、議会に対抗する武器としての解散権を喪失したにもかかわらず、依然として議院内閣制のヴァリエーションをなしていると言えることになります。樋口陽一先生は、こうした問題状況を、「均衡本質説」と「責任本質説」の対立として定式化したことで、広く知られています（初出は、「議院内閣制の概念」小嶋和司編『憲法の争点』〔有斐閣、1978年〕146頁以下）。

この点、「均衡本質説」の代表者と目されるレズロープも、君主（元首）と議会の双方に対して内閣が「責任」を持つ体制として、議院内閣制を捉えていたことが重要です。そこにおける「責任」の体系は、二元的であったわけです。議会に対する「責任」の体系と君主に対する「責任」の体系が併存することによって発生する権力の「均衡」が、自由主義の要請に応えていることは言うまでもないのですが、それが民主主義の要請にも応えるものだと説いた点に、20世紀の論者としてのレズロープが持つ新しさがあります。

そうした「均衡」の具体的な現れは、下院による不信任決議に対抗する下院の解散総選挙です。君主が中立的な地位を維持して自らの解散権を確保しており、政府と議会が対立した場合には、随時解散権を行使して「国民」に訴えを提起することができるのだから、民主主義の要請にもよりよく応えられる、というわけです。これに対して、元首たる大統領が象徴化して、解散権が行使されなくなったフランス第三共和政の場合、任期満了選挙までの間、連立の組み換えが原因で「議会」による不信任決議が出されると、「政府」はくるくると更迭される一方で、「国民」はずっと国政の蚊帳の外に置かれています。「責任本質説」によれば、これでも充分に「議院内閣制」ですが、レズロープにいわせれば、それは「議院内閣制」の堕落形態であって、議会に対する「責任」の観念が成立しているだけでは「議院内閣制」の名に値しない、ということになります。

こうした議論を経て、例えば、みなさんがよく眼にする、次のような定義が出来上がります。「これらの歴史的沿革を踏まえて議院内閣制の本質的要素を挙げるならば、①議会（立法）と政府（行政）が一応分立していること（この点でスイス型と異なる）、②政府が議会（両院制の場合には主として下院）に対して連帯責任を負うこと（この点でアメリカ型と異なる）、の二点であると考えられる」（芦部〔高橋補訂〕・前掲342頁、傍点は芦部）。これが「責任本質説」であり、フランス第三共和政の統治システムは、「議会による政府（内閣）の民主的コントロールが最優先された」（芦部〔高橋補訂〕・前掲）、イギリスよりもヴァージョンアップされた議院内閣制だ、という評価に立つ見解であることは、もうおわかりいただけるでしょう。

芦部先生の教科書では、如上の定義に引き続いて、次のような解説がなされています。「たしかに、議院内閣制は、元来立憲君主制の下で、君主と議会との権力の均衡をねらって成立した政治形態である。しかし、民主主義の発展とともに、それぞれの国の歴史と伝統、とくに政党制のあり方に応じて、その性格が変化することは免れ難い。事実、第一次世界大戦後、『議会の世紀』と言われるほど議院内閣制が普遍化したが、そこには会議政に近いもの、大統領制の要素を加味するものなど、さまざまな形態が生まれている。それらに共通する本質的要素は政府の議会に対する（それを通じて国民に対する）責任である。権力均衡（具体的には内閣の自由な解散権）の要素は、国民に政治のあり方を決定する機会を提供する重要な意味をもつとしても、議会政に本質的なものではない、と解するのが妥当であろう」（342-343頁）。きわめて含蓄に富んだ叙述ですが、第一次大戦後になって、「会議政に近いもの」、「大統領制の要素を加味するもの」など、さまざまな議院内閣制の改造実験が行われており、それらを議院内閣制に「変奏」として包括できる、広い定義として「責任本質説」を支持しておられるわけです。

XVI　改造実験の諸相

もし仮に「責任本質説」を採るにしても、フランス第三共和政型の「議院内閣制」には、大きな欠陥があったことは事実です。特に、選挙の結果によって、統治システムとしてのパフォーマンスそのものが大きく左右されるのは、問題です。強固な与党ブロックができれば強すぎる政府をつくりますし、分極的な多党制のもとでは、任期中に連立の組み換えで内閣が次々と交替します。多党化していた時期が長かったフランス第三・第四共和制では、ほとんど半年程度で内閣が更迭されるありさまでしたが、既に述べたように、ドレフュス事件を契機に形成された共和派中心の与党ブロックが、1902年の選挙で圧勝した結果、カトリックの国フランスで反教権主義を貫徹し、1905年の政教分離法という前代未聞の力業をやってのけるほどの、安定政権を実現した時期もあったのです。

同一の統治システムが、これだけ極端なパフォーマンスの違いをもたらすのは、それがシステムとして「閉じていない」証拠です。理由はいろいろありますが、システムの内部と外部の境界線を形成する原動力は、システム内部における動的な「均衡」の存在なのであって、この「均衡」を欠いている点に、現在のシステムの問題の1つがあるでしょう。内閣の対議会責任にのみ力点をおいて議院内閣制を理解する、いわゆる「責任本質説」的な立場からいえば、「責任政治」のコンセプトで一元化されているほうが、より合理化された統治システムだ、と評価されるでしょうが、それでは不十分です。

実際、「均衡本質説」とされるレズロープは、大統領を強化することによって解散権を復活させるべきだと言ったわけです。そのためには、大統領を議会が選ぶシステムをやめて、大統領を公選制にして大統領制の要素を強化することで、フランス第三共和制の統治システムに「均衡」を回復する改造提案をしています。フランス人がこれに耳を傾けたのは、ほぼ40年後です。植民地アルジェリアの独立問題を第四共和制が乗り切れずに沈没し、救国の英雄だったド・ゴール将軍を招き入れて統治能力を回復することを企てた、1958年成立の第五共和制を運用する中で、公選の大統領制が実現します。

これに対して、アルザス人・レズロープの忠告にすぐ耳を傾けたのは、アルザスを手放したワイマール共和国の建国の父たちでした。彼らは、このレズロープの本を読んでいたんですね。しかし、結論からいえば、このシステムは見事な失敗に終わりました。レズロープが推薦した二元的な体制は、強い船頭が二人いるわけですから、実は非常に不安定な制度設計でした。元首（君主）か議会か、どちらかがあえて控えめな役割を演ずることなしに、うまくゆくはずはありません。イギリスの場合は、国王であれ女王であれ、君主がおとなしくしていたから、うまくいったのです。ドイツの場合は、船頭二人に政府が翻弄されました。いつまでたっても議会が完全には安定せず、特にナチスと共産党に挟撃されて議会が機能しなくなると、政府は、もっぱらヒンデンブルク大統領にすがりついて、大統領の立法権（緊急命令権）を頼りにした大統領統治に傾きます。ダッチロールを経て、ヒトラーの政権掌握と（ヒンデンブルク死後の）総統就任で、この体制は墜落してしまいました。

そこで、敗戦後の西ドイツ人は、さらなる議院内閣制の改造実験をしています。今度は、大統領でも内閣でもなく、内閣総理大臣を強くした統治システムを作ります。連邦の総理大臣を、州のそれとは区別してカンツラー（Kanzler）と呼び、これを宰相と訳すことが多いので、宰相民主制と呼ばれます。その特色はいくつかあるのですが、内閣総理大臣の権限が強化される一方で、大統領公選制を廃止し、議会で選任される大統領は、名目化・象徴化しつつも、解散権を保持します。その上で、政権の不安定要因になった、議会の内閣不信任決議権と大統領の解散権を同時に制限してしまうのです。これが東西ドイツ統一後の現在まで堅持されているわけです。

ワイマール共和国が沈没した最大の原因の1つは、議会の多数を占めていたナチスと共産党が、内閣を倒すためだけに手を結んで不信任決議を出せたということでした。われわれの記憶にあたらしいところでは、2011年6月2日に、野党の提出した菅直人内閣に対する不信任決議案が、与党民主党内での反菅勢力の同調によって、可決確実の情勢となったことがあります。結果的には、民主党の創業家といってよい鳩山由紀夫元首相が斡旋し、「震災対応にメドをつけたら若い人に責任を引き継ぐ」という非常に曖昧な口約束を菅首相にさせて、不信任決議を回避した、という事態がありました。実際には、菅内閣は、いかなる辞職圧力にも屈せずに、9月2日までの3か月もの間、自らの意思だけで存続し、内閣総辞職と引き換えに、国会が一貫して消極的であった「電気事業者による再生可能エネルギー電気の調達に関する特別措置法」を、可決成立させました。「会議制」とは区別された「議院内閣制」の意味、とりわけ「責任」観念の意味について、深く考えさせるできごとだったと思います。

この点、新しい政府をつくる用意がないにもかかわらず、倒閣のためだけに多数派を作ってはいけない、というのが現在のドイツの制度で、次の政府がちゃんとできていなければ不信任決議案を出させない。これを建設的不信任決議と言いますが、建設的不信任決議しか出せないという形で不信任決議権を制限して、統治システムの安定化を図りました。

これとバランスをとる形で、解散権の制限も行いました。連邦議会を解散できるのは、連邦宰相が信任決議を求めて、その信任決議が否決された場合に限られます。その場合には、宰相は、大統領に申し立てて、解散権を行使してもらうことができます。しかし、日本の69条のように、内閣に対する不信任決議が可決されたとしても、それに対抗して解散を打つことはできません。

もちろん、信任決議が否決されてしまった場合には解散できるわけですから、最近の例ですと社会民主党のシュレーダー政権の末期に、シュレーダー首相はわざと与党に信任決議を否決させて、任期満了より1年前に選挙に打って出るということをやった例があります。ともあれ、解散権の制限と不信任決議の制限の両方を制限するというのがドイツ人の工夫で、彼らにとっては改造実験がやっと成功したという格好になります。このように、解散権の制限というのは戦後のトレンドであるということが言えるわけで、最近ではイギリスが法律でこれを定めました。

フランスは、ナチス・ドイツの侵攻により第三共和制が倒されて、ヴィシー政権の時代を経て、戦後復活した第四共和制は、基本的には第三共和制型の議院内閣制を、復元しました。けれども、それはアルジェリア危機で沈没し、1958年にもなって、ワイマール共和国の統治システムを導入してしまいました。ということは、第五共和制というのは現在もワイマール共和国と同じ危険をはらんでいるということになり、果たして、これがどこまで機能するかということは、問題になり得ます。とりわけ、議会が右で大統領が左、あるいは議会が左で大統領が右、という保革共存政権の時代には危なかったのですが、そこはフランス政治が成熟していて、「船頭」のどちらかが譲る形で乗り切りました。この体制に赤信号が灯るのは、極右の大統領が誕生したときでしょう。そうなれば、第五共和制は、倒れるかもしれません。

これらのヴァリエーションは、「責任本質説」のもとでは、問題なく「議院内閣制」に分類されます。

XVII　日本国憲法の場合

日本国憲法の統治システムも、こうした「議院内閣制」の改造実験の1つとして、受け止めることができます。ただ、天皇を中心にできていた旧憲法下の統治システムから、一切の天皇の権限を引き抜いてしまう、あるいは軍国主義を演出した装置は全て撤廃する、といった意味でのネガティヴな改造は、丁寧かつ成功裡に遂行されましたが、その代わりにどんな政府をつくるのか、というポジティヴなイメージはもっていなかったようです。大正期には運用上成立していた「議院内閣制」を、漠然とイメージしていたのは確かでしょうが、それを明確に憲法上定着させることができませんでした。

とりわけ、憲法7条3号や69条で「衆議院を解散すること」が予定されているにもかかわらず、解散権者については能動態の規定を置かなかったために、憲法が想定した統治システムの形がぼやけてしまった。

もし具体的に「議院内閣制」のイメージがあったのだとしたら、これは立法技術的なミステイクです。入江俊郎率いる法制局のスタッフが頑張って、かなりスマートな憲法典にはなりましたが、頑張ってコンパクトに整理しすぎて失敗しているところもあり、日本国憲法の条文には欠陥はあるのですよ。この部会におられた改憲派の方には、ここを聞いてほしかったのですが、昨日で帰ってしまわれたようですね。他方で、もし意図的にオープンスペースをつくったのであれば、それは議会人たちが運用によって「良き統治」「良き政府」をつくりあげるように、という憲法の意思だと受け止めるほかありません。

どちらにしても、解散権の所在を明確に告げる条文が欠けているわけですから、憲法典の欠缺です。しかし、「憲法典の欠缺を、憲法の欠缺と混同してはならない」と豪語したのは、ドイツ実証主義公法学のチャンピオンだった、パウル・ラーバントでした。本当は難しい解釈方法論議が必要ですが、1つの典型としてこれを御紹介しましょう。彼は、その令名を高めた『予算法論』という著作の中で、こう言っています。

「法律畑にいない人は、法命題は制定法に規定されていなければ存在しないものと考え、法学の任務が制定法の字句解釈に尽きるとみなす誤りに、陥りやすい。そして、ある特定の法命題が制定法によって定められているか否かは、しばしば、ほとんど無意味な偶然に左右される問題であることが、認識されないのである。けれども憲法典の欠缺は、争われている問題の解決を、より一般的な法原理から導く作業を要請するだけのことである。」

これも改憲派の方に聞いていただきたかったところですが、憲法の字句をあげつらう改憲論は意味がありません。解散権者についての「憲法典の欠缺」も、「より一般的な法原理」を探求する旅への誘いに過ぎないのです。もちろん、解散権者が誰であるか、なんて、一言憲法が書いてくれていれば、それで終わりだった問題ですが、たまたま書き落としてくれたおかげで、統治機構の本質問題を議論することができて、日本憲法学の統治機構論がよほど魅力的なものになったのは、確かな事実です。憲法というのは、あらゆる条文について、実は一皮めくると、同様に興味津々の鉱脈が眠っているものなのですが、さしあたり法命題が書いてありますと、どうしてもその解釈問題に終始してしまいますからね。

そこで早速に、「均衡本質説」の小嶋（小島）和司先生が、日本国憲法は議院内閣制を採用しなかったのだ、という爆弾的な問題提起をされています（小島和司「憲法の規定する政治機構――はたして議院内閣制か」法律時報25巻12号〔1953年〕1220頁以下）。これは、第二次吉田内閣による「抜き打ち解散」が違憲かどうかを争った、解散権論争の一コマで、当時の若き小嶋先生は、69条限定説に基づく「抜き打ち解散」違憲説の急先鋒として注目されていました。この論争の中から、「均衡本質説」と「責任本質説」の対立という大問題の所在が、浮かび上がってきたのです。

もっとも、責任本質説をとれば、仮に日本の統治システムが「議院内閣制」だと言えるとしても、その本質的な構成要素ではない解散権について、それが内閣にあるという結論を、一義的には引き出せません。均衡本質説をとり、なおかつ日本が「議院内閣制」だと断定できるなら、解散権は内閣にあるという結論を引き出せますが、そもそも「議院内閣制ではない」というのですから、これも結論を左右しません。ラーバントの豪語虚しく、一般的法原理に立ち戻っても、憲法の欠缺を埋めることは難しそうです。

私のみるところ、一般的な法原理と個別的な法命題の中間にある法制度のレベルにおいて、「類比」――これは、ラーバント的な「概念的把握」との対比で語られる、もうひとつの ratio の働かせ方です――の作業を行えば、国会の召集権が内閣にある以上（53条）、衆議院の解散権も内閣――内閣総理大臣ではない――に存するのが当然、と解釈することは充分に可能です（いわゆる制度説）。これに対して、根拠となる法命題に固執して7条解散説を説こうとすると、かえって天皇は「国政に関する権能を有しない」とする4条との間に矛盾が生じ、これを解消すべく法原理にさかのぼって検討すると、次のように一層おかしなことになります。

１００パーセントの執政権をもっている君主から、「助言と承認」によって内閣が１００パーセントの実権を奪ってくる、というのが「君臨すれども統治せず」という立憲君主制の法原理です。しかし、すでに象徴化して執政権０パーセントになっている天皇に、いくら「助言と承認」をしても、内閣が引き出せる実権は０パーセントです。7条解散説は、執政権０パーセントを唱う4条の法命題を前提にする限り、成立しません。

他方、あくまで7条を使いたいなら、戦後の憲法改正で「国政に関する権限」を喪ったにもかかわらず、国事行為に関わる執政権だけは従来どおり天皇に存置された、という不自然な4条解釈を前提として、内閣が「助言と承認」で解散権の実質的決定権を引き出そうとするほかありません。しかし、「内閣は、国会の臨時会の召集を決定することができる」と留保なく定めた53条がありますから、国会の召集決定権が天皇にないことだけは明白であり、「国事行為」に関してのみ１００パーセントの執政権を認める4条解釈は、53条との矛盾を解消できずに終わるでしょう。

この矛盾を解消するためには、「国会の召集権は内閣に譲ったが、衆議院の解散権だけは内閣に譲らなかった」天皇という、いささかヘンテコリンな存在を、想定せざるを得なくなります。なぜ憲法は、そんな天皇像を、わざわざ採用しなくてはならなかったのでしょうか？　全く理由が見つかりません。まだ、仮に解散権だけであれ、最重要の執政権の一部を留保する天皇は、そもそも現代における「君主」あるいは「元首」の定義を充足するでしょうから、天皇元首化の憲法改正をしない限り、4条との矛盾は解消されないでしょう。

結局、7条というミクロな法命題のレベルでの解釈操作では、マクロな法原理上の新たな矛盾を惹起するだけであり、他方で、「議院内閣制」という一般的法原理からの演繹で、答えを導くことができない以上、法制度というメゾレベルにおいて、演繹ではなく類比の方法によって、憲法の許容範囲を確定してゆくほかはないのだと思います。

そうした論争は、野党のリーダーだった苫米地義三によって、法廷に持ち込まれます。この苫米地さんという方も、実業家出身のなかなか面白い人物です。日本国憲法の制定に関与したGHQ民政局がバックアップして、いい線いっていた中道政権（片山哲内閣・芦田均内閣）の時代があったのですが、昭和電工事件に巻き込まれて連立与党が下野します。そのうちの民主党の一部と国民協同党とが合同してできた国民民主党の党首をやったのが、苫米地義三です。彼を補佐したのは幹事長の三木武夫であって、つまりはこれが、改進党を経て、後の自民党三木派になります。少数派閥ながら三木武夫、海部俊樹という二人の首相を送り出し、最近になって派閥としては解散したことになっていますが、現在活躍中の高村正彦自民党副総裁、大島理森衆議院議長もここの領袖をつとめた人物です。

苫米地義三は、野党党首として、1952年8月28日に吉田首相が69条を使わずに「抜き打ち解散」したことの違憲性を、座視することができませんでした。「違憲」の解散であるにせよ、後の総選挙には出馬すれば、当然に当選をして党首として永田町に帰ってくることができたでしょうが、党は三木に任せて自分は選挙に立候補せず、現在も国会議員であることの地位確認と歳費請求の訴訟を戦い抜いたわけです。結果は、先にも述べたように、最高裁は統治行為論によって一切審査をせず、その当否は「主権者たる国民に対して政治的責任を負うところの政府、国会等の政治部門の判断に委され、最終的には国民の政治判断に委ねられている」と述べたのでした。解散権も執政権の典型ですから、軍事や外交に関する砂川判決と、同じところに戻ってくることになるのですね。

その折にも述べましたが、審査とはコントロールの訳語の1つであることを思えば、裁判所はコントラ・ロールとしての役割を、解散権行使については正式に放棄したのであり、先ほど述べた政治的「責任」の観念に言及しつつ、解散権行使に関するコントラ・ロールは「最終的には国民」である、と判示されたのです。この部分は、「均衡」本質説と「責任」本質説の対立を念頭に、それぞれに読み解いてみてください。

XVIII 政府をつくる

ともあれ、憲法の有権的解釈者としての裁判所が、「より一般的な法原理」に立ち返って憲法の欠缺を埋める努力を放棄してしまったのですから、憲法の欠缺をもはや解釈によっては埋められないことを前提に、統治構造上許容される範囲内において、議会政治の運用によって内容を補充してゆくことになります。かくして、日本国憲法が着手した議院内閣制の改造実験は、「運用」によって完成させられることになったのです。われわれは戦後政治史のなかで、どのような政府を、つくってきたのでしょうか。軍事や外交を含む執政権を、われわれは誰に託そうとしてきたのでしょうか。

運用の焦点は、やはり解散権です。憲法上、この部分の自由度が最も大きい以上、その運用が、政府のかたちを決める、といっても過言ではありません。解散権の主体は、制度説的には「内閣」であると座りが良いのですが、70年代半ばから「解散権は総理の専権事項」という言説がきかれるようになり、55年体制の崩壊により与党ブロックがいったん不安定化した後、紆余曲折を経て、自公ブロックが確立した小泉純一郎内閣あたりで、この運用は漸く確立したようです。背景には、選挙制度改革と行財政改革があるのは、明らかです。

興味深いのは、このあたりから以降の政治運用が、フランス第三共和政のそれに酷似してきていることです。もう時間が来てしまったので詳しくは申し上げられませんが、私の観測はさしあたりこうです。日本国憲法が想定した「政府」の実現を妨げた、中選挙区制と官僚支配というリミッターが90年代の改革で外された結果、日本国憲法が図らずも用意してしまったフランス第三共和制的な「政府」のかたち――つまりは、「会議制」に類似した、権力集中的な側面が――あらわになってきたのではないか。たかだか1回の選挙結果によって、強すぎる政府をつくったり、弱すぎる政府をつくったりする、というパフォーマンスの振幅も、それを裏打ちしています。この2日間は、そうした状況を理解するための解釈図式を、過去の学問の蓄積を振り返りながら、点検して参ったということになります。

もちろん、それらは、憲法改正によらずに憲法を補充する運用のなかで立ち現れてきたものであり、憲法の枠内で、選挙制度改革と1回1回のプラクシスを通じて、われわれ自身がつくりあげてきたものですから、なかなか手ごわい対象、まさに実質的な意味での constitution です。そうしたメカニズムを見極めずに、安易に統治機構改革に走れば、しっぺ返しを喰らうでしょう。憲法を「学問」することは、同時にそうした深さと重みを知ることから始まる、ということを最後に申し上げて、私のつたない講義を閉じさせていただきます。

第2分科会「個人の尊厳」

蟻川恒正

〔1日目〕

蟻川　蟻川です。よろしくお願いします。

大学セミナーハウスでの企画は、私ははじめてなので、どういう感じで進めるのか、よくわかりません。

とりあえずレジュメを用意しました。講師間でもごく簡単な打合せしかしていないのですが、1日目の今日は、各分科会でそれぞれの講師が主に喋ることになっています。レジュメの1枚目と2枚目が今日のアウトラインです。2日目が次の3枚目と4枚目で、これは講義でなく演習形式といいますか、作業をすることを考えていて、レジュメにはその流れ図のようなものを出しています。3枚目に4つの義務というのを仮設していて、義務Ⅰ、義務Ⅱ、義務Ⅲ、義務Ⅳ、最後に、義務の解除と書いています。これについては2日目の冒頭で話をします。若しくは、今日の最後に話をして、明日どういう方向で進めるかについて、この場で大まかな合意ができるようにしておきたいと

レジュメ 1枚目

「個人の尊厳」
——第1日——

2016年6月11日　「憲法を学問する」第2分科会　蟻川恒正

1　個人の析出
中世における社会の社団的編成
近代市民革命
中間団体の否認
国家と個人の二極構造
属性を欠いた個人
フィクションとしての尊厳
革命のなかのマリー・アントワネット
身分の撤廃か、高い身分の普遍化か
ノブレス・オブリジュ

2　日本国憲法の権利体系
憲法97条
憲法11条
憲法12条
憲法13条後段
憲法13条前段

3「公共の福祉」というアポリア

レジュメ 2枚目

【参考】

憲法24条2項

配偶者の選択、財産権、相続、住居の選定、離婚並びに婚姻及び家族に関するその他の事項に関しては、法律は、個人の尊厳と両性の本質的平等に立脚して、制定されなければならない。

民法2条

この法律は、個人の尊厳と両性の本質的平等を旨として、解釈しなければならない。

憲法97条

この憲法が日本国民に保障する基本的人権は、人類の多年にわたる自由獲得の努力の成果であつて、これらの権利は、過去幾多の試錬に堪へ、現在及び将来の国民に対し、侵すことのできない永久の権利として信託されたものである。

憲法11条

国民は、すべての基本的人権の享有を妨げられない。この憲法が国民に保障する基本的人権は、侵すことのできない永久の権利として、現在及び将来の国民に与へられる。

憲法12条

この憲法が国民に保障する自由及び権利は、国民の不断の努力によつて、これを保持しなければならない。又、国民は、これを濫用してはならないのであつて、常に公共の福祉のためにこれを利用する責任を負ふ。

憲法13条

すべて国民は、個人として尊重される。生命、自由及び幸福追求に対する国民の権利については、公共の福祉に反しない限り、立法その他の国政の上で、最大の尊重を必要とする。

レジュメ ３枚目

「個人の尊厳」
――第２日――

2016年6月12日　「憲法を学問する」第２分科会　蟻川恒正

1 「公共の福祉」に参与する義務（義務Ⅰ）

2 公共的理性（public reason）を行使する義務（義務Ⅱ）

3 憲法を解釈する義務（義務Ⅲ）

4 憲法を尊重し擁護する義務（義務Ⅳ）

5 義務の解除

レジュメ 4枚目

【参考】

憲法15条1項
　公務員を選定し、及びこれを罷免することは、国民固有の権利である。

憲法15条2項
　すべて公務員は、全体の奉仕者であつて、一部の奉仕者ではない。

憲法15条3項
　公務員の選挙については、成年者による普通選挙を保障する。

憲法15条4項
　すべて選挙における投票の秘密は、これを侵してはならない。選挙人は、その選択に関し公的にも私的にも責任を問はれない。

憲法99条
　天皇又は摂政及び国務大臣、国会議員、裁判官その他の公務員は、この憲法を尊重し擁護する義務を負ふ。

思います。
皆さんの問題関心と果たしてどれだけ接点を持ちうるのか全くわかりませんが、できるだけ皆さんの知的好奇心を刺戟するような話をできればと思っています。

レジュメに沿って話をしていきます。レジュメの1枚目は、1、2、3と大きく3つの柱立てがあります。この分科会は「個人の尊厳」の分科会ですけれども、私が日本国憲法の一番基底にあると考えるのが「個人の尊厳」です。「個人の尊厳」という考え方は、どういう考え方なのだろうかということを私なりに説明したいというのが今日一番やりたいことです。

「個人の尊厳」というと、普通は個人というものがともかく一番大事なんだということだと言われます。それは間違っていないです。「個人の尊厳」というのは、普通、そういうものと考えられているでしょう。しかし、個人というものが社会にとっての最も基本的な価値だと言うだけでは説明のつかないこともあって、一番基本的な価値ではあるけれども、実はそんなにしっかりと理解されているわけではないのではないかというのが、「個人の尊厳」という考え方についての私の感触です。

その辺りを、私なりに、最近いろいろなところで説明してきていて、この（2016年）5月に『尊厳と身分』という本を岩波書店から出していただきましたが、そこで私の基本的な理解を書いていますので、もし興味を持っていただけたら、読んでいただけると大変有難いと思います。そのエッセンスをこの分科会での話に引きつけて、少し違う形で今日はお話ししたいと思っています。

まず、レジュメでいう1の「個人の析出」というところで、私なりの「個人の尊厳」の理解を示します。その上で、２の「日本国憲法の権利体系」のところで、その私なりの理解が日本国憲法の条文との関係で、どういう意味を持つのかという話をします。それらを踏まえて、最後に「公共の福祉」という概念について、「アポリア」と書きましたが、「難問」という意味ですけれども、「公共の福祉」という観念も、非常に厄介な、しかし重要な観念ですので、最後に問いを提起します。

以上を受けて、明日、何らかの作業をこの分科会でできたらいいなと思っていますが、その作業として当初私が考えたことが、このレジュメの３枚目に示した流れ図です。これの概略も今日の最後にできればお話ししたいと思います。

では、話を始めます。

Ⅰ　個人の析出

レジュメの1の「個人の析出」です。析出するというのは、取り出すということです。我々一人一人は個人ですけれども、今、現にいますし、どこにでもいるものだということのように見えるわけですが、でも、それは、化学の実験のように、塩化ナトリウムを析出するように、何かから取り出されてはじめて生まれたものが個人なのだというイメージで、「個人の析出」と書いています。基本的な憲法の歴史の話とも重ねながら、私なりの説明も加味して以下の話を展開したいと思います。

はじめに、中世における「社会の社団的編成」について簡単にお話しします。まず話を中世から始めます。我々の憲法は近代憲法です。今は近代というよりも既に近代を超えて現代になっているといわれますけれども、しかし、日本国憲法をはじめとする今日の世界の代表的な憲法というのは、近代憲法といわれます。福祉国家の原理を踏まえた近代憲法の現代化という事態も同時に進行していますが、基本は近代憲法だといわれます。日本では樋口陽一先生が近代立憲主義ということを言われて、その主義が現在の我々の憲法の考え方の基本になっていると考えられています。樋口先生は、近代立憲主義という今日でも通用する立憲主義の考え方の根本的な意味を、「個人の尊厳」という価値に見出しておられます。だから、近代憲法原理の基本的な価値である「個人の尊厳」の意味を明らかにするためには、近代に先立つ中世の話を多少ともしておく必要があるということで、ここから始めるわけです。

中世というのは、ある歴史学者によれば「社会の社団的編成」という言葉で特徴づけられる時代です。フランスの中世を主として念頭に置いた表現ですけれども、社会は社団単位に編成されていた。社団というのは人の集まりです。この「社会の社団的編成」が、ヨーロッパ中世社会の典型的なあり方だといわれます。

それは、社会を構成する基本単位が社団にあるという意味です。個人にはないということです。今日の日本社会においては、社会を構成する基本単位は個人だと言っていいかと思いますけれども、中世においてはそうではなかった。社団が社会の基本的な構成要素でした。では、個人はどうだったのかというと、人は社団の中においてしか存在していなかったといわれるのです。基本的に、人は、個人という形で社団から独立に存在するものではなかったといわれています。

社団というのは、具体的には、職人たちの団体でいえばギルドなどが典型的なものです。学者も学者の集団を形成していました。大学というのはそもそも中世ヨーロッパで、国によって違いますが、学者の組合からできたり、学生の組合からできたり、学者と学生の両方の相まった組合が大学になったりしています。ヨーロッパの典型的な伝統的大学はどれも、そういう形で興っています。そういう団体。あるいは、貴族なら貴族という身分もいわば社団を構成していましたし、聖職者身分もそうでした。そういう形で中世社会というのは身分社会でもあったわけですが、それは身分団体としての社団、あるいはギルドなど職業団体としての社団です。そういうものが社会の基本的な構成単位だったわけです。

重要なことは、構成単位が個人までいかない、ということです。それぞれの社団の中には、たくさんの人間が当然いるわけですが、その人間一人一人にまで社会の構成単位が降りていかないで、団体自体が構成単位になっている。だから、そこでは一人一人の人間はその中にいるのですけれども、その人間というのは、個人として自己表象されるよりも、私は何々ギルドに属する者ですと、社団単位で自己規定をし、自分というものを表象していた。それをもっと分け入って、その中のどういう一人なんだ、他ならぬこの私なんだというところまで自己表象の意識が至らない。生まれたときから自分はこの職業集団の中に生まれ、親がそうだったように、自分もまたその職業を引き継いで、そのコミュニティの中で生きて死んでいく。だから個人というところに視線が降りていかなくて一生を終えることができる。そういう意味で、社会は社団的に編成されていたと考えられています。

近代市民革命とは何かというと、18世紀末のフランス革命に典型的に見られるように、王様の首がはねられるということになるわけですが、しかし、王の命を奪うとか君主を倒すということが市民革命の本質的な意味ではないのです。それは目立った現われ方ではあるけれども、それが本質ではない。本質はどこにあるかというと、王というものを含む社会の構造それ自体を壊すことにある。それが近代市民革命の意味です。王を含む構造を壊すのであって、決して単に王を殺すことではない。

では、王を含む構造を壊すというのはどういうことかというと、王というのは単独で王様が一人いるわけではなくて、王様の親も王様だったり、その子どももまた王位を継承するという形で、王家というものがあるわけです。王家というのは1つの家族ですけれども、どういう家族かというと、日本の場合の天皇家を例にとれば、ずっと古代から一系でつながっていることになっていますが、実際にどうだったかは別として、1つの家系だといわれるわけですが、それと違って、ヨーロッパなどでは、いろいろな家系があります。フランスの中世でいえば、ヴァロア朝、ブルボン朝というように、何代か、あるいはそれ以上であれ、しばらくはその家系から引き続いて王位に就くとしても、断絶したり、また傍系などに移ったりして諸々の力関係の中で王朝が交代することも決して珍しいことではないわけです。

要するに、王家といっても、日本の天皇家と違って、もっとも、日本の天皇家も遙か昔は同じようなことがあったかとも思いますけれども、並みいる有力貴族の中の1つでしかないという性格があるわけです。貴族の中のある突出した家柄が王家になっていく。そういうものが潜在的に幾つかある。だから、決して単独に絶対的なカテゴリーとして王という存在が屹立しているわけではなくて、貴族社会の中の上澄みのようなものとして存立している。そうだとすると、王を含む構造というのは、それ自体がまさに社団的に編成された中世社会そのものなのです。有力な貴族としての王家に連なる幾つもの家系があって、それらが団体、社団として存立している。そういうものを壊す、そういう社会の構造それ自体を崩すのが、近代市民革命だったのです。

そうして、そういう近代市民革命によって生まれたのが、個人と国家の二極構造です。憲法の世界では、国家と個人が2つの際立ったカテゴリーとして挙げられますが、この2つの主体を二極とする新たな社会の構造が近代市民革命によって成立します。

それはどういうことなのかというと、いきなり国家と個人が生まれたわけではないのです。革命で社団を潰すことによって近代市民革命は遂行されます。そこで潰された社団が、後から見て中間団体と性格づけられるものだといえるのですが、この中間団体の否認によって成立したのが、国家と個人の二極構造です。

中世においては、中間団体、中間的社団の中に全てが詰まっていました。人もみな、その中で生きていた。その、人が生きて死ぬ枠組みであったところの社団が解体される、一人一人を結びつけていた社団という枠が破れることによって、その中に閉じ込められていた人間が否応なく一人一人として放り出されるわけです。これが「個人の析出」という事態です。

他方で、中間団体、社団というものは、それまでの社会において一定の権力をそれぞれ持っていました。例えば、聖職者身分の団体であれば、宗教的な権威と権力とを担っていたし、王家を含むところの貴族身分は、世俗的な権威と権力とを担っていた。職人たちの団体も一定の商業的な権力を持っていたし、学者の組合は学問的な権威を持っていた。中間団体というのはそれぞれ権力を分有し合っていたわけです。中世においては、権力の分立というものが、そうした社会的な編成として展開していたのです。いろいろな団体が、それぞれに権力を持ち合っていて、互いに他を牽制して、突出した権力が生まれないような仕組みになっていた。そういう形で、チェック・アンド・バランスが働いていた。今日、権力分立ということは、主として統治機構相互の間で働く制度上のチェック・アンド・バランスを言いますけれども、中世においては、ギルドをはじめとする社団相互がチェック・アンド・バランスの関係に立つ、そういう形での権力分立の仕組みがあったわけです。

だから、王家といえども、そうしたチェック・アンド・バランスの仕組みの中に組み込まれていたため、絶対君主であっても、その権力は絶対的ではなかった。本当に絶対的な権力であればチェックされないし、バランシングのプロセスには服さないはずです。その意味で、絶対君主といえども絶対的ではなかったというのが、中世社会の社団的編成を象徴する事態であったわけです。

それぞれ権力を分かち持っていたそれら社団が、革命によって正統性を否認され、解体される。そのことによって何が起こったかというと、それぞれが少しずつ持ち合っていた権力が国家に集中するに至ったのです。革命を達成した国家によって、それまで諸団体が分かち持っていた権力が一手に引き取られる。それによって生まれたのが主権国家です。それまで社団に分有されていた様々な権力が国家に集中することを集権化と言いますが、中間団体の否認という革命のプロセスによって、主権国家といえるまでに集権化した国家が成立するのです。他方で、一人一人の人間は、社団から投げ出されます。社団が解体することによって、ばらばらになって社団から放り出される。こういう形で、国家と個人がじかにぶつかり合う関係に立った。この二極対立の関係性が、社団的編成に代わり、新たな社会の構造として成立することになります。

中間団体、社団というのは、それまで権力を分かち持っていたと言いましたけれども、権力を分かち持っているということは、それに応じて、権威も持っているのです。そうした社団が壊れることで一人一人がばらばらに放り出されるとすると、そこに析出した個人は、いわば丸裸の個人ということになります。そういう個人に権威というものはないのです。裸の個人でしかないから、権力もなければ権威もない。一人一人が否応なく一人一人として生きていかなければいけなくなった。それが、近代世界というものの根源的なあり方です。

それまでだって一人一人の人間は当然いたわけですから、個人という観念を想定してもよさそうなのですが、それまでの一人一人というのは範型的には個人として存立していたわけではなくて、例えばギルドの一員といった形でしか存在していなかった。そういう一人一人が、個人になったのです。ギルドの中にいたときには、彼らは、曲がりなりにもそのギルドによって保護されていたのですから、そういう彼らは、裸で放り出されることによって弱くなったはずです。もちろん、ギルドは、その中に属している者に様々に負担を課したでしょうし、抑圧もしたから、中間団体の解体には、そうした抑圧を取り払ったといえる側面もあるのですが、同時に、保護の楯として機能していた側面もあった社団の枠組みが失われることで、抑圧もなくなった代わりに、保護も受けられなくなって、文字通り丸裸で放り出された個人が、今度は、様々な中間団体によって分かち持たれていた諸権力を全て掌中に収めた主権国家に直接対峙しなければならなくなった。これが、近代市民革命がもたらした帰結です。この事態というのは、なかなか凄いのです。一方に国家があり、他方に個人がある。国家は、主権国家といえるまでに権力を集中化させている。翻って、個人は、それまであった保護の楯も取り払われて文字通り丸裸になった。この二者、国家と個人とがじかにぶつかり合うとしたら、個人からすると一溜りもない状況です。これはどうしようもない。個人の側が一方的に、絶対的に弱い状況が現出したわけです。

だから、絶対君主のときよりも、近代市民革命を経た国家のほうが絶対的なのです。絶対という言葉が冠せられていた絶対王政の国家は、あくまでも「社会の社団的編成」の上に存立していたわけですけれども、それが他の権力を全て排除して自分の掌中に権力を集中させた国家になったのですから、主権国家のほうが本当の意味で絶対的な国家です。絶対王政が終わって近代市民革命が成立し、国家は、より絶対的な存在になったのです。国民主権といったところで、その主権を実質的に担う国家は本当の意味での絶対的な権力国家になっているわけです。これと一人一人の個人が向き合う。これでは太刀打ちできないのは当然です。

「個人の尊厳」という概念は、このような歴史プロセスの中から生み落とされてきたといえます。

この概念は、ある意味で、個人にとっての理論武装という役割を担っていました。つまり、主権国家と向き合う裸の個人が、保護の楯も取られて、何も武器を持たないとしたら一溜りもない。そこで、個人に尊厳を与える。尊厳ある存在として個人を表象する。それでもまだ脆弱な存在でしかないけれども、権力を集中させた主権国家に辛うじて向き合える最初の前提くらいにはなるのではないかという意味も籠めて、「個人の尊厳」という観念が、典型的にはフランス革命以降、ぽつぽつと語られるようになっていきました。

これが、日本国憲法にも引き継がれたのです。レジュメの2枚目を見ていただくとわかりますが、「憲法13条」が一番下に出ています。これが「個人の尊厳」の規定であるといわれるものです。13条は2つの文から成っています。最初の文が13条前段と呼ばれ、2番目の「生命、自由」以下の文が13条後段と呼ばれます。「すべて国民は、個人として尊重される」と記す13条前段が「個人の尊厳」を定めた規定であると一般に説明されるものです。それに対し、これは単に個人の尊重を定めた規定だという捉え方もあります。しかし、「個人の尊厳」という観念が広く憲法学説上も行き渡っていて、13条前段は「個人の尊厳」を定めたものだと多くの場合言われるのです。個人の尊重と「個人の尊厳」。「個人として尊重」と条文には書いてあるだけですけれど、それを「個人の尊厳」の意味だと読むのが、比較的行き渡っている理解です。「尊重」と書いてあるけれども、これは「個人の尊厳」を意味するのだと一般的には説明されることが多いのです。

個人は、力がないもの、弱いものとして生み落とされた。だから、尊厳を付与されることによって、強大な権力に向き合う際の楯を得たと説明されます。しかし、これは本当に武装になっているのだろうかということが問われなければならないと思います。単に観念的な説明に過ぎないのではないか。丸裸の個人が、尊厳を付与されたことによって、実体として強力な存在に変わったのかというと、そうではないはずです。丸裸で放り出された個人に尊厳が付与されたというけれども、それはフィクションに過ぎないのではないかという疑念があるのです。あるというより、その疑念を私が強調しているのです。

先ほどのディスカッションで、石川さんから問題提起を受けました。蟻川は近代立憲主義ということを、樋口先生の考えを、批判することなく、そのまま受け入れているのではないかと。近代立憲主義の一番根本的な価値を樋口先生は「個人の尊厳」に見出されているので、「個人の尊厳」という考え方を私が批判することなく受け入れている、と指摘されたのだと思います。

「個人の尊厳」についての私の考えに樋口先生と違う点がもしあるとしたら、「個人の尊厳」のフィクション性を、私のほうがことさら意識的に強調しているという点を指摘できるかもしれません。個人に尊厳があるというのはフィクションであるということを、まずは一旦強調する。そういうことを、私はここのところ、系統的にやっているのです。

樋口先生は「個人の尊厳」の重要性をいわれるとき、どちらかといえば個人に力点を置いています。個人という価値を取り出すことが大事なのだ、近代世界の主人公は集団でなく個人なのだ、団体でなく個人なのだ、ということを、樋口先生は強調される。個人の価値を何よりも強調するというのが樋口学説です。その象徴として「個人の尊厳」ということを言われる。

私は、それを基本的に受け入れているわけですけれども、同時に私は、「個人の尊厳」という観念において、実は尊厳という観念が固有に重要なのではないかということを強調しています。だから、あえて挑発的な言い方を私はあるシンポジウムでしたのですけれども、とはいっても皆さんからすると何の挑発にもなっていないと思うかもしれませんが（笑）、どう言ったのかというと、樋口先生が「個人の尊厳」のうち、個人を強調されるとすれば、私は「個人の尊厳」のうちの尊厳のほうをあえて強調したいというようなことを言ったのです。その対比を含む私の一連の発言を捉えて、樋口先生は、そういう物言いをするときには警戒しなければいけないという指摘を、ある文章（樋口陽一「『自ら好んで戦いにくい戦場を選ぶような議論』をすることについて」全国憲法研究会編『日本国憲法の継承と発展』〔三省堂、2015年〕2頁、4-5頁）の中で、してくださいました。

そのこと自体については、先ほど樋口先生ご自身が説明してくださったことに尽きています。学説としてであれば、「危険」な学説は、むしろ大いに語ったほうがいい。けれども、それが市民に対して向けられたときには、市民がどういうふうにそれを受けとるか、社会がそれにどういった反応を示すかということを考えた上で語らなければいけないという、重要な指摘をしてくださったのです。

そこで、「個人の尊厳」については尊厳こそが重要だという発言はどこが「危険」か、というのが、これからの話になります。「個人の尊厳」について、フィクションとしての尊厳ということを私が言った。その発言が仮に「危険」であるとしたら、それはどういうことなのかということを、今からお話ししたいと思います。

それは、こういうことです。

尊厳という観念は、伝統的なヨーロッパの社会においては、端的に言って、高い身分のことを指す言葉でした。尊厳のある人というのは、一言で言えば、身分の高い人ということだったのです。だから、王様の尊厳ということが昔から言われますし、貴族の尊厳ということが言われます。尊厳という概念には、身分の高さとほとんど排他的に結びついた、その言い換えのようなところがあったのです。だから「個人の尊厳」というのは、そういう意味で、実は全く成り立たない概念なのです。どんな個人も高い身分を持っている、などとは到底いえないからです。あるいは、今日の社会はもはや身分社会ではないという言い方をすれば、高い身分ということ自体、観念できない。したがって、尊厳という観念が高い身分と不可分の関係にあるものだとしたら、「個人の尊厳」などというものは形容矛盾でしかない。尊厳についての伝統的な考え方からいうと、ただ人が人であるというだけでは尊厳ではない。だから、個人が尊厳であるという命題は概念矛盾である。これが、ここでの議論の出発点になります。この出発点を私は強調するのです。

「個人の尊厳」というのは、形容矛盾であり、概念矛盾であり、要するに、フィクションに過ぎない、と私は言うのです。この側面だけを見れば「個人の尊厳」を私が批判しているように受けとれなくもない。だから、そう受けとられかねない主張は、学説として言う分には一向に構わないし、それどころか「危険」な学説ほど面白いと樋口先生は言ってくださるわけですが、しかし、社会に向けてこれを不用意に言うと、蟻川は個人には尊厳がないと言っている、個人の価値に否定的である、個人をけなしている、と受けとられるし、そういうメッセージとして社会が受けとる可能性があるとしたら、それは要注意であるということになります。

では、個人には伝統的な意味での尊厳はないということを私は言いっ放しで終わるのかというと、もちろん、そうではありません。大事なのは、尊厳は歴史的に高い身分と不可分に結びついた概念だから、個人はそれ自身が尊厳ある存在だとはいえないということを一旦指摘した上で何を言うか、です。

今日の社会は一般に近代以後の社会で、身分制を廃止した、身分の撤廃された社会だと言われます。例えば、近代を特徴づける言葉として、メインという19世紀イギリスの法学者の名とともに知られる「身分から契約へ」という有名な言葉があります。中世社会の基本は身分であった。しかし近代は、身分が解体され、重要な物事は個人と個人の意思の合致によって決まる社会になったのだとして、「身分から契約へ」ということが、近代社会のスローガンとして高らかに語られるに至った。

けれども、身分がなくなったとすると、尊厳というものもなくならなくてはいけないというのが、ヨーロッパ社会の基本的な了解であったはずです。私は、尊厳という観念を非常に硬く捉えていて、単に尊いものとか、大事な価値、尊重されるべきものといった、やわな、と言うと批判を受けるかもしれないですが、理解で満足しないで、尊厳という概念は、本気で使うなら、高い身分と不可分のものであるという、ヨーロッパの伝統社会でずっと引き継がれてきた理解を簡単に捨ててはいけないと思っています。けれども、そう考えるとすると、身分がなくなった近代以降の社会にあっては、そもそも尊厳を観念すること自体ができなくなります。そうだとすると、「個人の尊厳」というのはやはり観念しえないのではないか、むしろ虚偽表象ではないのか、ということになる。先ほどの討論での話に出てきた言葉でいえば、「個人の尊厳」というのは単なるイデオロギーでしかないのではないかということになっていきそうなのです。

しかし、私はそうは考えないのです。どう考えるかというと、近代社会というのは身分が撤廃された社会というわけではない、そう見えるかもしれないけれどもそうではない、では何なのか、みんなが高い身分になった社会なのだと考えるのです。みんなが高い身分になった。だから身分という観念は、実は生きていると理解するわけです。そう理解すれば、尊厳という観念も維持できる。逆に、そういうふうに理解しなければ、尊厳という観念は、私のように硬く捉える限り、維持できなくなる。だから、ともかく全ての個人が高い身分になったと考える。そうすれば「個人の尊厳」という観念も辛うじて成り立つ。こういうふうに私は構想するのです。

ここまでならば、私の主張は、必ずしも危険な言説ということにはならないかもしれません。もっとも、ならないとも言い切れないのです。というのは、近代社会が捨てたかに思われていた身分という観念をわざわざ埃を掃って使うのですから、やはり物騒と言えば物騒なのです。身分の高さというものを私は重視していますが、これは、個人に尊厳を与えるための論理的な仮構としてなら容認できるとしても、事柄の裏面を考えると、高い身分という観念を導入することは、厄介なことを運んでくる面があるのです。高い身分があるということは、低い身分もその裏腹に観念されるということを意味せずにはいませんから、そうだとすると、全ての人が高い身分になったとする命題の陰で、ひそかに低い身分という観念を招じ入れ、現実の存在である誰かをそれに当てはめて差別するといった展開につながりかねない。そういう意味では、たしかに厄介な面があるといえると思います。

レジュメの1の項目の中に、「革命のなかのマリー・アントワネット」と書きました。フランス革命の動乱のさなか、貧しい民衆が立ち上がり、バスチーユ監獄をはじめいろいろな所を襲撃したとき、パンを求めて暴れる民衆を見たマリー・アントワネットが言ったという、本当かどうかわかりませんけれども、「パンがないなら、どうしてケーキを食べないのかしら」という、有名な科白がありますね。ケーキどころかパンも食べられないからこそパンをよこせと叫んでいる人に、何でケーキを食べないのかしらと頓珍漢なことを言って、革命の正当性を戯画的に象徴した言葉です。

ただ、フランス革命を経た今日、フランスや日本の社会はどうなっているかというと、まさにみんながケーキを食べられる世の中に基本的にはなったといえそうです。当時はマリー・アントワネットを含む数少ない人たちだけが食べられたケーキを、今はみんなが何とか食べられる社会にはなった。ということは、全ての人が高い身分になった社会だと、ある程度いえるところまでは来たわけです。他方で、ここでの議論とは別の脈絡になりますけれども、今、貧困の問題というのは、世界の各所で、のみならず日本でも、切実な課題です。みんながケーキを食べられるなどということを呑気に言うこと自体、現実を見ていないと叱られるかもしれません。現代の貧困という問題は、濃密に論じる必要のある大問題です。しかし、その問題をひとまず措いていえば、今日の日本社会は、誰もがケーキを食べられる社会になったと大雑把にであれば言っていいように思われます。もとより厳密にそれを語るためにはなお幾つもの留保が必要ですけれども、大まかにはそう言える社会になった。そうだとすると、全ての人が高い身分になったのが近代社会なのだという言い方は、成り立たなくもないのです。つまり、高い身分の普遍化、普遍化というのは全ての人がそうなるということです、高い身分の普遍化という仮説にも、現実を一定程度説明する能力はありそうなのです。

ここで終われば、私の言説は多少危険ではあるかもしれないとはいえ、まあその程度のことだというだけなのですが、しかし、私はこれで話を終わらせないのです。だからこそ樋口先生からのご指摘をいただけたと思っていますけれども、それは何かというと、全ての人が高い身分になったというけれど、高い身分というのは一体何なのだろうか。全ての人が高い身分になったと言うことは容易い。けれども、高い身分とは何かということが問題になります。例えば、大企業の社長が高い身分かというと、そういう話ではないわけです。

では、何をもって高い身分と捉えるか。難しいですが、私は、重い義務を引き受け、それを履行する人が高い身分の人であるという感覚を持っています。身分が高い人というのは、普通の人よりも、より厳しい義務を負担する人なのだという感覚です。これは何となく想像していただけるのではないかと思います。例を出さなくともわかっていただけるかと思いますけれども、先ほどの討論のときにも言いましたように、「朕は国家なり」は、絶対君主のルイ14世のものとされる言葉ですが、その意味は、王様が、自分には尊厳がある、だから何でもできる、民を殺すことだってできるのだとか、そういうことではないわけです。自分は国家だ、だからあらゆる人のことを考えた上でないと行動できない。政策1つ決するにも自分の好みで決めてはいけない。政策を私しないこと、それが公共を担う国家の主人である自分の義務なのだという含意をも持っているはずです。だから、尊厳というものは、義務を前提としてでなければ成り立たない。高い身分の人というのは、それだけ普通の人より重い義務を負う存在でなければならないというのが、尊厳についての私の基本的な観念です。

そう考えるとするとどうなるかということですが、レジュメの1の最後のところに書きましたけれども、「ノブレス・オブリジュ」という言葉があります。noblesse というのは貴族ですね。noble な人ということで、貴族です。oblige というのは obligation、義務を負うということで、貴族は義務を負うという格言がヨーロッパにはあります。noblesse oblige は今でも言われますね。地位の高い人はそれだけ重い義務を負う。これが、尊厳という観念の一番根底に置かれているものではないかと思います。義務を果たさない人は尊厳ある主体とは言えない。王様に尊厳があるのは、王様が一番偉いからなのではなくて、一番偉いから誰よりも厳しい義務を負っている、それを引き受けているからこそ尊厳が認められる、そういう意味連関が内在していると私は考えています。

これだけを聞くと、そうも言えるかもしれないと思っていただけるかもしれません。けれども、それが一番危険なのです。なぜ危険かというと、ともかく義務が大事だという単純化がそこから出てきてしまうからです。日本国憲法は権利ばかり保障していて義務が少ない、権利には義務が伴うのだから、日本人はもっと義務を重んじ、義務を果たさなければいけないというのは、反動勢力と言われるような人たちの常套句です。もっと義務を強調しなくてはいけない、権利ばかり主張するな、「個人の尊厳」とか個人主義などというものは個人の我が儘を助長するだけだ、義務を尽くさないことで戦後日本人は悪くなった、個人主義が「諸悪の根源」だ、というようなことを反動勢力の人々は頻りに言うわけですが、そういう反動的な主張に私の言説がエールを送ることにならないかということを、樋口先生は危惧されているのではないかと思われるのです。

あらためていえば、重い義務を果たす人が身分の高い人だというような議論を、この大学セミナーハウスのような純粋に知的な空間で学問的な議論として展開するのは一向構わないし、むしろそういう議論は大いにやったほうがいい、しかし、それを一般社会に向けて、市民に向けて不用意に言うとしたら、それは危険な事態を生み出しかねない、だから注意が必要であるという警告を樋口先生は私に発してくださったと思うのです。そして、たしかに、そういう危うい面はあります。けれども、私自身は、権利には義務が伴うという反動的な主張と、私の言っている義務を強調する議論とは両立しえないと思っています。権利には義務が伴うと言う人たちはどういうことを言っているのかというと、権利ばかり主張するのではなく、権利を主張するなら同時に義務も果たせと言っているのです。権利を主張するなら義務も果たせというわけですから、そこで言われている義務と権利は別立てであって、権利ばかり主張しないで義務のほうもやれという話です。

私のは、根本的に違います。権利というのは、それ自体義務だと私は言うのです。つまり、王様はたくさん権利を持っているように見えるけれども、それは権利とも言えるかもしれないけれど、同時に、それ自体が義務なのです。権利として何かできることがあるとして、それをみんなの幸せのために使うのが、王様に許された権利行使の仕方なのです。権利がそれ自体義務である。これが、私の言いたいことです。一方で権利を主張するなら同時に他方で義務もやれという、権利と義務を別立てで考える反動的な人々の主張とは、全く異質の議論を私は立てているのです。そういう次第ですから、そこに危険はないと私自身は思っています。とはいえ、それでも言いようによっては、あるいは、理解のされ方によっては、反動的な主張と混同される余地がないとも断言できないでしょう。だから、そこをどういうふうに気をつけて世の中に向けて発信していくかというのは、これから私自身、さらに考えていかなければいけないことだと思っています。

Ⅱ　日本国憲法の権利体系

それでは、いかなる意味で個人には尊厳が認められると解するのか。この問いを、実際に日本国憲法の権利体系との関係で見ていくのが、次の2の話です。参考として、レジュメの2枚目に、まず憲法24条2項の条文を載せています。「個人の尊厳」という言葉が日本国憲法の具体的な条文で出てくるのは、唯一、この24条です。24条2項はこう言っています。「配偶者の選択、財産権、相続、住居の選定、離婚並びに婚姻及び家族に関するその他の事項に関しては、法律は、個人の尊厳と両性の本質的平等に立脚して、制定されなければならない」。日本国憲法は、補則を除くと全部で99条までありますが、その中で「個人の尊厳」という言葉がそのまま出てくるのはこの条項だけです。

ただ、先ほども言いましたように、13条前段が「個人の尊厳」についての規定だと一般に言われていますし、私もそれはそう言っていいのではないかと思いますが、13条前段は、尊厳という言葉を直接は出していないのです。はっきり出しているのは24条2項だけです。尊重どまりなのです。

そして、この憲法24条2項を受けて、民法2条というのがあります。民法2条は、「この法律は、個人の尊厳と両性の本質的平等を旨として、解釈しなければならない」と書いています。これは、憲法24条2項をほぼ直接受けて、「個人の尊厳と両性の本質的平等」ということを明記しています。憲法24条2項が家族に関係する事項に限定しているのに対して、民法2条のほうは「この法律は」と言って民法全体を指していて、家族に関する事柄に限っていませんから、むしろ憲法24条2項以上に「個人の尊厳」を市民生活全般にわたって推し及ぼそうとしているのが民法2条だと見るべきかもしれません。

この「個人の尊厳」が憲法全体の中でどう位置づけられているのかを、以下では考えていきたいと思います。

出発点を、私は憲法97条に置きたいと思います。憲法97条はこう書いています。「この憲法が日本国民に保障する基本的人権は、人類の多年にわたる自由獲得の努力の成果であつて、これらの権利は、過去幾多の試練に堪へ、現在及び将来の国民に対し、侵すことのできない永久の権利として信託されたものである」。これは、基本的人権の重要性を語った条文だと普通は言われるものですが、それだけではないと考えるべきだと思います。

基本的人権の重要性を言うだけの条文であれば、97条を不要だと思われることもあるかもしれませんが、ないほうがいいとまでは考えないはずです。ところが、自民党が野党時代の2012年4

月に「日本国憲法改正草案」を出しているのですけれども、それによると、この97条は削除されるべきものとされているのです。なくてもいいと考える人はいるとしてもあってはいけないとまでは思えない97条について自民党改憲草案があえて削除までを主張したのは、97条が彼らにとっては邪魔な条文だと感じられたからだと思います。

どこが邪魔だと感じたと思われますか。基本的人権は重要だと書いてあるだけのように思える条文ですが、彼らにとっては、どうやらそうではないのです。その点では、一定の洞察を、自民党改憲草案作成者たちは持っているのです。

どういう洞察か。削除が必要なのは、天賦人権の考えがこの条文には表れているからだ、と言うのです。天賦人権というと、人権についての正統的な理解であると考えられることが多いものですけれども、彼らにとっては、そうであるからこそ邪魔だと考えている節があるのです。自民党改憲草案に付せられた「日本国憲法改正草案Q＆A〔増補版〕」というものには、97条は「西欧の天賦人権思想」を体現するものだからよくないという趣旨のことが書かれています。別に、天が与えたというような、非歴史的なドグマを助けにしなくとも、この条文は十分説明可能だと思われますから、何も天賦人権という概念に固執して毛嫌いすることもないと思うのですが、毛嫌いする彼らは、この条文の或る急所を、むしろ精確に嗅ぎつけているのです。実際、天賦人権思想云々はともかくとして、この条文は、極めて本源的な条文だと私は考えています。

本源的とはどういうことか。普通、権利というものは、放棄しようと思えば、放棄できるものです。権利の上に眠る者は保護されないという法諺も、権利者が権利を行使しないことが認められていることを前提としています。権利は、それを使うこともできるけれども、使わないこともできるのです。ところが、97条には、この憲法が保障する権利は放棄できないと書いてあるのです。そこが私は、この条文の非常に大事な点だと考えます。この憲法が保障する権利は放棄できないのです。いや、放棄できないとは書いてないではないかと言われるかもしれません。けれども、「永久の権利として信託されたものである」と書いてありますね。ということは、「永久の権利」なのですから、この憲法を用いる国民は、この権利を手放してはいけないのです。「現在及び将来の国民」に引き渡さなければいけないからです。さらに言えば、この権利を軽く扱って、この憲法が保障する権利を大事にしなくなったら、それもまた、この条文に違反したことになります。「永久の権利」なのですから、「現在及び将来の国民」に対して、それを傷つけずに引き渡さなければいけない。これが、97条の要請です。そうだとすると、その法意は11条とほとんど同じなのです。11条を見てみましょう。11条は次のように述べています。「国民は、すべての基本的人権の享有を妨げられない。この憲法が国民に保障する基本的人権は、侵すことのできない永久の権利として、現在及び将来の国民に与へられる」。97条とほぼ同じ内容だと言ってよいでしょう。

実際、自民党改憲草案が97条を削除しようとしている理由のもう1つは、11条にあるから重複になるので要らないというものです。この点に関しては、たしかにそのようにもいえるのではないかと思われるかもしれないのですが、私からすると、それはナンセンスです。

なぜナンセンスか。11条が既にあるのだから、それより後に来る、それとほぼ同じ内容の97条は要らない、と彼らは言う。しかし、それは皮相な議論で、一番の根源は、むしろ97条なのです。どちらかというと11条は削除してもいいかもしれないですが（笑）、97条のほうが大元だから、97条は削除されてはいけないのです。99条までしかない日本国憲法の97条ですから本当に後ろのほうにある条文ですけれども、でも、条文としては11条とどちらが本質的か、どちらが根底的かというと、97条だと思います。なぜかというと、97条は憲法の第10章「最高法規」の章に書かれていますね。これは憲法の性格全般を語るところなので、人権についての第3章にある11条よりも、より根底的な規定だと考えられるからです。

憲法の最高法規性と言いました。しかし最高法規などということも、97条には書いていないではないかという声が聞こえそうです。なにゆえ憲法は最高法規なのかというと、この97条が実質的理由なのです。97条が根拠で、だからこそ、この憲法を最高法規だと考える。それが日本国憲法の規範論理上の筋だと思います。つまり、人権を「永久の」、譲り渡すことのできないものとして保障しているからこそ、この憲法は最高法規なのです。だから、11条よりも97条のほうが根底的なのです。

そして、11条よりも根底的であることを如実に示す言葉が、97条の最後に出てきます。「信託」という概念です。「信託」というのは、3つの主体から成る関係性をあらわす概念です。第1は「委託者」、委託する人。第2は「受託者」、委託を受ける人。第3は「受益者」です。「委託者」から「信託」を受けた「受託者」が、「受益者」のために仕事をする。これが、「信託」の構造です。「委託者」、「受託者」、「受益者」から成る三者構造が、「信託」です。

ただ、97条の「信託」の構造においては、「委託者」が誰かは、曖昧になっています。そこで

「委託者」が天だとすると、たしかに天賦人権の思想だと言えるかもしれないのです。しかし「委託者」が天である必要はないと思います。

次に「受託者」は誰か。「受託者」は、この憲法を使う国民です。

では「受益者」は誰かというと、これは、「現在及び将来の国民」です。

だから、この憲法を使う我々一人一人は、「受託者」として、「受益者」であるところの「現在及び将来の国民」のために、憲法の保障する人権を使わないといけない。だから、人権を蔑ろにしたり、また、人権を蔑ろにする政府を容認したりしたら、それは、本質的に言えば、97条違反になります。「信託」関係を裏切っていることになるからです。この97条は決定的に重要な条文です。日本国憲法の一番重要な条文というと、13条がいわれることが多いのですが、97条は、それに勝るとも劣らず重要だとも、言おうと思えば言える。そのぐらい重要な条文だと思います。逆に言うと、自民党改憲草案は、この憲法にとって一番重要な条文を削除しようとしているのです。


さて、レジュメの2枚目では、97条の次に11条を置きました。11条については先ほど見ました。97条とほぼ同じ内容といえますから、レジュメに沿って、続いて、12条を見ていきたいと思います。

12条。「この憲法が国民に保障する自由及び権利は、国民の不断の努力によつて、これを保持しなければならない。又、国民は、これを濫用してはならないのであつて、常に公共の福祉のためにこれを利用する責任を負ふ」。この条文は、憲法学者たちにとって非常に評判の悪い条文でした。多くの憲法学者がこの条文をどう思っているかというと、これがなかったらよかったのになと内心ひそかに思っているのです（笑）。なぜそう思っているかというと、これがあると人権を「公共の福祉」の下に服させることになってしまうからです。人権は「公共の福祉のために」利用しなければならないというわけですから。「公共の福祉」のほうが大事で、人権は「公共の福祉」に劣後すると読める。そう書いてあるからこれはよくない、というわけです。現に戦後初期の最高裁判例は、訴訟当事者たちが出してくる様々な人権主張に対して、「公共の福祉」に反すると言って切り捨てていきました。人権主張を次々に蹴散らしていったのです。そのときの直接的な根拠は、どちらかというと、次の13条の「公共の福祉」なのですが、しかし、それと並べて12条の「公共の福祉」が根拠に挙げられることも少なくありませんでした。だから、12条がなければいいのになと思われていたわけです。

このように言うと、そんなことを言ったら一番なければいいと思われていたのはむしろ13条ではないのかということになりそうですが、たしかにそうなのです。13条を見ますと、まず、前段で、「すべて国民は、個人として尊重される」と書かれています。先ほど言いましたように、13条前段は、「個人の尊厳」を定めた規定だといえます。次に、後段のほうを見てください。「生命、自由及び幸福追求に対する国民の権利については、公共の福祉に反しない限り、立法その他の国政の上で、最大の尊重を必要とする」と書いています。「公共の福祉」に反しない限りでしか人権を認めないというのが、憲法13条後段の意味するところです。主としてこの13条後段を使って、初期の最高裁はどんどん人権主張を蹴散らしていきました。

だから憲法学者たちはずっと長い間、この13条がなければいいなとも、たしかに思っていたのです。なければいいなと思って、では、どうしたか。大体1970年ぐらいまでの多くの憲法学説は、13条に対してどういう態度をとっていたかというと、これは訓示規定だと位置づけていたのです。この条文に法的な効力を与えてしまったら、初期の最高裁のような「公共の福祉」による撫で切り判決を許すことになってしまう。法的効力がない規定だと言えれば、最高裁はそんな判決は下せなくなる。だから13条を法的効力のない単なる訓示規定だと解してきた。そして12条についても、同じように訓示規定だと解してきたのです。

ところが、1970年代に入って事態が変わってきます。工業化、都市化が進み、公害などの社会問題が出てくると、それに伴って、環境権とか、あるいは社会が凝集してくるに従って、プライバシーの権利などが、「新しい人権」として社会的に必要とされるようになりました。しかし、プライバシー権は憲法で定められていないし、環境権も定められていない、そこで、どうしようか、ということになったのです。それならば憲法を改正して、新しい人権を保障する規定を創設するのがいいのか。しかし、そんなことで憲法改正を要求したら、それと引換えに、9条で自衛隊を認めましょうとか、当時であれば、24条を変えて家族を保護する条文を入れましょうとか、さらには、1条を改正して天皇を元首にしましょうといったような、そうした諸々の改憲要求が一挙にそこに吹き込んでくるのが目に見えていたため、憲法改正までは求められなかった。

では、どうするかということで考えられたのが、13条後段の幸福追求権の中に環境権やプライバシー権を読み込むというものでした。憲法改正ではなく憲法解釈によって、「新しい人権」を憲法の既存の条文の中に読み込む、とりわけプライバシー権に関しては、13条後段の幸福追求権の中で保障しようという機運が高まっていった。けれども、13条はそれまで訓示規定ということになっていました。そうだとすると、プライバシー権を13条後段に読み込んだところで、法的に意味のある議論にはできないことになる。そこで何が行われたかというと、憲法学は13条を訓示規定と解することをやめたのです。1970年代に入るまでは「公共の福祉」の猛威を警戒して訓示規定としていた13条でしたが、1970年代以降、新たに幸福追求権を重視する必要から、訓示規定と捉えるのをやめた。同じく訓示規定であった12条のほうは、「新しい人権」の根拠規定にはしにくいから、相変わらず訓示規定のままとするという立場が、あまり表立っては言われなくなったようにも感じますけれども、今日でも主流だと思います。13条と違って使い出のない12条は、憲法学者からの評判が悪い。今でもそうです。

私自身は、少し前にした公法学会での報告など、学説上の議論として12条の読み直しのようなことを多少やってきましたけれども、最近、12条をめぐる状況に風穴を開けたのがSEALDsと自ら名乗った人たちの活動です。SEALDsの人たちは「不断の努力」という言葉を鍵概念にして、私たちは「不断の努力」で今の政権に立ち向かわなければいけない、という主張をしています。彼らがそこで使っている「不断の努力」という言葉の出典は、彼らが直接言及することはないのですけれども、憲法12条です。憲法学者たちが法的規定としては見捨てたような形になっていた12条を、憲法学の外側から、今の日本の一部の若者たちが再評価しようとしている。これはなかなか凄いことだと思います。何でそんなことが可能になったのかというと、SEALDsのメンバーの中に法学部生がほとんどいないということが関係していると思います。法学部で憲法を習っていると、12条は、そもそも講義で扱われてもいないかもしれないですけれども、扱われているとしたら、大方は悪者扱いでしょうから、それに慣れると、12条に積極的価値を見出すことはできなくなりそうですし、できたとしても、やりにくいでしょう。ところが、SEALDsの人たちは、この点においては幸いにもというべきか、メンバーに法学部生がいない。だから、かえって憲法の条文を虚心坦懐に読むことができる。まっさらな心で読むと、12条、悪くないじゃないか、ということになる。そういうことだったのではないかと思っているのです。

けれども、12条は、憲法学者からは疎んじられている。それは、人権を主張するなら常に「公共の福祉」のために利用しなければいけないという義務を課しているからです。これはいけないじゃないかというのですが、私の先ほどのレジュメの1枚目の1の説明を前提にして読むなら、12条が個人に対して「公共の福祉」のために尽くす義務を課しているということは、むしろ13条前段の「個人の尊厳」という考え方と深くつながっていると思うのです。

自民党改憲草案は97条を切り捨てようとした。戦後日本の憲法学は12条を切り捨てようとしてきた。どちらの条文も、人権というものを、権利だから使っても使わなくてもいいのだという感覚で見ていると、その感覚では説明がつかない条文であり、厄介払いしたくなるのも理解できなくはありません。けれども、人権は、使わなくてもよいものなどではなく、然るべく使わなくてはいけないものだというのが、97条であり、12条なのです。その点では、97条を削除しようとした自民党改憲草案は、逆説的に、人権の本質を見抜いているのです。人権は使わなくてはいけないものだから、彼らは、そういう厄介なものはないほうがいいとして切り捨てたと考えられるからです。

この厄介さが、人権の核心です。人権を使い続け、将来に引き継いでいく崇高な義務を「国民」は負っているのです。その消息を記したのが97条の「受託者」の義務であり、その点で、人権を然るべく使わなければいけないと規定する12条が重要なのです。まさにnoblesse oblige、貴族は義務を負う。高い身分の人は「公共の福祉」のために尽くす義務を負う。「公共の福祉」のために人権を使う義務という12条の考え方は、ヨーロッパ社会で高い身分の人に課せられてきた義務に呼応するものなのです。

Ⅲ 「公共の福祉」というアポリア

しかし、「公共の福祉」というのは、先ほどから言っていますように、戦後憲法学では今日に至るまで悪者扱いです。そこをどう考えるか。これがレジュメ1枚目の3に書いた「『公共の福祉』というアポリア」です。aporiaは「難問」という意味ですが、それがここでの問題です。これをどう考えていくか。もちろん、私の考え方を批判することも含めて、ここまで見てきたような問題意識を前提に、明日、何かこの分科会で議論ないし作業ができればいいなと思っています。

その差し当たりの見取図として用意したのが、レジュメ3枚目の「第2日」と書いてある部分です。これをゆっくりやっている時間はなさそうなのですが、まず、義務Ⅰを見てください。「公共の福祉」に参与する義務です。これは何かというと、個人の義務で、これが12条の義務の基底にあるものです。「公共の福祉」のために人権を使う義務は、その直截的な発現といえます。ところで、義務Ⅰは、また、別の義務に派生することもあります。レジュメの義務Ⅱ、公共的理性（public reason）を行使する義務です。義務Ⅰがもとになって義務Ⅱが出てくるのです。我々は公共の事柄を討議する際には、公共的理性、公的理性、public reason を行使する義務がある。どういうことかというと、自分の私的良心というのは、もちろん極めて大事です。けれども、公共的な討議をするときに、例えば自分がカトリックだからといって、専らカトリックの教義から離婚はおよそ認められませんと言うだけでは、やはり十分ではないのであって、そういう私的な確信（private conviction）は括弧に入れて、それから完全に自由になることはできないとしても、それをパブリックな理性、公的理性と接続可能な主張に仕立て上げて議論することが、公共的討議においては求められるということです。義務Ⅱをこのように観念するとすれば、憲法を解釈するという行為は、それ自体が、公的討議において public reason を行使する典型的な行為だということがわかるでしょう。日本社会においては、public reason の最も典型的なものが、日本国憲法なのです。日本国憲法の様々な定めは、大まかに言って、日本社会における public reason の凝縮されたリストだといえると思います。そうだとすれば、憲法解釈をするということは、そのこと自体が、public reason を行使することそのものだといえるのではないか。これが義務Ⅲの前提にある問題意識です。

日本国憲法99条には、憲法尊重擁護義務が定められています。これは、公務員に対し課せられた義務です。憲法を守るのは公務員の義務であって国民の義務ではないと言われますね。国家が憲法を守るのであって国民が憲法を守るのではない。だから国民に憲法を守らせようとする自民党改憲草案は本末顚倒であると多くの憲法学者は言うのですが、それは果たしてどうだろうか。一般的にいえばその通りだとも言えそうですが、憲法を尊重擁護することから本当に国民は免れていいのかという問題です。これが、レジュメの義務Ⅳ、憲法を尊重し擁護する義務です。

もし公共の事柄を討議するに当たって public reason を行使する義務が個人にあるとすれば、討議において、憲法を解釈する義務がそこから派生するはずです。そして、憲法の意味がわからないで憲法を擁護することはできませんから、憲法を尊重擁護するということは憲法を解釈することを前提とする作業です。しかも裏からいえば、憲法を解釈するという行為は、憲法典というテクストを対象として選択し、そのテクストから価値や紛争解決の鍵を引き出す営みですから、本質的な意味で憲法を尊重する行為だといえる面があるはずです。そうだとすると、国民にとっても、憲法を尊重擁護することは、公共の事柄を討議するに当たっての義務ともいえるものなのではないか。条文を見れば、99条にはたしかに国民は義務の主体としてノミネートされていないのですけれども、12条を前提とすれば、99条で国民には義務がないかのように言われてはいるものの、国民もまた12条から派生する義務として、公共的討議において、憲法を尊重し、これを解釈する義務を負うと考えることは不可能ではないのではないか。そういうことも議論できるかもしれません。

けれども、再三議論をひっくり返すようで恐縮ですが、本当にそうなのか。たしかに、今述べたようにも言えるかもしれないけれども、99条が国民を憲法尊重擁護義務の主体として挙げていないことに重い意味があることは間違いない。そうだとすると、義務Ⅰを出発点として義務Ⅳまで議論を進めてきましたけれども、それらの義務の全部若しくは一部を何らかの論理プロセスの中で解除することが、ひょっとしたら必要になることがあるかもしれません。

安保関連法制の問題以来、憲法解釈ということが、あらためて非常に大きな問題になっています。憲法解釈をする作業を具体例として、「公共の福祉」のために人権を行使する個人の義務というものを、憲法解釈あるいは憲法尊重擁護との関係で、明日、議論できないかというのが、当初、私が考えていた1つの筋ですけれども、これでどこまでもつかもわかりませんし、先ほどまでの私の話から、もっと別の素材や、もっと別の話題を取り出してもらうことができれば、この予定に私はこだわりません。

このままいってどんな議論ができるか、実のところ特段の見透しはないのですが、皆さん、今日の夜から明日の朝にかけて、今日のレジュメを使いながら、いや、この際、使わなくてもいいです（笑）。使わなくてもいいですから、何か考えておいてください。よろしくお願いします。

明日の議論を楽しみにしています。ありがとうございました。

〔2日目〕

Ⅳ 「公共の福祉」というアポリア・再び

蟻川 昨日の分科会の後、質問をいただきました。それは、昨日お話しした「公共の福祉」は、普通の意味での公共の利益のことなのか、それとも、公共の利益には還元されない何ものかなのか、という核心を衝いた質問でした。そこで、昨日のレジュメ1枚目の3に書きました「『公共の福祉』というアポリア」の意味をあらためて問題とするところから、今日は始めたいと思います。「公共の福祉」をどう考えるかによって、議論の中身が大きく違ってくるからです。

「個人の尊厳」というものがフィクションであるという認識、すなわち、ヨーロッパの伝統社会において高い身分と不可分に結びついていた「尊厳」の概念の実質が個人一般には内在しないにもかかわらず、個人の尊厳ということが言われているとしたら、それはフィクションであると考えるほかはないという認識を、昨日はお話ししました。この認識を正面から引き受けない限り、全ては欺瞞であり綺麗事である、と言わざるをえないということを出発点としたのです。

尊厳がもともと個人に内在していたと本当に言えないのだったら、どうして、そこから「個人の尊厳」という観念を構成することができたのかということが、何より重要になります。個人が尊厳ある存在にふさわしいものとして認められて、はじめて「個人の尊厳」という概念形象が社会的に成立するとすれば、12条を無視することはできないと思います。97条、11条、12条、という連関の中で日本国憲法が提示した13条前段の「個人の尊厳」という考え方は、12条を厄介払いすることによっては、本当の意味では理解できないのではないかということを昨日は言ったのです。

そうして、「公共の福祉」に参与する義務ということについては、そこにいう義務の内容をどのようなものとして考えるかが決定的に重要です。ここを間違えると、昨日も言ったように、反動的な主張と紙一重になってしまうし、参与という概念をどう構成するかによっては、いわゆる強い個人、あるいは、強過ぎる個人でなければ、その義務を果たせないということにもなってしまうからです。この意味で、私自身の「公共の福祉」理解がどういうものであるかにかかわらず、「公共の福祉」の概念自体が問い直されなくてはいけないことは確かです。これは、終わった問題ではありません。現在も課題として残されているのです。そのことを踏まえた上でいえば、「公共の福祉」への参与は、やはり、個人が尊厳たりうる存在であることと不可分のものだと私は考えます。そして、そのことは、単に私が考えているというだけではありません。日本国憲法の権利体系そのものがそういう構成を採っているのです。

その出発点が97条です。97条は、我々の人権について、それは権利として保障されているけれども、我々はそれを自由気儘に使っていいわけではなくて、「信託」されたものとして使わなければいけないのだと言っています。つまり、人権というのは、勝手に行使したり、また、勝手に行使しなかったりできるような、任意処分に委ねられたものではなくて、いわば「預かり物としての人権」とでも呼ぶべきものなのだという考え方を97条は採用しているのです。

我々は、たまたま今、憲法上の権利を預かっているだけで、我々の同時代の他の人たちにも、そして次の世代の人たちにも、さらにその次の時代の人たちにも引き渡していく義務を託されている存在なのです。そして、その義務自体も、我々だけでなく、我々の次の世代へ、さらにその次の世代へと、引き継がれていきます。そういう存在であることにおいて、個人は、尊厳ある存在として認められているのです。だから、97条、97条と同じものとしての11条、そして12条、そして12条と通底するものとしての13条後段、そうして、その12条を介して、13条前段の意味が明らかになると私は考えています。繰り返しになりますが、これは私が考えているというより、憲法の条文の配置構造であり、つまり、日本国憲法の権利体系なのです。

そこにいう個人というのは、歴史のモデルからいっても、中間団体の否認というプロセスを通じてつかみ出されたものです。ということは、それぞれが様々な属性を本当は持っている。自分はこの集団の一員である、自分はこの階層の一員である、そうしたいろいろの属性を持っている。現代人は誰もが、何らかの集団、コミュニティに、多重的に帰属していると言われます。

帰属ということで何を指すかにもよりますが、学生であれば、何々大学に属している。何々高校に属している。あるいは、何々という地域社会に属している。社会人であれば、何々という会社に属している。何々という団体に属している。どこかに勤めているのではない人も、何らかのつながりに属している。家族に属している。家族から離れている人も、友人グループに属している。グループを構成していなくとも、友人を持っている。友人がないという人も、なにがしかのつながりに連なっている。そういう多重的な帰属というものが、現代人の1つの特色だとされるわけです。帰属に伴って、それぞれに義理みたいなものも負っているはずです。自分は、この集団の一員だから、その集団のためにならないことはやりにくい。そういったいろいろな重荷というか、負担は、誰でも、1つや2つだけではなく多重的に負っている。それに絡めとられると行動できなくなります。

行動できなくなると、どうなるか。自分の帰属というのは基本的には私的な性格を持っている。プライベートな性格を持っているから、私的な帰属に絡めとられると「公共の福祉」のために行動することができなくなるのです。

昨日私が全体会の中で言ったことの1つは、国家というのは典型的な公共だということです。だから、一番我が儘勝手に振る舞えるかに見える絶対君主を体現する「朕は国家なり」という言葉には、自分こそ国家なのだから一番強く制限を受ける、一番強く義務を負うという意味がある。何を制限されるかというと、プライベートな自由など勝手に行使できないという制限です。これは、むしろ国家一般の性格というべきものです。

さて、それは国家だからこそ言えることなのですが、しかし本当にそうなのか。国家と個人は二極構造をなして対峙していると言われます。そこでの国家が持つ性格は、個人の性格とは当然違うと考えられています。しかし私は、そんなには違わないような気がするのです。つまり、個人だって、局面によっては公的に振る舞わなくてはいけない存在なのではないか。これも、私が勝手にそういう性格づけをしているのではなくて、日本国憲法12条が、日本国民にそれを求めているのです。私的な属性から生ずるところの様々な利害に絡めとられないで、公的に行動しなくてはいけない。そんなことを言っても、そんなことは誰にもできるわけではないし、いつでもそんなことをしなくてはいけないわけでもないです。当然です。憲法12条が言っているのは、人権を行使する局面ではそうせよということだけです。

人権の行使が問題になる局面でなければ、いくらでも私的に振る舞っていてよい。けれども、人権を行使するのだったら、それは「公共の福祉」のためにするという、そういう負担を引き受けて、人権というものははじめて認められるという考えは、戦後の憲法学があっさり捨て去ってきたほどには、簡単に否定できない、重い考え方を背景に有していると私は思います。

けれども、このような考え方は、一歩間違うと、昨日言ったように、権利よりも義務をという話に回収されていきますから、反動的な勢力に利用されかねない、際どい議論です。公と私という面からいっても、私的に振る舞わず公的に行動せよというと、戦時中の「滅私奉公」といったスローガンを想起させ、際どさが際立ちます。けれども、そういう際どさがあるからこそ、この議論は大事なのではないかと思うのです。

私的なものから自らを引き剝がして振る舞うことが「公共の福祉」のために行動するということだ、と言うと、そこだけを聞けば、「滅私奉公」はともかく、そんな道徳の教科書のような人はいないと一蹴されそうですが、生活の全局面で「公共の福祉」のために振る舞うべきだという話をしているのではないのです。憲法上の権利を行使するなら「公共の福祉」のために利用する責任があるという、局面の限定された命題なのです。憲法が保障する基本的人権を行使するなら、「公共の福祉」のために利用しなければならないという考え方は、戦後憲法学が躍起になって否定してきたほどには否定すべきことではないと思えるのです。

これを出発点にします。この出発点に対して疑問を持たれる方もいるでしょう。それは大いに結構です。そこも、徹底的に議論できたらいいと思います。

V　討議

ここから今日の話に入っていきます。レジュメの3枚目に、義務Ⅰから義務Ⅳまで、4つの義務を出しました。これらはいずれも、中間団体の否認というところから出てくるものです。

中間団体というのは、それぞれの人が、言ってみれば、義理を感じているプライベートな存在です。そういうものから自分を意識的に引き剝がす。それが中間団体の否認ということの本来持っている意味です。常に引き剝がす必要はない。人権を主張するときには引き剝がすべきだというのが、12条が提起する限定された命題です。

例えば飲み会をやっているときには、みんなそれぞれのプライベートな利害、関心から行動していい。けれども、公共的な討議の空間においては、自分の属する中間団体の利害から一旦自らを引き剝がして討議に参加する。それが中間団体の否認という事象の今日的な日常行動上の発現であろうと思います。これが、義務Ⅰから義務Ⅱにかけてのことです。

今日の日本社会で、公共的理性、public reason というものがあるとすれば、その最も典型的なものは、昨日も言ったことですが、日本国憲法だろうと思うのです。私が憲法学者だからそう思うのではありません。日本国憲法以上に public reason を体現した文書は、日本社会には存在しないと思います。そうすると、その憲法を解釈するということは、公共的理性を行使することであり、

「公共の福祉」に参与する義務を個人が行使する典型的な局面の1つになるはずです。ここで義務Ⅲまでが出てきました。もちろん、これに対しても、異論があって大いに結構です。ともあれ、義務Ⅲまでがそうやって導かれます。

そうして、義務Ⅳです。日本国憲法99条は、公務員に対して憲法尊重擁護義務を課している。しかし、国民には課していない。これは憲法が書き忘れたのか、それとも、当たり前だから書かなかったのか、といったような議論が99条の解釈論の上でも、これまでなされてきました。しかし、99条に関して樋口先生が強調されるのは、国民が99条で憲法尊重擁護義務を負う主体に挙げられていないのは、書き忘れでも、当たり前だから書かなかったのでもなく、国民に憲法尊重擁護義務を負わせてはいけないという日本の立憲主義のあり方を示したものだということです。今日では、それが学説上支配的な理解にもなっていると思われます。

しかし、それでいいのだろうか。我々は公共的な討議をする場では、やはり公的理性を使って振る舞うことが求められるはずです。そうだとすると、憲法改正のいくつかの可能性が議論の俎上に上っている現状においては、未だ改正されていない、ほかならぬ今日の日本国憲法が、日本社会における最も代表的な public reason です。そういう憲法を適正に解釈することは、この憲法にコミットすることを前提にした振る舞いであるはずであり、この憲法にコミットするということは、突き詰めれば、この憲法を尊重し擁護するということであるはずですから、この憲法を解釈する義務が我々に課せられているとすれば、その規範論理的前提として、この憲法を尊重し擁護することも、実は国民個人に求められていると言えないだろうか。この難所で、個人の義務としての義務Ⅳ

の成否が問われるのです。

しかし、今日の支配的な学説によれば、国民は憲法尊重擁護義務を負わないとされている。もしそれが妥当だとすると、私は、義務Ⅰから始めて、97条、それと同じものとしての11条、それを受けた12条と13条後段、そうして、それらを受けての13条前段という形で、「個人の尊厳」という日本国憲法の最も基底にある原理自体が、公共的な事柄に対して――私的にではなく公的に振る舞うことによって――参与する義務を、尊厳ある主体たりうるための条件として我々に課している可能性を提起したわけですが、そういう私の理解と、99条についての憲法学の通説の理解とは、抵触しないのかどうか。もし抵触するとしたら、どちらの筋を選ぶべきなのか。

そして、もし通説の理解がやはり正当だとすれば、義務Ⅰから義務Ⅳまでのどこかで、義務の解除という論理を作動させることを検討しなければいけない。

遅くとも最後の義務Ⅳでは、通説に従って義務を解除するのか、それともそもそもの最初から実は間違っていたとして、義務Ⅰの段階から義務の解除をすべきなのか。あるいは、義務Ⅱで解除するのか。義務Ⅲか。さもなくば、義務Ⅰから義務Ⅳの全てをあらためて肯定し、解除する必要はどこにもないと考えるのか。

こういう問いを、私は皆さんに提起したいと思います。

直接答えてもらえなくて全く結構なのですが、こういった話に関して、何らかの議論をしてみたい。

こういう問いが提起されたことは、今までなかったでしょう。皆さんとしては、はじめて考える問題に違いありません。極めて抽象的な問いですから、答えにくいだけでなく、そもそも考えづらいかとも思います。その意味でも、この分科会に入った皆さんはくじ運が悪かった（笑）。それに対して、私は、逆に、あらゆる素材を皆さんが具体的にイメージして討議の俎上にのせてくれることが期待できるので、とても楽しみです。どんな遠いところから始めてくださっても結構ですので、議論していただければと思います。

A　質問です。大昔に法学部で勉強して、会社員になったのですけれども。義務の解除というのは、これは例えば定年退職とか年金とか、そのようなことを少し考えてしまったのですが、よろしいでしょうか。

私は40代後半で、いろいろと憲法の勉強をして、刑法や民法、商法などであれば多少はわかるのですけれども、今回のお話に出てくる義務というのは、直接的には参政権に関わるものなのでしょうか。それから、義務の解除というのは、これはいろいろ義務があると思うのですが、定年退職して年金をもらうまでに解除されるというようなことなのではないかと思ったりするのですが、どうなのでしょうか。

蟻川　定年退職されると義務が解除されるということですか。

A　何となくそう思ってしまったのですが。というか、年金でちゃんと生活できるとか、貯金とか、そういうことなのかなと思ったのです。例えば、子どもが育ったら家族の面倒を見なくてよくなるとか、そういうことなのでしょうか。

蟻川　今回の分科会で義務の解除ということを言っているその義務というのは、私の場合は、義務Ⅰから義務Ⅳまでを指していたのですけれども、たしかに、社会の現役から、現役という言い方はあまり好きではないのですが、現役から退くと、様々な社会的義務や社会的負担から解放されることがあるでしょう。そうした社会的な義務と同時に、ⅠからⅣまでの義務も、ある意味では、まとめて終わりになるという考えはありそうですよね。つまり、義務Ⅰから義務Ⅳもまた、社会の責任ある構成員にとってのルールだとすれば、そういうものからリタイアするときというのがあってもいいのかもしれません。なくてもいいのかもしれませんが。

そういう意味で言うと、義務Ⅰから義務Ⅳは、いわゆる現役世代、若しくは、責任ある社会構成員としての世代に実は限られた義務なのではないかという射程の限定は、たしかに成り立ちうるように思います。

そして、Ａさんのご発言は、私の提起した４つの義務には、社会的に「標準」といわれているものから外れているといえるようなカテゴリーに属する人たちを差別する論理が内包されているという指摘として受け止める必要があると思います。

実際、樋口先生も、立憲主義は人の生き方を教えるものではないということをときどき言われて、そういう意味でも、もちろん今回の私の４つの義務の議論への批判はあると思うのです。この議論には、あたかも人にこういう生き方をしろと迫っているような面がある。必ずしもそういうつもりではないのですが、そういう面があることは否めないかもしれません。そうすると、公共のために生きなければいけないというようなことを言うのは言い過ぎであり、だからこそ反動的な主張と境を接する議論に見えるし、逆向きにいえば、そのような生き方を語っても、実際にそのようなことをできる人はいないのだから、憲法論は夢物語だという話にもなってくるわけです。

ただし、これは射程を限定している議論であって、今回の4つの義務の相互連関は、先ほども言いましたように、公的な討議をする局面等に限定して、こういうことが言えるのではないかと述べたものなのです。「公共の福祉」に参与する責任としての義務Ⅰも、憲法12条にあっては、人権を主張し行使する局面に限定した義務として発現しています。これは、生き方のようにも見えますけれども、人権を主張するということは、普通の意味での生き方の問題ではないと思うのです。普通は、生きるときに人権を主張する必要はない。むしろ、私的利害だけで突っ走っていいのです。けれども、人権を主張する局面というのは、裁判で訴えるときが1つの典型でもありますが、やはり公的な主張なのです。自分はこういう人権を侵害されたと訴えるとき、人は、パブリックな理性に訴えかけているのです。裁判官といういわば public reason の体現者であるべき人に向かって、自分の主張を聞き入れてくれと訴えることは、裁判に訴える原告か被告かを問わず、全て、公的討議空間に入った上での、公的な主張なのです。だから、自分はこうしたいのに、それが妨害されたから、こんなのは嫌だ、やってられない、みたいな訴えかけは、そのまま法廷に出しても聞き入れてはもらえないでしょう。そういった専ら私的な気分の表出のようなものは、法律論の形に組み立て直していかなくてはならない。それが公共的理性を使って討議するということの意味です。その行き着くところが、憲法解釈をして、憲法論、法律論を戦わせるということですから、これは、生き方の話のように見えて、公共的討議のあり方の話なのです。しかもそれは、法廷弁論だったら法廷だけの話のようですけれども、我々が公的理性に訴えて議論すべき場は、法廷に限りません。

Aさんも最初に言ってくださったように、選挙というのも、公共的理性の1つの発現の場です。ただし、これも本当にそう言えるのかという議論があって、これは憲法論でも言われますし、サルトルなども議論している話なのですが、投票所には、投票箱に入れる投票用紙に記入するための仕切られたスペースがあって、誰からも見られないようになっています。これが、レジュメの4枚目に挙げていますが、憲法15条4項に直接関係する問題です。15条4項が保障しているのは、投票の秘密です。我々は、選挙権という最も公共的といえるような権利を行使するときに、プライベート・スペースのような所に入って、誰からも覗き見られることなく、当選させたい候補者の名前を書くことが保障されている。

これは何を意味しているのかというと、直接には投票の秘密です。投票の秘密とは何を意味しているかというと、一人になれるということです。一人になるということは難しいことです。人は一人では生きていけないというレベルの話から始まって、実際に人は一人にはなかなかなれないという話もできます。一人だと思っている人も、実は多くの場合、一人ではないのです。

私の好きなフランスの歌（ジョルジュ・ムスタキ『私の孤独』）の中に、「私は一人ではない。孤独と一緒だから」という歌詞があるのですが、孤独と一緒だと一人ではないのです（笑）。まあ、それはともかくとして、何ゆえ一人になる空間が投票所では与えられるのか。それは、一人にならなければいけない場面だからです。

周りからのいろいろな圧力によって、本当は投票したくない人の名前を書かざるをえないような事態になってしまわないようにするためです。これこそ、中間団体から、つまり、自分が義理を負っている様々な帰属集団の利害から、一旦ともかく引き離されて一人になる。投票所の仕切られたスペースは、個人が析出された歴史的瞬間を今日の日常世界に再現する儀礼的な空間なのです。

だから、そこでは公共的理性を行使することが求められているのです。投票というのは、とにかく誰の名前でもいいやとか、適当に書けばいいやというのでは、本当はいけないのです。それでいいのだったら、投票の秘密というのをわざわざ憲法で保障する必要もないのです。投票の秘密を憲法で定めているということは、公的理性を行使するよう我々が求められているということです。ここにも、12条の義務が反響しています。投票権という憲法上の権利を行使する際には、「公共の福祉」のためにそれを利用する責任を負っているということです。12条の思想は、15条4項にも間接的に、しかし確かに、共鳴していると理解することができるのです。

けれども、投票の秘密というのは、さらにもう1回論議が回ることがあります。それはどういうことかというと、例えば「会社ぐるみ選挙」という言葉がありましたが、勤務先の会社の社長から、「今回は自民党の何々候補に入れてくれ。自分は仕事上の付き合いがあって、彼が当選してくれると、うちの会社の利益にもなるから、従業員であるあなたは是非この自民党の何々候補の名前を書いてほしい」と言われたとします。もし投票の秘密が保障されていなかったら、その名前を書かなかったことが何かの形で社長に知られて、不遇をかこつことがないように、心ならずもその候補者に1票を投ずることがあるかもしれない。そういうことがあってはいけないから、投票の秘密を保障しているのです。その要諦は、自分の帰属集団をあえて裏切ることができるということです。

「裏切る」という言い方には悪い響きがあるかもしれませんが、公的理性を使う義務という意味では、裏切らなければいけないのです。

もう1回論議が回るというのはどういうことか。会社の利害とは反するかもしれないけれども、その無所属のこの候補を推すほうが公的理性に合致すると、その人が考えたとします。けれども、その人は、その無所属の候補に投票しなくてもいいわけです。その候補に投票しなかったからといって、「お前は自分の考える公的理性に反する投票をしたな」とは誰にも咎められない。これも、投票の秘密の効用です。つまり、自分の帰属集団を裏切ることもできるけれども、反対に、自分自身をも裏切ることができる。自分の良心さえ裏切ることができるのです。それが投票の秘密というものであって、あの投票所の仕切られたスペースをフランス語で「イゾロワール（isoloir）」というのですが、それは isolate された空間（孤立した空間）、個になる空間という意味です。個になるということは、心細いし、恐ろしい。したがって、中間団体の影響力を断ち切ることもできるけれども、それを断ち切ることが正義だと思っている自分自身の、わずかに残っている良心さえ裏切ることもできてしまう。「イゾロワール」は、本当に個人が最終的に試される空間でもあるのです。その逆説を、フランス語は見事に、孤立させられる場所という形で、象徴的に表現したのです。フランスは、一番徹底的に中間団体の否認を遂行して、一番典型的に国家が個人の自由の構造を作った国だからこそ、そういう言葉が作られたのではないかと想像します。

そういうわけですから、選挙で1票を投じるのも、公的理性の行使ですし、裁判で自分の私的利害を、法の言葉に翻訳して、裁判官にも認めてもらえる論理に焼き直して主張するのも、公的理性の行使です。けれども、とりわけ秘密投票においては、公的理性を行使しようとする自分自身をも裏切ることができてしまう。だから、生き方の問題とも、本当は切り離せないのです。それでも、生き方からは一応独立の、公的理性を行使する局面に射程を限定した命題として構成するということです。

B　今日は京都から参りました。司法書士という業務をやっております。今日は、京都で信託法学会というのがありまして、それに出ようか、こちらに出ようか非常に迷ったのですが、その選択も自分自身では、いわゆる公共的理性の行使だったのかもしれません。憲法は、自分の職務上はほとんど関係ないと言えば関係ないのですが、それに対し信託というのは、私らの業界では民事信託というのが非常に大きな話題になっていまして、そちらのほうが非常に実務には関連して聴きたいという気持ちもあったのですが、やはりこちらが正解だったと思うのは、先生がおっしゃっていた97条にある、将来の国民を受益者とする信託。ここでも信託というのが出てきたのですが、こちらの信託のほうがよほど崇高なもので、こちらを選択してよかったと思っております。

本題ですが、丸山眞男が公共社会を作り上げる規範的な自由ということを言いました。そもそも自由には何でもありの自由と、今言った規範創造的な自由の2つがあって、これが戦後70年経ちますが、日本の社会は自由の獲得に力を注いでこなかった。その結果が今の体たらくではないかという気がしてならないのです。それについて考えることは、1つの義務ではないかという気がします。

蟻川　まさに丸山眞男の言った、規範創造的自由というのが重要です。こちらを選んでくださって正解だったという言葉までいただき、ありがとうございます。

規範創造的自由という概念を、丸山が提出しています。丸山は、皆さんご存じのことと思いますが、戦後日本を代表する政治学者で、本当は政治学が専門というよりは、日本政治思想史という分野の研究者なのですが、60年安保をはじめ、それ以前の戦後の出発点から、社会の要請の中で政治学者として世の期待に応えるべく振る舞わなければならなかった。

それは彼にとっては非常に複雑な身の処し方を要求したのではないかと推察されます。自分の本職は政治学ではないという意識は常にあり、しかし世の中が自分に求めているのは政治学者として振る舞うことだという社会的要請との間で引き裂かれていたはずです。専門が日本政治思想史ですから、彼は歴史家なのです。歴史家として資料に没頭し、古文書の中に沈潜しながら、ものを考えて書いていくことが、丸山の仕事でした。しかし、政治学者として社会の期待を一身に担う存在になってしまったわけです。

その彼が、自由には2通りあるということを、戦後になってから述べました。2つともBさんに指摘していただいた通りです。1つは何でもやっていい、好きなことをするという、自由勝手という意味での自由です。これに対して、自由にはもう1つあると丸山は言った。それが規範創造的自由です。規範を創り上げていく自由。これは少々わかりにくい概念で、私も本当にわかっているとは自信を持って言えないのです。規範というのはこうすべきだということです。自分に対してもそうですし、社会に対してもそうですが、こうあるべきだという規範を創り出す自由。これが規範創造的自由だと思うのですけれども、それがどういう発想なのかというのは、ちょっと難しいです。規範を創ることというのは、自由であるとはなかなか言えないことのように思えるからです。けれども、それが自由なのだと丸山は言うのです。これは、明らかに勝手なことという意味での自由ではないわけです。自己規範も含めて、社会で通用する何らかの規範を自ら構想し、自らそれに縛られる自律的な存在であろうとすること。これが、自由の持つもう1つの意味であると丸山は言うのです。これは、一人一人に自らを律する存在であることを求めることだと思います。

そうして、これもまた、生き方に関わっています。好き勝手に暮らせば、部屋でポテトチップスを食べながら、テレビを見続けて、気儘に暮らすことだってできます。普通に自由というときは、この意味の自由を指すことがむしろ多いでしょう。けれども、例えば今の社会のあり方についてこれでいいのかと思ったら、ただ漫然と、そのように自堕落に暮らしていていいのか。例えば休日に集会があればそれに出掛けていって、少しでも声を上げる。それは自分にとっての規範です。そういう自己規範を自らに課すこと。自分で実現すべき、履行可能な規範を創っていくこと。これもまた、自由の1つのかたちなのです、そうしなくてもいいのですから。しなくてもいいから、みんな、楽を選べば、そんなことはしない。けれども、それをあえてする、あえて選ぶとしたら、規範創造という、およそ勝手気儘とは縁遠いことも、自由の行為になる。それが自由のもう1つの大事な意味になるのです。

そういうわけですから、規範創造的自由というのは、自由であるけれども義務のようなものだといえます。義務と自由は、普通でいえば対立する範疇ですけれども、自由と義務とは、常にどこかで結びついています。義務でない自由というのは、自由勝手のほうの自由で、こちらは好きにやればいいのですが、規範創造的自由というのは、まさしく義務と容易には切り離せない自由です。これをどうやって理論化するかというのは、なかなか大変です。なかなか大変だけれども、大事な作業なのだろうと思うのです。

昨日から今日にかけて、この分科会でやろうとしていることの輪郭線を、今Bさんが言い当ててくださったように思います。丸山の規範創造的自由の構想にはもとより遠く及ばないですけれども、それに多少ともつながろうとする作業ということになるでしょう。しかし具体的にどうすればそれができるのか、なおわからないで喘いでいる、そういう苦闘の一過程であるということです。

C 質問です。規範創造的自由の話で思ったのが、カントの自律論につながるのかなということです。自分自身で目標というか、規律みたいなものを決めて自分自身で履行していくというのが、規範創造的自由なのかなと思うのですが、そういう認識で大丈夫ですか。

蟻川 大丈夫です。大丈夫ですと言えるほど、カントにも丸山にも詳しいわけではないのですが、大丈夫です（笑）。自律ということと尊厳ということを不可分なものとして観念するのです。

カントは『啓蒙とは何か』の中で、啓蒙というのは公的理性を行使することであると言っています。だから、私的なものというのは、彼にとって本当の意味での理性でもなければ、啓蒙でもない。そこで公的理性ということになるのです。公的に理性を行使する自由です。それを名詞化すると、ロールズのいう public reason になる。公的に理性を行使する行為です。カントとロールズの関係については、いろいろなことを言わなければなりませんけれども、ここでは割愛させていただきます。

C もう1つです。題材になるかはわからないのですが、ヘイトスピーチについて話題にしたいと思います。ヘイトスピーチを含むあらゆる人種差別は、人種差別撤廃条約で禁止されていて、この条約を日本は約20年前に批准しています。

ヘイトスピーチに抗議する人たちというのは、実際に差別されている在日の方々だけではなくて、一緒に暮らしている日本人のほうが多分多いのです。これは public reason に拘束されているからだろうかと考えることがあります。

川崎市の事例ですが、市が公園の使用を不許可にしました。集会の自由をある意味で禁止したわけです。また、コリアンタウンの一定の区域内で行われるヘイトデモを、横浜地裁が仮処分で禁止しました。これらは、表現とか言論の自由をある意味で制約するわけですから、「公共の福祉」という概念によってしか制約できないこととなります。12条の絡みで言えば、言論の自由、集会の自由というものを「公共の福祉」にそぐわない形で利用しようとしたから、これは「公共の福祉」の観点から禁止に導けるのかなと思っています。

蟻川　ヘイトスピーチは重要な問題ですね。ヘイトスピーチ自体、スピーチだと言う限りで、表現の自由の保障をともかくも受けると考えるのか、それとも、あんなものは表現ではないのだとして、端から表現の自由の保障対象から外すのか、というところからが、そもそも問題です。

私は、率直に言えば、ヘイトスピーチには表現の自由の保護を及ぼす必要はないと思います。しかし、やはりヘイトスピーチの概念を明確にして、制約の限界というものを設定しないと、人種などへの言及を含む様々な言論が曖昧にヘイトスピーチとして表現の自由保障の範囲から外れるという事態を招きかねません。ヘイトの定義、ヘイトスピーチの定義、そしてヘイトとヘイトスピーチ、さらにはヘイトクライムはどのように関連づけられ、また、関連づけられないのか、ということを、定義、概念規定から積み上げて、憲法体系上の議論にしていかなければいけないと思います。定義するということは限定するということですから、過剰に拡がることのない、輪郭の明確な概念を立てて議論をすることが必要です。

公的理性は、ヘイトスピーチでは、両側から問題にしなければなりません。すなわち、一方で、あんなひどい言葉はやめさせるとするのが公的理性です。けれども他方、本当は許さなければいけない表現までも十把一絡げに否定されるようであるとしたら、保護すべきものの範囲をしっかり確保するのもまた、公的理性の役割です。その意味で、ヘイトスピーチの問題は、非常にいい素材になると思います。

別の言い方をすると、ヘイトスピーチに対しては、それを一旦は表現の自由に含めて、その上で何らかの形で制約を課すのがいいのか、それとも、はじめから保護に値するものを適正に排除しうるヘイトスピーチの厳格な定義を作って、それに当てはまれば、表現の自由としての保障、集会の自由としての保障を及ぼさないとするのがいいのかが、憲法論上のわかれ目になります。これは、ヘイトスピーチの定義でもありますが、同時に、憲法解釈でもあります。「一切の表現の自由」を保障する憲法21条1項の解釈問題そのものです。義務Ⅲを考える上でのいい例になります。

Cさんからは、川崎市のヘイトデモについても言及していただきました。これに対し、デモの起点となる公園の使用を川崎市長が不許可にしたことは、形式上は、集会の自由に対する制約であると解釈するのが通常でしょう。これに対し、Cさんが1つの可能性として示してくれたのは、市長が、デモを計画した者たちのかわりに、彼らに12条の責任をとらせたという解釈です。それは、憲法を解釈する義務（義務Ⅲ）を、人権を行使する者の「公共の福祉」に参与する義務（義務Ⅰ）と緊密に連関させる構想につながるように思います。

D　川崎や東京のヘイトスピーチの記事はすごく熱心に読んでいるのですが、そのときにいつも思うのは、フランスで爆破事件が起きたときの逆の立場だと思うのです。フランスのマスコミと言うのでしょうか、週刊誌でしょうか。あの人たちは、日本の状況と逆の立場で、表現の自由をあくまでも貫き通すのだと言っている。その両方が、頭の中で行き来して、自分の考えはどのように持てばいいのかというように思うのですが、一方で、日本のヘイトスピーチの場合には、ヘイトスピーチを受ける人たちの生命の危険というものがある。でも、フランスでもまた爆破事件が起きて、やはり生命の危険があるかもしれない。わからないです。

蟻川　イスラム教やイスラム教徒に対する侮蔑的な漫画などに対しても表現の自由の保障を十全に与えるべきなのかどうかは、難しい問題です。ここでは、あえて憲法解釈という観点に絞ってお話ししますが、憲法解釈という観点だけからいっても、憲法21条1項が「一切の表現の自由」を保障するというのは、個別の問題を解決する道具立てとしては些か大き過ぎる概念なので、憲法を解釈する義務があり（義務Ⅲ）、その実際においては公的な理性を行使する義務がある（義務Ⅱ）といえるとしても、それをいうだけではほとんど問題の限定にはなりません。

今Dさんにご指摘いただいた問題についても、表現という形はとっているけれども、実質は喧嘩を売っているだけだとか、単なる侮辱でしかないとか、もっといえば、暴力でしかないとか、そのように考えられれば、表現の自由の保障は得られないという考え方も、十分成り立つはずです。

イスラム教に差別的な内容の漫画表現の事例については、表現の自由を主張する側が「公共の福祉」のために利用する責任を果たしているかというと、疑問の余地は大いにあります。けれども、そのようなことを言ったら、たいていの表現は「公共の福祉」とは無関係に書いているわけですから、「公共の福祉」のためにしている表現でないと表現の自由の保障を与えないなどと言ったら、表現の自由を保障してもらえる表現活動はなくなってしまいます。そういう意味からも、「公共の福祉のために」「利用する責任を負ふ」（12条）という制約にしろ、「公共の福祉に反しない限り」「最大の尊重を必要とする」（13条後段）という制約にしろ、12条や13条がいう「公共の福祉」は、我々の最も日常的な言語感覚でいう「公共の福祉」とストレートにつなげるべきではないと思われるのです。

では、どうするかというので、とりあえず考えられるのは、12条・13条の「公共の福祉」の定義を下すことです。これは、憲法解釈として、公共的理性として、考えなければいけないことです。『「公共の福祉」というアポリア』ということをレジュメに書きましたが、「公共の福祉」をどう定義するかが今こそ問われます。

自民党改憲草案では、12条と13条をはじめとする「公共の福祉」を全部「公の秩序」とか「公益」という言葉に替えています。これは最も悪いパターンです。12条や13条というのは、人権よりも「公共の福祉」のほうが優位する、価値的に上位にあると考えるとわかりやすいのです。「公共の福祉」は上位だから、人権は「公共の福祉」に抵触しない限りで認められる、こう言うのが一番説明しやすいのです。そうではあるけれども、それはさすがに採れないということで、いろいろな理論上の試みが行われてきました。

私自身は、誤解を恐れずにいえば、「公共の福祉」が個別の人権主張より上位に立ってもいいのではないかと思っています。けれども、それは定義が決定的に重要で、これを間違えると、とんでもない反動的主張になるのを避けられません。自民党改憲草案のように、「公共の福祉」という言葉そのものをもはややめて、「公の秩序」ないし「公益」にしてしまったら勿論ですが、そうでなくとも、「公の秩序」や「公益」の意味で「公共の福祉」を理解するだけだとしても、そのような意味の「公共の福祉」を人権に優越させることは断じてなりません。とんでもないことになると私は思います。

今は、「公共の福祉」が曲がりなりにも「公の秩序」や「公益」そのものではないという憲法学上の申し合わせがまだ力を失い切ってはいないから、「公共の福祉のために」「利用する責任を負ふ」という憲法規範があっても、それこそ規範創造的自由の思想系譜に連なって、自らの自律的な判断として主体的責任を伴った行動をする自由を義務としての自由として保障する思想地盤は、辛うじて流されていないといいうる。けれども、権利主張は「公益」あるいは「公の秩序」に「反しない限りで」認められるとか、「公益」あるいは「公の秩序」のために権利を「利用する責任を負ふ」などとなったら、そこに残るのは卑屈な義務でしかないでしょう。

とはいえ、12条・13条の「公共の福祉」の概念についての申し合わせの効力はほとんど風前の灯といわざるをえない状況にあると私は見ています。これを何とかすることは、私自身の課題です。

E　私は学部生です。先生が言われている４つの義務と義務の解除の議論ですが、最後の義務の解除だけが、別次元にあるような感じがしました。４つの義務が成り立つかどうかも議論の対象ですが、それとは別に、それプラス義務の解除が言えるかということに関して、先ほどの質問でも、参政権の場合とか現役からリタイアする場合とか、そういう事例が挙げられていると思うのですが、具体的に義務の解除をどのように考えるかということを考えていました。

個人的には、義務の解除がなされる条件としては、年齢で制限するというよりは一般人の能力、いわゆる障碍を持たれている方という意味で、義務を解除されて然るべき方々がいるということでの義務の解除を考えているですが、そういうこととは違うのでしょうか。

蟻川　例えば障碍を持っている人だと、ここでいうどういう義務について解除するというイメージですか。

E　public reason を行使するという意味での参政権の解除とか、「公共の福祉」のための行動が課されているものを行使しなくてもいいという意味の解除です。

蟻川　わかりました。例えば比較的最近、成年被後見人の参政権に制約が加えられていることが下級審で問題になりました。障碍者に対して健常者という言葉もまたよくないでしょうけれども、そういう「健常」な人と同じように思考したり、考えをまとめたりすることが病気などのため困難な人がいると考えられた場合、参政権というのは理性を行使することだから、そういう人たちが参政権を行使するのは難しいだろうという理由で、選挙権が奪われることがあっていいか、という問題です。この問題をめぐって、成年後見人がつくと選挙権を失うとした公職選挙法の規定は違憲であるとした判決が出ました（東京地裁2013年3月14日判決・判例時報2178号3頁）。

いい例をEさんからいただいたので、それにつなげていきたいのですが、今紹介した下級審判決は重要な判決だと思います。そういう人には、むしろ参政権行使を解除してもいいというのが、ひょっとすると自然な発想かもしれない。けれども、その下級審はそうしなかったわけです。私自身はこの判決に結論として賛成です。

なぜかというと、いわゆる健常者だって、情報を集めて、きちんと考えて選択して、1票を投じている人なんてそうはいないと思うからです。そういうしっかりした投票行動ができないのは、障碍によって能力的に限界がある人だけではないのです。あえていえば、みんなできない。では、みんな選挙権がなくていいのかというと、そういうことにはならない。みんなにはある。だったら、精神的な、また、知的な障碍を持った人たちにだって選挙権があっても何の問題もないと私は思うのです。そう私が思う理由は、たとえわけがわからなくなることがあっても、投票したいという人がいるなら、それは選挙権を認めることが、公的社会に参画している、参与しているという実感をその人に与えることを可能とするし、参与の実感を味わうことには、他のことには替え難い意義があると考えるからです。そうしてまた、それは、いわゆる健常者の人たちにとっても、自分たちが生きている社会は、障碍のゆえに思考し判断することが困難な人たちとともに生き、ともに作っていく社会なのだということの自覚を強めることができるという意味でも、決定的に重要だと思うのです。「モーニング娘。」の「ザ☆ピ～ス！」という歌に、「選挙の日ってウチじゃなぜか投票行って外食するんだ」という歌詞がありました。そういう家庭は、あまりきちんと参政権を考えていない可能性があると思うのですが（笑）、そうやって家族でお祭りのように選挙に出かけて公的社会に参加するというのでもいい。商業主義以前、メダル至上主義以前のオリンピックではないですが、参加することに意義がある。

これだけを言うと、真面目な議論に思えないと感じる人もいるかもしれないのですけれども、アメリカの政教分離原則に関する違憲審査の基準の1つに、endorsement testというのがあります。これは何かというと、その社会、政治社会（political community）の中で自分はマージナル（周縁的）な存在であるという自意識を人に持たせてしまうような政府の行為は、政教分離原則に反して違憲であるという理屈なのです。私なりに意訳すると、自分は社会の基本的な構成員だという自覚を与えることが、その人を尊厳ある存在として認めることになるし、そういう社会を作っていくという社会自身のミッションでもあるということです。成年被後見人に対しても選挙権を奪わないというのは、それと同じ発想になると思うのです。本当にEさんがいい例を出してくれたのですが、公的理性の行使については、先ほどまでの私の話では、本当にガチガチに、とても厳格なことを要求しているように見えたでしょうけれども、実はあまり思考能力、判断能力がないような人でも、参加したい、投票したいと思う場合は、それなりの投票行動ができさえすれば、あまり難しいことは言わずに、投票の権利を認めてよいというくらいの緩さで考えるべきではないかと思います。公共的理性にも、その厳格さにはグラデーションがあると考えるべきなのです。

このように、公共社会というのは、みんなが作っていく社会ですから、その「みんな」から外れてしまうということには、大きなストレスがかかるでしょう。だからこそ、その「みんな」の秩序から外す政府の行動に対しては厳しいハードルを課す必要があると思います。そう考えると、そもそも誰であれ、公共的理性の行使が期待される公的な秩序に関わる義務を解除する必要は、よほどのことがない限り、存在しないと解すべきなのかもしれません。リタイアということだって、本来、年齢でリタイアは決められないし、能力でリタイアというのも決められないでしょう。

F　私は、業務として、成年後見人として何人かの方に携わらせていただいているのですが、その選挙権回復の運動にも参加させていただきました。そのスローガンは「私たちを除いて私たちのことを決めないでほしい」というものでした。知的障碍者の家族の会の方の言葉で印象的だったのは、選挙の能力が問題だとすれば、今のような世の中にはなっていないでしょうという皮肉をおっしゃったことです。

蟻川　本当にそうですよね。現政権は、ほかならぬ我々が投票によって作っているわけですから、我々にそんなに能力があるとは言えないでしょう（笑）。

Eさんは、成年被後見人の選挙権をめぐるここまでの議論をどう思いますか。

E　その下級審判決の勉強をしていなかったので、「ああ、そうなんだ」というのが一番の感想ですが、それをそこまで厳格に解さずに、緩く認めてよいと考えると、あまり「義務」というように位置づけなくてもいいのではないかという気もします。

蟻川　なるほど、それもそうかもしれないですね。義務の観念についての社会の受けとり方を前提とすると、義務という言葉を使った私の議論が何か強過ぎる議論のように受けとられる可能性があることは、うすうす感じていました。ただ、ここで私のいう義務というのは、直截的なところでは自分自らが課しているものであると同時に、「信託」で言えば託されているものでもあるわけで、自分にはそういうことが託されているのだと自分が感じること。もともとそれぐらいでいいものなのではないかと思うのです。

その意識がないのはいけないということは言えるけれども、その意識がどこまで強くなければ、義務とは言えないのかというふうに、義務ということをあまり硬く考え過ぎる必要はないのではないか。大事なのは、自分は託されている、自分には何かが課せられているのだと意識することで、それを意識するかしないかの違いが決定的なような気がします。それを意識してさえいれば、たいていのことはうまくいく。それでうまくいかなければしょうがないと思うのです。

G でも先生、公務員というのは、そういう意識を際限もなく持ち過ぎるということが、窓口対応の中などにあるのです。その点はどう考えればいいでしょうか。

蟻川 その際限のなさというのは、お役所仕事的な意味ですよね。

G はい。

蟻川 それは、むしろ託されているという意識が欠けているのではないですかね。建前と思われるかもしれませんが、託されていれば、窓口での硬直した対応というのは出てこないはずです。その悪しき意味での官僚的振る舞いというのは、本当に自分が公共の事柄（res publica）のために仕事をするよう求められているという一番の義務をきちんと弁えていないからだとは言えないですか。

G そうすると、どんなに窓口に来ている市民がめちゃくちゃなことを言っても、本当にあるんですよ。私のときもありましたから。そういうときでもひたすらに応接しなければいけないのでしょうか。

蟻川　「モンスター何とか」みたいな、そういう人が来たときですね。

G　はい。

蟻川　それは、本当にめちゃくちゃで、文句だけを付けているような人は、何とかしてお引き取り願うということしかないと思いますが、そうでなければ、何とか誠実に対応するというように、実際にやってこられたのではないですか。

G　そういうこともあると思います。結局は、その人のお人柄ということになってきてしまうのですが。

蟻川　そうですね。ただ、それを単純に人柄の問題に放置するのではなく、公務員としての意識というのでしょうか、自分は課せられている、課題を与えられてここにいるのだという使命感ですかね。だんだん、また、崇高な話に入っていき過ぎているかもしれないですが（笑）。そういう意識は、公務員には本当に職務上あるかもしれないですけれども、同時に、我々一人一人にも、それはあるのではないかということを考えてしまいます。その辺りはどうなのでしょうか。これも綺麗事に過ぎると言われるかもしれないのですが、憲法論というのは、欺瞞に陥らない、その紙一重のところで、いい意味での綺麗事を作っていくことであるような気もするのです。

一人一人が何かを課せられているという意識を持つということは、私自身が一番できないのですが、その分、これがいかに困難かということはわかっているつもりです。けれども、同時にそれができそうだという感覚も、なぜか持ってしまうのです。むしろ今回のセミナーでは、皆さんによって、一層そう感じさせていただいている心持ちなのです。そのことを、私は非常に有難く感じています。

H 今、聴いていて、先ほど endorsement test の話をされていたので、それで思ったのが、先生がおっしゃっている公共性というのを他の言葉に換言できないかと考えたときに、他者に寛容に振る舞うという、そういうイメージで先生は考えられているのかなと思いました。それからすれば、ヘイトスピーチで考えたら、寛容にできるかできないかという限度があるわけで、そこで射程を区切る。それで、成年被後見人の話だったら、それは社会が彼らを受け入れていない、寛容に捉えていないというところを指摘して言うこともできるし、先ほどの公務員の話であっても、文句を言ってくる人が、他者への寛容をもって、自分はこれが困っていて、こういうことを気を付けて言ったのだけれども、このような不都合があるので助けてくださいと言う人には、当然手を差し伸べるといった、寛容の意識を持つべきだという、そういうようなイメージで義務を捉えているのかなと思ったのです。それが一種、道徳的ですが、客観的に正しいと言えるのであれば、他者への寛容さを持った権利行使ということをした人には、強い憲法上の権利の保障を与えてあげましょう、そうではない人には、与えるけれども、他の人の権利とのバッティングがもちろんあるわけだから、それはちょっと弱いよという主張につながりうると思うのです。一元的な説明としては、そういった方向性で考えていらっしゃるのかなと考えてみました。

蟻川 今日の皆さんとのやりとりの中で出た話題も含めて、今回のセミナーでの私の議論に現われた複数の題材相互の間に配線を施すような視座を提出してくださったと感じました。

寛容というのは大変大事な観念です。憲法のリベラルな世界像と緊密なつながりがあり、しかし、それでいて憲法の文言として出てくるわけではない。そういう意味では、一見単純な価値のようにも見えるのですが、ふくらみのある観念だともいえるように昔から思っています。

そういう寛容というものを、何とか理論化できないかと、ずっと思っていて、また、今でも思っていますから、ご指摘を有難く思います。ただ、まだそこまで詰めて考えられていないので、私が昨日から今日にかけての文脈で考えていることは、むしろ参加という観念に近いところでの思考です。自分自身が公共世界に参加する、公的討議に参加するということ、それは投票に参加する参政権も含めてですが、参加という要素に比重を置いた議論を今回はあえてしてみたのです。それは、参加のモーメントが、実は憲法論にあっては、意外にもというべきか、存外軽く考えられてきてはいないだろうかという問題意識に発した選択だったのです。

憲法を解釈する義務などというと、そんなことは憲法学者に任せておけばいいとか、最高裁が憲法を有権的に解釈する最終の機関なのだから、最高裁に任せておけばいいとかいう声が聞こえてきそうですが、公共社会を作っていく一人一人が、そういう作業に参加することをどこかの次元で憲法論に取り込むべきであるということを、私はイメージとして持っていて、寛容というのは中身の話、実体価値ですが、中身以前のところで、広い意味での参加ないし「参与」という契機をその広がりにおいて考えたいということだったのです。そこから、さらに寛容を含む実体価値論につなげていって、はじめて完結する話だと思います。その手前のところで、私はまだ右往左往しているのです。

とはいえ実体論について一言だけ言えば、義務Ⅰに当たる「公共の福祉」に参与する義務は、実体価値と参加価値の接続面にあるようなところがあるのですが、「公共の福祉」を「公の秩序」や「公益」には還元されない概念として構想しようとすれば、そもそも公共というものを実体化させず、どこまでも個人間の関係として構築することが考えられると思っています。寛容は、この問題平面で何らかの役割を果たすことがあるように予感しています。

Ｉ　レジュメ3枚目の最後の5で義務の解除の必要性ということをおっしゃっていたと思うのですが、その義務の解除をしたことによる効果というのが、自分の中で今ひとつイメージができません。「個人の尊厳」が義務を伴うという言い方からすると、義務が解除されたときの尊厳との関係というのはどういったものになるのでしょうか。

蟻川　重要な指摘ですね。私には、だから、本当は、義務は解除しなくていいのではないかという考えがなくはないのです。他方で、99条については、国民は憲法尊重擁護義務を負わないと解釈されている。そういう通説を前提にすると、4つの義務の連なりのどこかで、義務の解除を考えなくてはいけないとも思うのです。けれども、解除したらどういう事態が起こるのか。尊厳なき動物になってしまうのではないかというのが、1つの論理的可能性です。けれども、義務と尊厳をあまり結びつけ過ぎるとそういう話になってしまうから、義務というのはそもそも言い過ぎだったのではないかというところに、また帰ってくるのです。その意味でも、何らかのレベルで義務の解除やそれに相当することを考えるというのはありうると思うのです。言っていることが二転三転しているように見えるかもしれないのですが、考え続けているのです。

J 選挙権の行使について、もう少し言及していただきたいと思いました。18歳からになりましたよね。どういう投票行動になるかわかりませんが、棄権が多いので、義務と権利がコインの裏表であるということからすると、投票に行く義務みたいなものも、そろそろ本気で考えてみたほうがいいと思います。ペルーでは棄権をすると罰金をとるのですが、あれも、荒唐無稽に思えたのですが、今日のお話を聴いていると、投票の義務というものもあっていいのではないかと思ったりもしました。特に、小選挙区になってから、投票率が非常に低い中で、こういう政権が簡単に出来上がるような仕組みになっているので、やはりそこから直していくのは選挙しかないと思うのです。そういう意味では、立派な権利をいただいているわけで、普通選挙権まで血の歴史があった、ここまでの道のりは遠かったのだけれども、やはり投票の義務というのは非常に蔑ろにされてきたという感じがします。この辺りについても少し触れていただきたいと思いました。

蟻川 投票を義務と捉える考え方の重要性についての示唆をいただきました。ありがとうございます。同時に、そのことを踏まえた上で、そういう、義務ともいえるような性格を持った投票という行為を、この国の法体系が、しかし、あくまで自由に委ねているということの重みを思わずにはいられません。私自身の議論でも、公共的理性を行使する機会の1つとして義務の側面をあえて強調しましたが、義務を行使するそのこと自体において、投票は自由なのです。そこが、ただの自由、あるいは、ただの義務と違うところです。そうして、そうであるからこそ、何らかの意味と程度で義務を意識し、それに応えようとする個人は、尊厳たりうる存在といえるのではないか。

予定時刻を過ぎていますので、第2分科会はここまでとします。

皆さんとの議論からは、たくさん触発していただきました。これだけ濃密な討議ができたことは、私にとって本当に得難い経験でした。心から感謝いたします。

2日間、ありがとうございました。

第3分科会「立法と司法――法の支配・法文・法解釈」

木村草太

2015年、国会は、集団的自衛権の行使容認を含む安全保障法制を成立させました。この法制については、「誤った憲法解釈に基づくものだ」との批判が相次ぐ一方、政府・与党は、「これが正しい憲法解釈だ」と反論しました。では、正しい法解釈とは何でしょうか。これは、「法の支配」という理念の根幹に関わる問題です。そこで、この分科会では、この問題を掘り下げてみたいと思います。

＊ この原稿は、当日の私の問題提起、分科会参加者の発言、分科会開催後に現れた文献の分析を含め、分科会での議論を再構成したものです。分科会の参加者は約20名でしたが、発言を修正・編集・加筆し、A～Cの3名の発言にまとめました。

〔1日目〕第一部　法の支配から考える立法と司法

Ⅰ　法の支配の理念

木村　昨年（2015年）は、平和安全法制、特に集団的自衛権の行使容認の合憲性をめぐる憲法解釈論が活発になされました。そこで、この分科会では、「正しい法解釈とは何か」を考えてみたいと思います。もっとも、いきなり「正しい法解釈とは何か」を議論しようとしても、雲をつかむような話になってしまいます。

そこで、「法は、何のためにあるのか」ということから考えてみたいと思います。法は、「法の支配」を実現するための規範です。では、「法の支配」とは何でしょうか。

A　「人の支配」ではないこと、ではないですか。例えば、なんでもかんでも、王様や皇帝など、人の言う通りになるような支配は、法の支配ではありません。

B　でも、「王様の言うことに従え」というのも、法の一種だよね。だとすると、Aさんが挙げた例も、法の支配の一種ではないかな。

A　では、どうなると、法の支配ではなくなるのですか。例えば、王様の言うことも聞かない、法律も無視するなんて人ばっかりの場合にでも、法の支配だと言えますか。

B　うーん。秩序維持という観点からすると困った状態だと思うよ。でも、やっぱり、「王様や法律を無視しろ」という法に従っているように見えるなあ。となると、法の支配でないものを探すほうが難しい気がしてきた。

木村　たしかに、法の支配に言う「法」を「支配についてのルール一般」と定義してしまうと、「人の支配」や「無政府状態」と「法の支配」とが、区別できなくなりますね。ということは、「法の支配」という場合の「法」の定義は、もう少し限定されたものである必要があります。

C　では、「正義の規範」と定義したらどうかな。例えば、「人のものを盗んだ人には罰を与える」とか「賄賂をもらった政治家は許さない」といった規範だけを「法」と呼べば、「法の支配」になるでしょ。

A　たしかに、そう定義すれば、「法の支配」は正義にかなったものになる。

木村　しかし、「法」を「正義の規範」と定義すると、今度は、「法の支配」と「正義」が区別できなくなります。例えば、治安維持法に基づいて、テロリストでもない宗教家を処罰することは正義に反します。しかし、「治安維持法は、法ではない」と言い切ってしまってよいでしょうか。

C　でも、「治安維持法であれ、ニュルンベルク法であれ、議会が作った法律は全て法である」という形式的な議論をすると、悲劇は防げないのではないですか。

木村　たしかに、そういう議論をする人もいます。

「法の支配」は、イギリスで発達した概念ですが、ドイツにも、これと類似する考え方として「法治国原理」という概念があります。ワイマール期は、「法治国家とは、議会が作った法律に従って支配する国家だ」という理解が有力だったとされます。これは、法治の「法」を極めて形式的に定義するので、「形式的法治国原理」と呼ばれます。

「議会が定めれば何でもよい」という形式だけの議論をしてしまったことが、ナチスの蛮行を許したという人もいますね。このことを、樋口先生は、次のように解説しています。

【樋口陽一『憲法Ⅰ』（青林書院、1998年）23-24頁】

そこでRechtsstaatは、警察国家（Polizeistaat）への対語として、まず、国家の活動目的を私的自治を確保するため法秩序の維持に限定しようとする思想として登場し、つぎに、国家の活動形式を限定するものとして、具体的には、法律による行政という原理を行政裁判制度によって確保する国家を指すものであった。ここでは、「法」治国家とは、議会の参加という要素があればその「法律」の優位を、それ以上に立ち入ってその内容を問うことなしにうけ入れることを意味した。のちに、この段階の「法治国家」（Rechtsstaat）は、実は「法律国家」（Gesetzesstaat）だった、という言い方がされるのは、そのためである。

このように、ある段階の法治国原理は、「議会が法律として定めたものなら、内容は問わずそれに従うべきだし、それに従っていればよい」という概念になってしまいました。その後、法治国原理は、「内容的にも正義にかなった法に基づく国家でなければならない」という「実質的法治国原理」として理解しなくてはならない、と言われるようになりました。

もっとも、治安維持法やナチスを批判する論拠は、「法治国原理に反する」というものだけではありません。「人間の尊厳に反する」あるいは「権力分立の理念に反した独裁だ」という主張など、批判の論拠はいろいろあるでしょう。

A 「人権侵害は、単に、人権侵害だと言えばよい」のであって、「人権侵害を許す法は法ではないから、人権侵害は、法の支配や法治国原理に反する」とわざわざ言う必要がない、ということですね。

木村 そう思いますね。では、「法の支配」における「法」とは、どのような意味なのか。

ここで資料を見てみましょう。長谷部恭男先生は、「法の支配が意味しないこと」という論文の中で、法哲学者フラーの論文を引用しながら、「法の支配」における「法」を次のように定義しています。

【長谷部恭男「法の支配が意味しないこと」同『比較不能な価値の迷路〔増補新装版〕』（東京大学出版会、2018年）152-154頁】

「人の支配」ではなく「法の支配」、という主張が有意味になされるためには、そこにいう「法」が、為政者と被治者の双方をコントロールしうること、被治者としては、為政者がいかに行動するかを予測する根拠となり、かつ今後の自己の行動の基準としても働くことが要求される。すなわち、法は人々に行動の枠組みを与え、予測可能性を保障する必要がある。そして、人が法に従いうるためには、何よりもまず、法が何かを理解することができ、しかもそれが従うことの可能な法であることが必要である。

このような意味での法の支配については、L・フラーによる分析がよく知られている。彼は、ある寓話の中で国王が法制度の改革を試みて挫折するにいたる過程を描き出し、それをもとに、法が人々の行動を規制しうるために必要な条件は何かを検討する。彼の分析の結果は、以下のようにまとめることが許されよう。

まず、「当為 ought は可能 can を含意する」という最低限の原則から導かれるいくつかの条件がある。実現不可能な事柄を要求する法は法として機能しえない。……

次に、人々が法を行動の根拠としうるためには、法は遡及するべきではなく、また法が何かは公示され、かつその内容が明確でなければならない。不明確な法、隠された法は、事後立法と同様、人々の行動を導くことはできない。

第三に、行政処分や判決などの個別の法規範は、一般的・抽象的な法にもとづいて創設される必要がある。一般的・抽象的な法が何かはわかっていても、個別の法がそれと無関係に個々の機関の裁量によって創設され、執行されるならば、やはり、人々は政府の行動について予測可能性を得ることができない。最後に、これはフラー自身は明示的に触れてはいないが、以上の原則のコロラリーとして、司法機関の独立、適正な手続、および裁判へのアクセスが保障されている必要があろう。

長谷部先生によれば、「法の支配」における「法」とは、「ここに掲げられた特徴を備えた規範」のことです。

B　この定義によると、例えば、「治安維持法も法だ」ということになるのでしょうか。もしそうだとすれば、治安維持法による処罰は、法の支配の理念に違反しないことになる。

木村　その問題を考えるために、治安維持法とは、何だったかを簡単に整理しましょう。

治安維持法は、簡単に言うと、社会主義思想に基づく団体を結成した人を罰する刑事法です。1925年、男子普通選挙の導入と同時に、当時、政府が警戒していた社会主義運動を弾圧するために作られました。

この1925年治安維持法の骨格になる第1条は、次のようなものです。

【治安維持法（1925年）】

第一条　國体ヲ變革シ又ハ私有財産制度ヲ否認スルコトヲ目的トシテ結社ヲ組織シ又ハ情ヲ知リテ之ニ加入シタル者ハ十年以下ノ懲役又ハ禁錮ニ處ス

前項ノ未遂罪ハ之ヲ罰ス

この条項は、1928年、緊急勅令で改悪され、次のようになりました。

【改正治安維持法（1928年）】

第一条　國體ヲ変革スルコトヲ目的トシテ結社ヲ組織シタル者又ハ結社ノ役員其ノ他指導者タル任務ニ從事シタル者ハ死刑又ハ無期若ハ五年以上ノ禁錮ニ處シ情ヲ知リテ結社ニ加入シタル者又ハ結社ノ目的遂行ノ爲ニスル行爲ヲ爲シタル者ハ二年以上ノ有期ノ懲役又ハ禁錮ニ處ス

私有財産制度ヲ否認スルコトヲ目的トシテ結社ヲ組織シタル者、結社ニ加入シタル者又ハ結社ノ目的遂行ノ爲ニスル行爲ヲ爲シタル者ハ十年以下ノ懲役又ハ禁錮ニ處ス治安維持法は、「國體ヲ変革」という曖昧な文言を使っていますから、法の支配における明確性の要請を十分に充たしたものとは言い難いのは事実です。

とはいえ、「社会主義団体の弾圧」という典型的な適用例に絞ってみれば、法の支配の条件を充たしていると言えるかもしれません。

C　でも、「治安維持法は、法の支配の理念に反しない」と言ってしまうのはまずくないですか。

B　それは、さっき解説されたように、「治安維持法は、人権侵害だから許されない」と言えばよいのではないかな。

木村　そう思います。「法の支配に反しない」ということは、「その法律が完全に良いものだ」ということを意味しません。

C　それでは、法の支配の理念には、何の意味があるのですか。治安維持法も法の支配に反しないなら、何の意味もない理念になってしまいませんか。

木村　いや、そうでもないでしょう。法の支配には、人権や民主主義とは別に、それ独自の価値があります。

A　法の支配の独自の価値とは、どんなものですか。表現の自由や信教の自由が大事だとか、民主主義は尊いということに比べて、理解しにくいのですが。

木村　それでは、「法の支配とは、どういうプロジェクトなのか」を、先ほどの資料を基に考えてみましょう。

まず、何より、法の支配における「法」は、一般的・抽象的な規範でなければならないとされています。一般的・抽象的とは、個別・具体的でないこと、簡単に言えば、固有名が入っていない規範という意味です。例えば、「木村は、石川先生に1万円払え」という規範は、木村とか石川先生といった固有名詞が入っているので、一般的・抽象的ではありません。これに対し、「お金を借りた人は、借りた金額に利子を付けて返しなさい」という規範は、一般的・抽象的な規範です。

ではなぜ、一般的・抽象的なルールに従い支配をすることが必要なのでしょうか。

B 一般的・抽象的なルールがあると、ズルがしにくい気がするな。

A 権力者が、自分やその友達だけで甘い汁を吸おうとしても、法に基づこうとしたら、他の人にも公平に法を適用して配分しないといけなくなりますね。

木村 その通りです。一般的・抽象的ルールによる支配は、人々を公平に扱うことにつながります。

B しかし、一般的・抽象的なルールといっても、実際には、誰か特定の人に有利ということはあるでしょう。例えば、「卓球で負けた人が掃除当番をする」というルールは、一般的・抽象的ですが、卓球が強い人に有利です。

C たしかに、それは、公平とは言い難いですね。

木村 ですから、「一般的・抽象的なら、それだけで公平性は担保される」とまでは言えません。ただ、重要な要素ではあるでしょう。法は、遡及禁止、つまり、それが適用される事件や出来事が起きる前に決めておかなくてはならないとされます。また、内容を隠してはならず、公示されたものでなければなりません。法は、適用の前に内容を公にして、批判を受けなくてはならないのです。

C　長谷部先生の論文には、明確性も必要だと書かれていますが、これはなぜでしょうか。

木村　内容が不明確だと、権力の側は、その時々で、都合のよい結論を導くような解釈を選べてしまいます。それでは、予め公平なルールを定めておくという法の支配の理念は実現できません。

では、ここまでのセクションの内容をまとめましょう。次のようになります。

《まとめ――法の支配とは》

法の支配における「法」は、

・議会が制定したルールであれば何でもよい（形式的法治国原理）

・人権を大事にするなど良き内容の規範である必要がある

といった概念ではなく、

↓

・一般性・抽象性

・公示性

・明確性

・不遡及性

などの条件を備えた規範を言うと理解するのがよい

↓

このような規範に基づき支配を行うことで、公平な支配が行われるこの法の支配の考え方は、この分科会の議論を通底するテーマなので、よく理解しておいてください。また、わからなくなったら、このまとめに立ち戻りましょう。

Ⅱ　立法機関のあり方

木村　続いて、「法の支配をどのように実現するか」を考えてみたいと思います。まず、一般的・抽象的で、明確で、予め公示されたルールに基づいて支配するのだという「法の支配」の考え方は、別に、国家権力を動かす場面でなくても使える発想です。

A　具体的には、どのような場面で使えるのでしょうか。

木村　例えば、この分科会の自己紹介は、「右端から順番に行う」というルールで進めました。小学校の掃除当番を「出席番号順に3人ずつ」というルールで決めたり、会社が支払う給料を「初任給は○○円として、1年ごとに○○円昇給させる」というルールで決めたりと、一般的・抽象的ルールを予め作って公示しておくことは、様々な団体で使える考え方です。

B　たしかに、まともな団体なら、そうしているだろうという気がしますね。

C　そうしないと、公平な運営ができませんからね。

木村　そうです。そして、法の支配を実現するには、単に理念として掲げるだけではだめです。

法の支配を実現できるように、組織のあり方を適切に設計する必要があります。具体的には、まず、法の支配の理念に沿った法を制定する機関を置く必要があるでしょう。また、国家権力の行使は、その機関が制定した法に則って行使しなくてはならない、というルールを徹底する必要もあります。

法を制定する権力が立法で、それに基づき国家権力を行使するのが行政ということになりますね。立憲主義的な憲法では、この2つの権力は異なる機関に担当させるべきとされます。なぜだかわかりますか。

B　法を予め作っておけば、法の支配は実現できるわけですから、別々の機関に担当させなくてもよいような気もします。

C　でも、立法と行政を同じ機関が担当するのは、なんだか気持ち悪いですね。

木村　では、もう少し具体的に考えてみましょう。立法と行政を異なる機関に担当させることには、2つの理由があります。第1の理由は、それを担当するのに向いた組織のあり方が違うということです。立法から考えてみましょう。立法は、どのような組織に担当させるべきでしょうか。

A　立法は、非常に多くの人の利害に関わる決定ですから、様々な意見や価値観、地域や職業の事情を反映できる組織に担当させるべきではないでしょうか。

B　そうなると、少人数の組織で担当するのは問題がありそうだね。

C　国民全体の利害に関わることを決めるのだから、国民への公開も必要でしょう。

木村　そうですね。立法を担当する組織は、多様な意見・価値を反映できる大人数の会議体で、その会議は、国民に公開される必要があるでしょう。大人数というのは、国家の規模を考えれば、

10人や20人という単位では到底足りず、数百人という数が必要になります。日本の場合には、国会という大規模会議体が、立法を担当します。

A　たしかに、国会には、数百人の議員がいる。議員の選出方法も、比例代表や小選挙区など、いろいろありますから、様々な価値や意見を持った議員が選ばれることになりそうですね。

木村　完全に理想的な選挙制度になっているかは問題ですが、国会が目指すところは、Aさんが指摘してくれた通りでしょう。

一方、行政は、立法された通りに国家権力を行使すればよいわけですから、必ずしも、何百人という会議体に担当させなくてもよいはずです。たいていの場合、行政は、財務とかインフラ整備、教育、労働、厚生など、行政分野ごとに官僚機構を作り、それぞれの分野のトップとなる大臣や長官が、少人数の会議体である内閣を作って担当しますね。

B　大臣や長官が内閣を作るのはなぜですか。

木村　それぞれの行政分野間の調整をして、矛盾や対立が生じないようにするためでしょう。財務大臣と国土交通大臣との間に十分な調整ができていないと、予算をケチりすぎてインフラ整備ができなかったり、逆に、建設部門が暴走して財政難が起きたりするかもしれません。

さて、こうやって考えてみたとき、立法と行政を同じ機関に担当させるべきでしょうか。

A　それは、良くない結果になるでしょうね。

木村　でしょうね。このように、担当すべき機関の性質の違いが、立法と行政を異なる機関に担当させる第1の理由です。

もう1つの理由は、法の支配の理念により深く関係します。法の支配とは、一般的・抽象的なルールに基づいて公平に国家権力を行使しようという発想でした。もしも行政機関が立法機関を兼ねていたとしたら、後から、不公平なルールを作ることもできてしまいます。

例えば、それまでの法律では、医薬品のインターネット販売が禁止されておらず、インターネット薬局も、薬局業の許可をとれる状態だったとしましょう。ある事業者がインターネット薬局を開業しようと許可を申請したとき、厚生労働大臣が、友人の薬局経営者から「既存の薬局が困るから、許可を出さないでほしい」と要求されたらどうなるでしょうか。この時、立法機関と行政機関が分離していれば、簡単には許可に関する法を変えることはできません。しかし、立法と行政が同じ大臣の手にあると、ルールの変更が容易になってしまいます。

A 行政が、具体的な事案を処理する段になって、特定の人物や会社に得になるようにルールを変更できてしまうわけですね。行政は、具体的な事案の当事者と直接に触れ合う機関だというのがポイントではないですか。

木村 その通りです。ですから、立法と行政は分離しなければなりません。立法機関は、一般的・抽象的な判断からルールを作ることができるよう、具体的な事案からは距離を置かなくてはならないのです。

そして、国会は、法の支配を実現するために、様々な規範に則って立法権を行使しなくてはならないとされます。まず、憲法の教科書を見ると、憲法41条は、国会に一般的・抽象的な内容の立法を行う権限を与えているのであり、個別・具体の対象に向けられた措置法律を制定する権限を与えたものではないという趣旨の解説があります。

C 「措置法律」とは何ですか。

木村 「Aさんに○×円の補助金を給付する」とか、「Bさんの営業を停止する」といった個別・具体的な行政処分や判決に相当する内容を、法律で定めたものです。措置法律ではなく、「法律による処分」と呼ぶ人もいます。

樋口先生の解説を見てみましょう。

【樋口・前掲216頁】

そのような見解〔措置法律の必要性が増大しているとの見解・木村註〕に対し、「立法の専制への防壁」としての「法律の一般性」の現代的意味を重視する見地が対置される。実際、憲法上の権利のねらいうち的「侵害」に対して「法律の一般性」が果たすべき役割を無視してよい状況でないというだけでなく、社会国家的傾向そのものに附随する現象として、政治過程が「給付」による票田の培養を中心にうごくなかで、個別的法律への誘惑がつよまっていることも、無視できない。これらのことを重視するならば、「一般的規範は法律でなければならない」だけでなく、「法律は一般的規範でなければならない」ことまでが主張されるべきであろう。

このように、措置法律は、許されない、ないし、少なくともそれを行う十分な理由がない限り許されないという見解が、憲法学の主流です。

その他にも、法の支配の理念からすれば、国民に不可能なことを要求する法律や、内容が不明確な法律の制定は、憲法41条に違反すると理解すべきでしょう。また、法律の内容を公布しないことは、憲法7条違反となります。

A 国会は、立法権を好き勝手に行使してよいわけではなく、法の支配の原理に従って法律を作らなくてはならないということですね。

木村 その通りです。

Ⅲ 立法以外の国会の任務

B 立法機関が、具体的な事案の当事者から距離を置かなくてはならないのはわかりました。しかし、国会議員が、事業者から陳情を受けたり、事件の当事者から要望を受けたりすることもありますよね。例えば、保育園を新設したい事業者が、「今の条件では建設地が見つからないから、保育園の設置条件を見直してほしい」と陳情するとか、ストーカー被害に遭っている人が、「ストーカー対策法の不備を正してほしい」と要望するとか。そういうことは、本来は好ましくないことなのでしょうか。

木村 あくまで「立法の参考資料」とするのであれば、国会議員が当事者の話を聞くのも悪いことではないでしょう。もちろん相談に来たその人の便益だけを考えて立法するのはダメです。しかし、日本の保育施設の充実とか、効果的なストーカー対策を模索するといった一般的な目的を実現しようとするなら、当事者の声は、きちんと活用すべき情報の1つでしょう。

C　ここまでのお話だと、国会は、具体的な事案の処理に関わってはいけないということになると思います。それはよくわかるのですが、国会が、具体的な事案について審議を行うこともありますよね。例えば、官僚のスキャンダルとか、怪しげな補助金支出の責任追及とか。これは、どう考えればよいのでしょうか。

木村　国会には、立法の他に、行政の監視という仕事があります。日本国憲法は、国会は純粋に立法だけを担う機関とはしていません。このことがよくわかるのが、憲法の章題です。日本国憲法では、第一章「天皇」、第二章「戦争の放棄」、第三章「国民の権利及び義務」という章が続き、第四章以下で統治機構について定められています。第四章の章題はどうなっていますか。

A　「国会」です。

C　「立法」ではないですね。以下、第五章「内閣」、第六章「司法」と続きます。司法だけが、権限の名前ですね。

木村　日本国憲法では、国会は立法以外にも、行政府の長である内閣総理大臣を指名したり、信任できなくなった内閣に不信任決議を突きつけたりします。

また、内閣は、国会に連帯して責任を負わねばなりません。このことを国会から見ると、国会は、内閣が責任を適切に果たしているかを常に監視しなくてはならないということです。そのために、国会は、国政調査権という強い権限も与えられています。

このように、国会の権限は立法に限られないので、第四章の章題を「立法」にしてしまうと違和感が出るわけです。

C では、内閣はどうなのでしょうか。

木村 内閣も、「行政」に限られない幅広い仕事をしています。狭い意味での行政は、国会が作った法律を粛々と執行することを意味します。

狭い意味での行政には含まれないけれど、内閣が担う権限として有名なのは、国政全体の計画を組み立てて、法案などの議題を国会に提出する権限です。計画立案や法案作成は、立法の前提となる作業であって、法律に従って行われるわけではありません。

行政を「国民を支配する作用の中から立法と司法を除いたもの」と定義する場合には、こうした権限も、行政に含まれます。こうした定義は、「控除説」と呼ばれます。では、控除説による行政の定義に、衆議院の解散権限は入ると思いますか。

A 衆議院議員も国民ですから、入るのではないでしょうか。

B でも、衆議院の解散について、「立法でも司法でもないから行政だ」と理解してしまうと、「参議院や最高裁判所の解散」も「行政」ということになってしまうよね。それはおかしい気がする。

木村 そうなんです。これは、後で問題になる論点ですが、行政は、あくまで「国民を」支配する作用であって、衆議院や参議院、裁判所など、他の国家機関との関係を処理する権限ではありません。これは、行政組織の内部についても同じで、財務省や厚生労働省などの官庁の職員の人事や管理も、厳密な意味での行政には入りません。

また、「国民を」支配する作用の中には、当然のことながら、外国と関係を取り結ぶ外交の権限も入ってきません。

A　しかし、実際には、内閣は、官僚の人事権を持っていますし、外交も行っています。これはどういうことでしょうか。

木村　まさに、その点を考慮して、憲法73条が、内閣は「一般行政事務」の他に、外交や官吏に関する事務などの権限を担当すると規定しています。

C　では、外交権は、行政権の一部ではないのですか。

木村　行政権を控除説で定義するなら、外交権は行政権とは別の権限です。ただ、外国との約束に基づいて、国内で権力を行使する場合には、外交権と同時に、行政権を行使することになります。また、「行政」という言葉は、「内閣が持っている権限一般のこと」という程度の意味で使われることもあります。この意味での行政の中には、外交や官吏に関する業務も入ることになるでしょうね。

A　国会や内閣が、立法と行政以外の権限を担うことはわかりました。他方、憲法第六章の章題は「裁判所」ではなく「司法」です。裁判所は、司法だけをやるということですか。

木村　厳密に言えば、裁判所は、訴訟に関する裁判所規則を作る立法類似の権能、建物の管理などの裁判所に関わる行政を担っていますから、純粋に司法だけを担当している、というわけではないでしょう。

ただ、国会や内閣に比べると、裁判所は、司法以外の任務を担うことが少ないのは明らかです。

裁判所規則の制定や、裁判所の建物の管理も、司法のための事務ですから、第六章は「司法」と題しても違和感がありません。

少し寄り道しましたが、国会は、「行政の監視」という重要な権限を担っています。この権限を行使するために、具体的な事案の当事者の話を聞いたり、調査したりすることもあるわけです。これは、立法のための作業とは分けて考える必要がありますね。

Ⅳ 司法の概念

木村 次に、「司法とは何か」を考えてみたいと思います。教科書的には、「司法」は、法律上の争訟を裁断する権力と定義されます。

世の中には、いろいろな紛争がありますが、司法が裁いてくれるのは「法律上の争訟」だけだという点に注意が必要ですね。

C 法律上の争訟以外の紛争とは、どのようなものですか。

木村 法律を適用しても解決できない紛争です。例えば、私と宍戸先生と、どちらが剣道で強いかを決めるのは、司法権ではありません。スポーツの勝ち負けや、学問上の正しさ、美術作品の優劣など、司法で決まらない争いはいろいろあります。

また、「法律上の争訟」というと、法適用に関する争いが全て含まれるように感じられるかもしれませんが、法的権利・義務の有無に関する争いのみを言うとされています。

B　法的権利・義務の有無に関係しない法適用に関する争いとは、どういうものですか。あまり思い浮かばないのですが。

木村　まず、国家機関の権限についての争いです。例えば、厚生労働大臣がいじめ対策として学校に命令を出そうとしたとします。このときに、文部科学大臣や学校を運営する自治体が、「それは厚生労働大臣の権限ではない」と主張したとしましょう。これは、権利義務についての争いではなくて、国家機関の権限の有無についての争いなので、司法の対象ではありません。

B　しかし、大臣の権限の範囲について争いが起きると、とても困ると思います。その場合はどうするのですか。

A　先ほどの話だと、大臣同士の権限を調整するのは、内閣の役割のはずですよね。

木村　そうです。内閣は、行政全体の総理が仕事ですから、権限に争いがあれば、内閣で話し合って整理をすればよい。万が一、どうしても意見が折り合わなければ、大臣の任免権が首相にあるので、首相が裁断したり、一方の大臣を罷免したりすることになるでしょう。

B　国と自治体との関係ではどうですか。

木村　地方公共団体には、中央政府からの独立性が保障されています。ですから、国と自治体との間の権限争いは、内閣の判断だけでは調整できません。そのために、国地方係争処理委員会の仕組みがあります。

他には、法律の合憲性や、政令の法律適合性が争われる場合も、具体的な権利や義務が関わらない段階では、法律上の争訟になりません。例えば、政府批判言論を全て処罰する違憲な法律ができたとします。この時、法律が制定されただけでは、国民は、違憲訴訟を提起できません。

C　では、どうなると訴訟を提起できるのですか。

木村　実際に、政府批判言論をして起訴された人ならば、刑事訴訟の中で、「この法律は憲法違反だから、自分は無罪だ」と主張できますね。刑罰を受けるとなれば、自由や財産を制約されるわけですから、具体的な権利義務の有無に関する争いになっています。

さて、次に、法に関する「争い」とは何か、を考えてみましょう。法的権利義務が争われる場合とは、どのような場合でしょうか。

A　例えば、「お金を貸した」「借りてない」で争いになるケースでしょうか。

木村　そうですね。例えば、私は、「昨晩、宍戸さんに1万円貸した」記憶があるのですが、宍戸さんは「そもそもお金を受け取っていない」と言い出した、というようなケースですね。ここでは、私と宍戸さんで何がズレているのでしょうか。

A　記憶でしょうか。

B　お金のやり取りに関する事実の認識がズレていますね。

木村　そうですね。まず、権利義務の発生原因となる事実の認識が一致しない場合、権利義務の有無に関する争いが生じます。

また、権利義務の発生原因となる事実ではなく、事実に適用される法の理解が一致しない場合もあります。例えば、10年前、私は、まだ大学の助手をやっていました。石川先生の新著が出たのに、貧乏で買えない。そこに、蟻川先生がやってきて1万円を渡しながら、「出世払いで返してください」と言ったとしましょう。

現在、私は、准教授を経て、教授となりました。蟻川先生は、「教授になったんだから、出世払いの出世要件を充たしましたよね」と言い、私は、「いやいや、公法学会の理事にならないと、十分出世したとは言えませんよ」と答えたとしましょう。この場合も、蟻川先生の貸金を回収する権利の有無についての争いが生じます。

C 木村先生が教授になった事実の認識は一致していても、「出世」の意味の理解が分かれているわけですね。

木村 そうです。これは、事実ではなく、法の意味の認識がずれた場合です。このように、法的権利・義務の有無に関する争いは、①事実認識の不一致と、②法の意味の認識の不一致の場合に生じます。

現状、裁判所は、①事実についても、②法の意味についても、裁断をする権限があります。ただし、事実認定については、必ずしも司法権の対象としなくてもよいと言われています。このため、司法権の中核は、法の意味の理解が分かれた場合に裁断することを意味します。

V 法解釈と法の支配

木村 さて、司法権の定義ができました。次に、司法と法の支配の関係を考えましょう。実は、司法権が行使される局面では、法の支配はほぼ破綻しているに等しいのです。

C　えっ、司法の現場でこそ、法の支配は実現されるのではないですか。

木村　では、思い出してみましょう。法の支配における法は、予め定まっており、しかも、その内容は、明確でないといけません。明確だというのは、法の意味内容について、理解が分かれないということですね。これを前提にしたときに、法の意味が分かれてしまう状況で、無理やり、法の意味を決めるのは、法の支配の観点から好ましいでしょうか。

C　好ましくないですね。

B　司法は、法の意味の理解が分かれているときに、紛争当事者の顔を見ながら、法の意味を決めるわけですよね。そうすると、裁判官が好き嫌いで特定の当事者に有利な法の意味を決めることもできます。これは、完全に「人の支配」じゃないですか。

木村　そうなんです。司法は、法の支配のプロジェクトが破綻の危機に瀕したときに登場する権力です。使い方によっては、当然、恣意的な「人の支配」を実現してしまうでしょう。このため、裁判官は、できる限り法の支配の理念に沿って司法権を行使しなくてはならないとされます。

A　「できる限り法の支配の理念に沿う」とは、具体的には、どのようなことを意味するのですか。

木村　法解釈のあるべき作法に従って、法を解釈するということです。「法解釈」とは、簡単に言えば、法律の文章を、適用の可否を判断するためにわかりやすい別の言葉に置き換えることです。例えば、法律に「背が高い」と書いてあったとしましょう。これだけでは、どのくらいの高さの人に適用されるかわかりません。そこで、これは「1m75cm以上の人」という意味だ、と言葉を置き換えるのが法解釈です。

法解釈を行う時は、好き勝手にやってよいわけではなく、様々な基準に従う必要があるとされています。長谷部先生は、良き法解釈の条件として、次のようなものを挙げています。


【長谷部恭男『憲法〔第7版〕』（新世社、2018年）32頁】

さまざまな意見の対立が見られる法律問題についていかなる解釈を選択すべきかは、重要な問題である。

一般に、正当な解釈の満たすべき条件としては、以下のようなものが挙げられる。
①論理的に首尾一貫していること。
②誤った事実認識に基づくものでないこと。
③正当とされる過去の法令や判例を適切に説明しうると同時に、今後おこりうる同種の事件をも適切に解決しうる解釈であること。……
④多くの人の納得を得られるような解釈であること。このことは、その時々の社会の多数派の解釈に従うべきことを意味するものではなく、むしろ、当該争点について利己的な関心を持たない人々が一致して承認するであろうような一般的原理に基づいた解釈であるべきことを意味する。

ここに掲げられた基準は、いずれも法解釈を伴う法適用が、できるだけ法の支配の理念に沿ったものになるようにするためのものと言えるでしょう。

まず、論理的に首尾一貫しない解釈が許されると、予め公示された法文からどのような解釈がなされるかを予測することが極めて困難になります。

A　論理的に首尾一貫しない解釈とは、どのような解釈ですか。

木村　例えば、ある場面では、財産権のほうが表現の自由より重要という前提で解釈をして、別の場面では、表現の自由のほうが大切だという前提で解釈をしたりすることですね。こういうことが許されると、裁判官がどのような解釈をするのかが全く予測できなくなり、恣意的な結論が導かれてしまいます。

誤った事実に基づくものであってはならないのは当然ですね。それから、過去の法令や判例に適合する解釈や、多くの人が承認する一般原則に適合する解釈のほうが、そうでない解釈よりも、予め示された一般的・抽象的な法の適用に近いものになるはずです。

B　ところで、こんなに厳しい基準があるなら、法解釈の正解は1つに定まるのではないですか。

木村　そういう場合もあると思います。ただ、難しいケースでは、これらの基準のうち、あちらを立てれば、こちらが立たずというようなことも起こるでしょう。そうした中で、できるだけ説得的な解釈を組み立てるのが、法学者や裁判官の腕の見せ所です。

さて、ここまでの話をまとめると、次のようになります。まず、法の支配とは、一般的・抽象的で明確かつ公布された法に基づき権力を行使することです。法の支配は、公平な支配を実現するためにあります。国会は、法の支配の原理に従って立法する必要がありますし、裁判官が法を解釈するときにも、法の支配にできるだけ沿って解釈する必要があります。

〔2日目〕第二部　立法と司法・実践編

第一部では、法の支配の原理から、立法と司法とは何かを検討してきました。後半では、安保法制と謝罪広告という2つの具体的な事案を素材に、立法と司法はいかにあるべきかを検討してみましょう。

Ⅰ　2015年安保法制

木村　2014年7月1日の閣議決定（以下、7・1閣議決定）による政府の憲法解釈変更から、2015年安保法制成立へ至る流れは、憲法9条論との関係で、大きな議論を呼びました。これを、法の支配の理念から検討してみましょう。

1　法の支配の理念に沿った憲法解釈のあり方

木村　まず、安保法制に関する憲法解釈を考えます。憲法の解釈も、法解釈の一種ですから、第一部の終わりに紹介した法解釈の規範に従って行う必要があります。集団的自衛権と憲法をめぐる解釈論は、法の支配の理念に沿った法解釈とは何かを理解するために、とても有意義な素材です。

7・1閣議決定に至るまで、政府は、「憲法で集団的自衛権の行使は禁止されている」と解釈してきました。集団的自衛権とは、他の国が武力攻撃を受けた場合に、その国の防衛を援助するために武力を行使する権利です。これは、国連憲章51条に規定された国家の権利です。1986年の国際司法裁判所のニカラグア判決で、集団的自衛権を行使するには、被害国からの援助の要請が必要だとされています。

日本国憲法が施行された当時、旧日本軍は解体されていましたから、外国から日本に防衛援助要請がなされることは想定できませんでした。このため、日本が集団的自衛権を行使することが合憲か否かを議論する必要もありませんでした。しかし、その後、警察予備隊や自衛隊が組織され、経済復興や国力の回復が進むにつれて、集団的自衛権行使の是非が議論されるようになります。

まず、検討すべきは、日本国憲法がその行使を禁じているかどうかです。

武力行使に限らず、国会や内閣などの国家機関が国家機関として行動する場合には、①それが禁じられていないことに加えて、②それを行う権限が憲法により授権されている必要があります。

B　「憲法には集団的自衛権の行使を禁じる条文がない」から、それを行使することも合憲だという議論を聞いたことがありますが、どう評価すべきなのでしょうか。

木村　それは、①の論点に関わるものですね。「憲法は集団的自衛権の行使を禁止していない」と言う人もいるにはいるのですが、そのような理解は一般的ではありません。

日本国憲法は、9条2項で「戦力」の保有を禁じています。例えば、芦部信喜教授は、次のように述べています。

【芦部信喜『憲法学Ⅰ憲法総論』(有斐閣、1992年)259頁】

9条1項は侵略戦争を放棄し、自衛戦争・制裁戦争は放棄していない……。しかし、2項の「前項の目的を達するため」とは、「前項を定めるに至った目的」、すなわち「日本国民は、正義と秩序を基調とする国際平和を誠実に希求し」という箇所を受けて、戦力不保持の動機を示すものにすぎず、戦力不保持は無条件に規定されている……。さらに交戦権(交戦国としての諸権利)まで否定している。したがって、「警察力」によって自衛措置を講ずることはできるが、「戦力」を保持しない以上、自衛戦争を行うことも制裁戦争に参加することも不可能である。

芦部先生は、この見解を学界多数説とした上で、「私はその説をとる」(261頁)としています。一般用語で「戦争」というと、受験戦争のように激しい競争なども含めた言葉ですが、現代の法律用語でいう「戦争」は、宣戦布告をしてこちらから武力行使をすることを指します。この意味での戦争は、現在の国際法では違法とされています。国連憲章2条4項が「武力不行使原則」を定めているからです。武力不行使原則の例外は、国連による集団安全保障措置と個別的自衛権、集団的自衛権の行使に限定されています。自衛を目的としていようが、制裁を目的としていようが、戦争は違法です。

そう考えると、芦部先生のこの記述はちょっと違和感があるのですが、ここでは、「外国への武力行使一般」の意味で「戦争」という言葉が使われているようです。

C 芦部先生によると、学会の多数説は、9条2項で、武力行使が一般的に禁止されるという理解なのですね。

B 本当にそれが多数説なのですか。「自衛隊は合憲だ」という説も多いと聞いたのですが。

木村 9条の読み方については、芦部先生のおっしゃる通り、武力行使一般が禁止されるというのが多数説です。自衛隊違憲説を採る先生方の中に、そのような理解をする方が多いのはもちろんですが、自衛隊合憲説を採る長谷部先生も、次のように述べています。

「一切の表現の自由」をみとめるという条文があるにもかかわらず、わいせつ文書や、犯罪の煽動《せんどう》は厳しく取り締まられます。表現活動だからといって、いつでも道路を好きに使って、デモをしたり集会をしたりしていいというわけでもない。

おおざっぱにいえば、一般市民の表現活動に対する制約を政府がするのであれば、なぜ政府は正当化できるのか、それをきちんと説明しなさいと憲法21条はいっているのです。その立証責任を政府は果たす義務がある、と憲法はいっている。

じつはこのことは、9条についてもあてはまると私は思っています。

「武力の行使は放棄する」ということは、武力を行使するための組織も持ってはいけない、と憲法は定めているわけですから、武力を行使する政府の活動は、これも「出発点はゼロ」であるはずです……。

【長谷部恭男『憲法の良識』(朝日新聞出版、2018年) 70-72頁】

ただ、他国から攻撃されても国民の生命や財産を守るために何もしないのか、といえば、そうではない。結論としてどうしても武力を行使せざるを得ないし、そのための組織も持たざるを得ないというのであれば、それはなぜなのか。どういう目的で、少なくとも潜在的には武力を行使しうる組織を維持するのか。それを政府の側で国民の納得がいくように説明しないといけない。

要するに、挙証責任は政府にある、ということを9条はいっているのです。

＊　分科会での議論の後、より明確にこの論点を説明した長谷部先生の著書が登場したので、これを掲載しました。

このように、長谷部先生は、9条の「出発点はゼロ」であることをベースにしつつ、政府が適切に説明した場合には、武力行使の可能性を認めます。

この点について、政府解釈も、9条2項は、武力行使を一律禁止した文言だとしています。具体的には、2003（平成15）年7月15日「内閣法制局の権限と自衛権についての解釈に関する質問に対する答弁書」が、憲法9条の文言は「一見すると実力の行使及び保持の一切を禁じているようにも見える」ものだと述べています。この点は、第二次安倍内閣も踏襲していて、7・1閣議決定でも「憲法第9条はその文言からすると、国際関係における『武力の行使』を一切禁じているように見える」としています。

こうしてみると、「憲法9条自体は武力行使一般を禁じている文言だ」というのは、自衛隊違憲説、合憲説、政府解釈の共通の前提と言っていいでしょう。

C では、日本国憲法に、「集団的自衛権の行使を禁じる文言はない」という解釈は誤っているのですか。

木村 それを解釈だと言い張っても、説得力はないでしょう。芦部先生がおっしゃるように、9条2項の文言は、禁止される「戦力」に、「侵略用の」といった限定をかけていません。さらに、後で述べるように、日本国憲法には主権者国民が軍事作用に関わる権限を政府に授権した規定がない上に、軍を動かす場合の責任者や手続などを定めた規定もありません。「9条2項で軍の保有は禁じられない」という解釈は、その点でも無理です。

だから、多数説も政府解釈も、「9条で武力行使は全て禁じられる」、「出発点はゼロである」という解釈をしています。個別的自衛権の場合の武力行使ですら禁じる文言なのですから、当然、集団的自衛権の行使も禁じられるというのが出発点です。

A しかし、その読み方で行くと、日本が攻撃を受けた場合の防衛もできないということになりませんか。

木村 その通りです。実際、「攻撃を受けても国は防衛すべきではない」と主張する人もいます。しかし、それは国民の安全を守るべき国家として、あまりにも無責任です。そこで、日本の自衛のための武力行使を認める見解は、9条の例外を見出す根拠を探してきました。一例として、政府が、1972（昭和47）年10月14日に参議院決算委員会に提出した「集団的自衛権と憲法との関係」という文書（以下、72年見解）を見てみましょう。これは、集団的自衛権行使容認の是非について、政府解釈の基本を示した文書です。

【内閣法制局「集団的自衛権と憲法との関係」1972年10月14日見解】

憲法は、第9条において、同条にいわゆる戦争を放棄し、いわゆる戦力の保持を禁止しているが、前文において「全世界の国民が……平和のうちに生存する権利を有する」ことを確認し、また、第13条において「生命、自由及び幸福追求に対する国民の権利については、……国政の上で、最大の尊重を必要とする」旨を定めていることからも、わが国がみずからの存立を全うし国民が平和のうちに生存することまでも放棄していないことは明らかであって、自国の平和と安全を維持しその存立を全うするために必要な自衛の措置をとることを禁じているとはとうてい解されない。しかしながら、だからといって、平和主義をその基本原則とする憲法が、右にいう自衛のための措置を無制限に認めているとは解されないのであって、それは、あくまで外国の武力攻撃によって国民の生命、自由及び幸福追求の権利が根底からくつがえされるという急迫、不正の事態に対処し、国民のこれらの権利を守るための止むを得ない措置としてはじめて容認されるものであるから、その措置は、右の事態を排除するためとられるべき必要最少限度の範囲にとどまるべきものである。そうだとすれば、わが憲法の下で武力行使を行なうことが許されるのは、わが国に対する急迫、不正の侵害に対処する場合に限られるのであって、したがって、他国に加えられた武力攻撃を阻止することをその内容とするいわゆる集団的自衛権の行使は、憲法上許されないといわざるを得ない。

ここでは、憲法9条の戦力不保持の規定を引用しつつ、憲法13条の「生命、自由及び幸福追求に対する国民の権利については、……国政の上で、最大の尊重を必要とする」という規定が存在することからすると、「国民の生命、自由及び幸福追求の権利が根底からくつがえされるという急迫、不正の事態に対処」するための武力行使が禁じられるとは「とうてい解されない」としています。

C　憲法13条の文言を根拠に、自衛のための武力行使を認めるわけですね。

木村　その通りです。他方で、他国への武力攻撃があった場合の武力行使までは、憲法13条では根拠づけられないとしています。こうした解釈には、「自衛もダメだ」という方向と、「もっと武力行使を拡大しろ」という方向の両方からの批判があります。

A　全く逆方向ですね。

木村　そうなのです。まず、自衛もダメという批判から考えましょう。こちらの批判は、憲法13条には「武力行使をしてもよい」とは書いてないので、憲法9条の例外を認める根拠にはならないとします。

A　日本が武力攻撃を受けた場合も含めて、一切合切、武力行使は許されないということですか。

木村　いわゆる自衛隊違憲説は、そういう立場ですね。しかし、侵略を放置すれば、国民の生命や自由は根底から奪われます。それが、国民の生命や自由について、「国政の上で」「最大の尊重」をする態度だと言えるでしょうか。私は、9条の例外を一切認めない見解は、ずいぶんおかしい見解だと思います。

B　72年見解のように理解すると、国内で犯罪者が殺人を起こした場合には、国民の生命を守る義務を果たせなかったとして、国が責任を負うということになりませんか。

木村　最大限、配慮しても、防げなかったという場合なら、憲法上の権利侵害とは言えないでしょう。ただ、殺人を防ぐ十分な努力をしていなかったり、犯罪者に追われて交番に駆け込んだのに、警官が全く対応してくれなかったり、ということになれば、国の責任問題になるという理解は、それほどおかしくないでしょう。

A　しかし、憲法9条には、戦力は持たないと書いてあるわけですよね。

木村　13条が法律レベルの規定なら、9条が優先するでしょう。しかし、両方、同じ憲法の規定ですから、どちらか一方が優先するというものではありません。国家は、強盗や殺人から国民の生命や自由を護る義務があるが、外国軍による侵略は放置してよいというのは、にわかには理解し難い13条解釈ですね。

さて、72年見解へのもう1つの批判は、憲法13条を根拠にするなら、集団的自衛権の行使や侵略戦争も正当化できるはずだという批判です。例えば、A国から武力攻撃を受けたB国に日本国民がいた場合、その人の「生命」を守るためにA国を攻撃することが許されるのではないか、という議論ですね。

B　それは、その通りという気もします。外国にいても、国民は国民でしょう。

木村　もちろんそうです。ただ、憲法13条で保障された権利が、日本国の主権が及ばない場所にいる国民に、主権が及ぶ領域と同じレベルで保障されるわけではないでしょう。もし、外国にいる国民についてまで、国内と同レベルの義務を国家が負うとなると、日本国は、武力攻撃に限らず、テロや犯罪、自然災害など、国外で起きるありとあらゆる出来事からも、日本国民を守らなくてはならないということになります。また、権利ですから、それができなかったときには救済請求を受けたり、損害賠償責任を負ったりするということになるでしょう。

A　強烈な帰結ですね。

木村　ですから、憲法13条が保障する権利にも領域の限界があると考えざるを得ません。もちろん、外交努力を求める権利や、輸送を求める権利くらいは観念できるかもしれません。しかし、政府の72年見解は、外国にいる国民は、武力行使をしてまで救済してもらう権利まではないと理解しているのでしょう。説得力のある13条理解だと思います。

C　なぜ、国内と国外で、それほど大きな違いが生じるのですか。人の命や自由が大切なのは、国の内外を問わず当たりまえだと思うのですけれど。

木村　人権保障は、普遍的な価値で国境を越えるというのはその通りです。しかし、現在の国際社会は、主権国家が併存し、それぞれの領域では、各々の主権国家が責任を負うという体制でできあがっています。国家主権は、対内最高・対外独立と言われます。「対内最高」とは、国内で権力を独占する以上、安全や人権の保障に責任を持ちなさいということを含意します。「対外独立」とは、各国は他国の領域に責任を持つだけの力はないのだから、他国の領域に介入してはいけないということの裏返しの表現です。その領域内の人権保障は、その地域の主権を持つ国家が責任を持って実現すべきということになります。

C　国家主権とは、「国家は偉いぞ、言うことを聞け」というだけの概念ではないのですね。

木村　「権力のある所に責任あり」は、法の基本原則です。

さて、もしも現行憲法下で集団的自衛権を行使して武力行使ができるとするならば、「どの国家機関の、どのような権限なのか」が憲法に定められているはずです。日本は、国民主権の国家ですから、国会や内閣、裁判所といった国家機関は、主権者国民から負託された権限のみを行使できます。この点は、例えば、高田篤先生は、内閣の権限を列挙した憲法73条について、次のように解説されています。

【高田篤「［内閣の職権］第73条」芹沢斉ほか編『新基本法コンメンタール憲法』（日本評論社、２０１１年）３８７頁】

明治憲法の４条から16条までに列挙された天皇の大権は、もともと天皇が有していたもので、列挙をもって初めて存立したものではなく、天皇は列挙された権限以外の権限も有する（伊藤博文・憲法義解（１９４０、岩波文庫）43頁以下）、とされていた（欽定憲法）。これに対し、日本国憲法下の内閣の職権は、国民の憲法制定権力に基づく憲法制定によって初めて存立したものであり（前文）、本号およびその他の箇所における内閣の職権の規定は、限定列挙として捉えられなければならない。

現行憲法では、主権者は国民であり、国会も内閣も、主権者国民が憲法規定を通じて授けた権限だけを行使できるということですね。国家機関が何か行うには、それを行う権限が憲法上規定されている必要があるのです。

C　憲法41条があるから国会は立法権を行使でき、65条があるから内閣に行政権が負託されていると理解できるということですね。

B　逆に、内閣に立法権や司法権を付与する規定がないから、内閣はそれらの権限を行使できないということですか。

木村　その通りです。では、日本政府に、集団的自衛権を行使する権限が授権されているのでしょうか。

A　憲法が内閣に与えた権限は、「行政権」ですね。

木村　はい。第一部でも議論をしましたが、憲法の教科書では、「全国家作用から立法・司法を除いたもの」と定義されることが多いです。しかし、ここで言う「全国家作用」の中身が問題です。

B　国家がなし得る全てのこと、ということではないのですか。

木村　そこまで広い定義だと、とんでもないことが起きます。例えば、そのような広い定義を採用したとすると、「衆議院の解散」は含まれますか。

B　衆議院の解散は、国がやることで、しかも、立法でも司法でもありませんよね。そうすると、含まれると思います。

木村　そうですね。では、参議院の解散はどうですか。

B　参議院の解散も、立法でも司法でもないですね。しかし、そうなると……。

木村　はい。それも内閣の権限ということになります。さらに、最高裁判所の解散も、内閣の権限ということになります。ということで、「全国家作用」という言葉は、なんでもかんでもそこに入るわけではありません。

現在の一般的な解釈では、衆議院の解散権は、内閣の権限とされていますが、それは、解散権が「行政権」に含まれているからではありません。毛利透先生の説明を見てみましょう。

【毛利透「[行政権と内閣]第65条」芹沢ほか編・前掲367頁】

……憲法解釈論として控除説が唱えられるとき、その母体となる国家作用が対私人の統治権力だけではない、文字通りあらゆる国家作用と解されることがある。内閣の解散権の根拠として控除説が持ち出される場合などがその例である。しかし、このような控除説は観念できない。国家は領土内の私人に対しては包括的な統治権力を有するという前提に立つから、控除の母体を観念することが一応できるのであるが、そうでない国家機関どうしの関係において、各機関がどのような権限をもっているのかは憲法以前に決まっているわけではない。また、外交は立法でも司法でもないから、その権限は内閣に帰属する、ということにもならない。条約承認を「立法」と言わないのに、条約締結を控除された「行政」と呼ぶのは、おかしな話であろう。このように、控除の母体を国家の私人に対する統治作用に限定する学説を限定的控除説と呼ぶこともあるが、この点を意識的に論じない控除説も、少なくとも主として念頭に置いていたのは、国家の私人に対する統治作用の中での分類であったと思われる。

木村　このように、行政とは、国家の国民に対する作用を意味するというのが適切な理解です。毛利先生は「国家は領土内の私人に対しては包括的な統治権力を有するという前提」があるとします。国家論の基本として、国家は領域内の人間を支配する主権を持つ。主権を行使して、領域内にいる人を従わせる作用が、「国家の国民に対する作用」ということです。これが控除説の出発点であり、ここから立法と司法を除いたものが、「行政権」ということになります。
このように定義された行政権には、国家機関同士の関係や、外国との関係についての権限が含まれません。このため、例えば、衆議院を解散する権限や、外交関係を処理する権限を行使するためには、「一般行政事務」の授権規定（憲法73条柱書）とは別の規定が必要になるわけですね。

B 例えば、通貨発行権は、日本国憲法には規定されていませんが、国家が通貨を発行することは違憲にならないのですか。

木村 通貨発行権とは、どのような権限を言いますか。

B 通貨を作ることでしょうか。

A 通貨とは、そもそも、何なのでしょう。

木村 通貨とは、強制通用力を持つ貨幣ですね。強制通用力とは、債務者がその貨幣で弁済した場合に、債権者は受け取りを拒むことができない効力を言います。そうすると、通貨発行とは、国家が、貨幣を発行し、それに強制通用力を付与する作用と定義できます。これは、「国家が国民を支配する作用」に含められないでしょうか。

C むしろ、典型的な国民を支配する作用ですね。

木村 ということで、通貨発行権は行政権の一種ということになるでしょうね。よろしいでしょうか。

B 理解しました。

木村　さて、集団的自衛権の行使とは、外国に武力攻撃があった場合に、被害国からの救援要請を受けて、被害国の防衛を援助する権利です。これを政府が行使するには、国外領域で武力行使する権限が必要となります。では、憲法はそのような権利を授権しているのか考えてみましょう。まず、行政権の範囲に含まれないのは明らかですね。

A　「外交関係を処理する権限」（憲法73条2号）ではどうですか。

木村　外交は、他の国家の主権を尊重し、国家同士の合意に基づいて関係を取り結ぶ作用です。例えば、首脳会談は、どちらかの国の一方的な命令で行われるわけではなく、合意に基づいて行われます。自衛隊が国連ＰＫＯや海賊対策に協力することは、他の国家に対し武力行使するわけではありませんから、双方の合意に基づくものである限り、外交の範囲と言えるでしょう。

しかし、他国相手の武力行使は、合意に基づいて行われるものではありません。日常用語としても、空爆や地上軍派遣のことを「外交努力」とは言わないでしょう。ということで、集団的自衛権に基づく武力行使は、外交ではなく、軍事というカテゴリーに入ります。ところが、憲法には、軍事権を内閣に負託した規定がありません。そうすると、集団的自衛権によって正当化される武力行使は、現行憲法上はできないということになるでしょう。

B　そうした見解には、批判はないのですか。

木村　授権規定がないという議論には、二方向の批判があり得ます。まず、「軍事権の授権規定は、憲法○○条にあるだろう」あるいは「集団的自衛権の行使も行政権・外交権の範囲だろう」という批判です。ただ、軍事作用についての規定は、憲法の端から端まで見てもないのは明らかですし、行政・外交の概念には包摂できないのは、ここまで説明した通りです。なので、こういう批判はあまり聞かれません。

第2は、「憲法上の授権規定がなくても、法律で、国家機関に権限を与えることはできるのだ」という批判もあり得ます。しかし、こういう議論をとるなら、内閣に司法権を付与したり、裁判所に立法権を付与したりする法律を制定すれば、三権分立が崩壊しても違憲ではないという帰結になります。

長谷部先生から、良い法解釈のためには、論理の首尾一貫性が必要だということを学びました。こちらの批判理論を一貫させると、憲法の統治機構論を崩壊させてしまうでしょう。

B では、個別的自衛権については、どうですか。同じように授権規範がないということになりませんか。

木村 そのように解釈して、違憲だという人もいます。ただ、政府は、日本への武力攻撃があった場合に、実力を行使して防衛することは「一般行政事務」に含まれるとしています。

B そのような解釈は、可能なのでしょうか。

木村 では、少し考えてみましょう。

まず、日本の領土や領空に入ってきた外国軍への実力行使は、行政の範囲に含まれるとしても全く問題ないでしょう。外国の兵士と言えども、日本の領域内では、日本の主権に従わなくてはなりません。自国政府の命令に従って行った攻撃でも、日本法から見ればただの殺人行為です。

B しかし、防衛活動が、日本の領域内で完結しない場合もありますよね。

木村　そうですね。例えば、公海上の空母が攻撃拠点になっているとか、加害国の領土にあるミサイル基地からミサイル攻撃があるという場合では、公海上、あるいは加害国の領土で実力を行使しなくてはなりません。

A　そもそもの疑問なのですが、国際法上、個別的自衛権を自国の領域外で行使してもよいのですか。

木村　個別的自衛権は、自国への攻撃を除去するために必要な範囲で行わなくてはなりません。自国領域での対応で十分な場合に、加害国に攻め入ったり、占領したりしてはいけません。しかし、自国の領域への攻撃を止めるために、どうしても必要という場合であれば、加害国の領土にも攻撃ができるとされています。騎馬部隊で戦っていた時代ならともかく、ミサイルやドローン攻撃の時代に、領土の範囲でしか自衛権は行使できないというのは難しいでしょう。

B　しかし、外国の領域を攻撃する場合も、「一般行政事務」と言えるのですか。

木村　外国の領域で自衛のために武力行使することを「敵地攻撃」と言います。外国の領土で実力を行使することは憲法違反だという議論もあります。

他方、政府は、憲法解釈論としては、敵地攻撃であっても「行政」と説明できるから、どうしても必要なら敵地攻撃も違憲ではないとします。しかし、政策論としては、極めて慎重でなければならないとして、敵地攻撃のための装備は持たないとしてきました。

A　敵地攻撃が「行政」に含まれるというのには、違和感があるのですが。

木村　日本の領土や領空が攻撃を受けている場合に、それを守るために必要な措置は、日本の主権行使だと言える、という理解に立っているのでしょう。

少し身近な例で考えてみましょう。例えば、Aさんの隣の家の敷地内にある木が、Aさんの家の敷地内に倒れこんできて、家を壊してしまうかもしれないという状況があったとします。この場合、Aさんは家の所有権に基づき、倒れそうな木を支えるとか、除去することを求めることができるでしょう。

日本の主権が攻撃を受けている場合、その攻撃を除去するために必要最小限度の範囲での措置は、日本の主権の行使として説明ができる。主権の行使の範囲なので行政だ、ということではないでしょうか。私は、ぎりぎり説明できていると思います。

B　その論理だと、集団的自衛権の行使も行政の範囲に入りませんか。

木村　今の論理は、あくまで日本の主権が侵されている場合の話です。他の国への武力攻撃は、日本の主権侵害ではないので、日本の主権侵害を止めるために必要な行為とは説明できないでしょう。

さて、これを踏まえて、今見た議論への批判を具体的に分析してみましょう。「法律時報」誌で、国際法学者の森肇志先生を迎えて、宍戸先生や曽我部真裕先生が座談会をしております（後に書籍化）。ここでまず、曽我部先生は、次のようにお話しされております。

【曽我部真裕先生の指摘（森肇志ほか「〔座談会〕憲法学と国際法学の対話に向けて」宍戸常寿ほか編著『憲法学のゆくえ』〔日本評論社、2016年〕394頁）】

森　木村草太先生がおっしゃっておられる、軍事権と行政権のコントラストの議論はどのように位置づけられるのでしょうか。

曽我部　個別的自衛権は外交権、つまり行政権の範囲内で、集団的自衛権はその範囲を超えるという見方ですよね。

曽我部先生は、「外交」は「行政」に含まれると述べています。しかし、私は、行政と外交は区別しておりますので、曽我部先生の「外交権、つまり行政権」というご指摘は不可解です。専門家の先生相手でも、概念の使い方を正しく伝えるのはなかなか難しいという印象を受けました。

次に、山本龍彦先生と宍戸先生の指摘を見てみましょう。

【山本龍彦先生・宍戸先生の指摘（森ほか・前掲395頁）】

宍戸　そのアプローチ〔森先生の指摘した木村のアプローチ・木村註〕は、やればやるほど原点に回帰することになり、個別的自衛権も認められないという話になるかもしれない。

山本　そうですね。統治機構論からの切り口は魅力ですが、最終的にはそこに行き着くかもしれない。

宍戸　山本さんのご指摘の通り、最終的に概念をきちんと明示的に説明すべきであるという結論には賛成です。たしかに内閣は国会に説明責任がある。

そのこと自体は私も賛成ですが、それをカテゴリカルに、行政、軍事、外交の概念を定義して、これはそのどれにも入らないから当たらないのだという議論は、現在の局面では貫徹し難いのではないか。この議論は、主権を個別の国家作用にもう一度還元し直し、その個別の国家作用について考える方法ですが、そこから自衛隊を軍事と見るか行政と見るかといった議論は厳しいのではないか。

山本　警察予備隊とは違いますよね。

まず、山本先生と宍戸先生は、私のアプローチだと「個別的自衛権も認められない」という話になるから不適切だとします。しかし、不当な帰結が導かれるから、理論はどうでもよいという態度は、さすがに法解釈としてはまずいでしょう。

B　宍戸先生は、「自衛隊を軍事と見るか行政と見るかといった議論は厳しい」としていますが、これはなぜでしょうか。

木村　座談会中の発言ですし、はっきりした理論はわかりません。宍戸先生は、「主権を個別の国家作用にもう一度還元し直し、その個別の国家作用について考える方法」を問題とします。しかし、憲法学の体系では、司法権の限界とか、立法権の範囲といったことを普通に議論するわけです。宍戸先生が統治機構論の授業をやるときも、「立法権と行政権を区別することは『主権を個別の国家作用にもう一度還元』する考え方で不適切だから、私は、立法・行政・司法を区別しません」と話したりはしないでしょう。外国への武力行使という作用について、国会機関の権限をカテゴリカルに整理する理論を放棄することは、おそらく、宍戸憲法学の体系の中で首尾一貫しないと思います。

A　では、宍戸先生や山本先生は、何がイヤなのでしょうか。

木村　私は、宍戸先生や山本先生ではないので、彼らが何を考えていたのかは、よくわかりません。ただ、座談会の原稿を読んでいると、宍戸先生も山本先生も、「かもしれない」という微妙な言い回しにしていますが、統治機構の理論を突き詰めると、自衛隊は違憲になると考えているのではないでしょうか。

もちろん、宍戸先生や山本先生がそう解釈するのは、1つの立場でしょう。しかし、そうであるなら、「日本への武力攻撃があった場合の防衛のための実力行使は、憲法で授権されていない軍事作用なので憲法違反だ。よって、自衛隊はそれを認める改憲が行われる日までは解散すべきだ」とはっきり言うべきです。お二人は、それは帰結としてあまりに不合理だから、はっきり言うのは止めておこう、という態度なのではないかと思います。

他方、私は、日本への武力攻撃があった場合の自衛も禁ずる解釈は、国内の安全保障という観点から見たときに結論の妥当性が著しく欠けること、政府解釈は、論理的に筋が通っていることから、自衛隊違憲説には批判的です。

2　2015年安保法制の立法としての評価

木村　この分科会は、立法と司法がテーマです。次に、2015年安保法制は、適切な「立法」だったか、と考えてみましょう。

まず、安保法制は、安倍内閣が、10本の法律改正と1本の新法を抱き合わせで提案したものでした。その中には、集団的自衛権の行使容認から、PKO業務の拡大、米軍の防護まで、様々な内容が含まれていました。この点は、性質が異なる法案を一括で審議させると、国民に論点が明確に伝わらないし、与野党で交渉の余地がある論点もあったのに、全部賛成か全部反対のいずれかの態度しかとれず、柔軟な議論ができなくなったという批判の声が上がりました。

この分科会では、特に問題となった集団的自衛権の限定容認について考えてみたいと思います。

これは、自衛隊法76条にこのような規定を盛り込むものでした。

【自衛隊法76条】
（防衛出動）
第76条① 内閣総理大臣は、次に掲げる事態に際して、我が国を防衛するため必要があると認める場合には、自衛隊の全部又は一部の出動を命ずることができる。この場合においては、武力攻撃事態等及び存立危機事態における我が国の平和と独立並びに国及び国民の安全の確保に関する法律（平成15年法律第79号）第九条の定めるところにより、国会の承認を得なければならない。
一 我が国に対する外部からの武力攻撃が発生した事態又は我が国に対する外部からの武力攻撃が発生する明白な危険が切迫していると認められるに至つた事態
二 我が国と密接な関係にある他国に対する武力攻撃が発生し、これにより我が国の存立が脅かされ、国民の生命、自由及び幸福追求の権利が根底から覆される明白な危険がある事態
② 内閣総理大臣は、出動の必要がなくなつたときは、直ちに、自衛隊の撤収を命じなければならない。

A　この規定は、自衛隊が出動できるという規定ですね。

B　出動した場合に、武力行使ができるとは書いていないのか。

木村　その通りです。この規定はあくまで出動の根拠条文です。出動した自衛隊が武力を使ってよいという規定は、自衛隊法88条にあります。さて、問題は、この条文に規定されたいわゆる「存立危機事態」です。この条文が何を意味しているかについて、憲法学者の皆さんは意外と議論をしていないように思います。

A　集団的自衛権の行使容認の合憲性については、さんざん議論されたようにも思うのですが。

木村　たしかに、憲法9条などの解釈は、いろいろ議論がありました。しかし、存立危機事態の条文自体の分析は少なかったように思います。集団的自衛権が行使される場面ですから、他の国に武力攻撃があることが前提となります。そして、それによって日本国の「存立が脅かされ」る「明白な危険」がある事態であれば、武力行使ができるとします。

では、「日本国の存立」とは、何でしょうか。この点、近代国家は、主権が維持できているか否かが、国家が存立しているか否かの基準となります。これは、国民の経済状況や個々の国民の安全とは必ずしも関係がありません。例えば、外国に占領されているけれど、国民生活は豊かだというような状況では、国家は存立できていませんが、国民の経済状況は良好です。逆に、GDPがどれだけ落ち込んでも、外国に占領されたり、侵略されたりしていなければ、国家は存立できています。

C　そうすると、日本国の「存立が脅かされている」かどうかの基準も、主権を維持できているかどうか、で判断するのですか。

木村　私はそう考えるのが、主権国家の存立という概念の素直な帰結だと考えます。そうすると、この条文は、「日本の主権が脅かされる明白な危険がある事態」に適用されるものと言い換えることができます。外国が日本の主権を侵害したと言うためには、単に経済的な不利益が及ぶとか、国民の安心感が失われるといっただけでは足りません。領土や領空に侵入して実力を行使する必要があるでしょう。

A　そうすると、日本国の「存立が脅かされている」とは、日本への武力行使があるという意味になるのでしょうか。

木村　そうです。さらに、存立危機事態を認定するには、存立が脅かされる「危険が迫っている」とか、「おそれがある」ということでは足りず、「明白な危険」が現実に発生している必要があります。これは、抽象的な可能性の段階ではなく、具体的に日本の主権＝存立が攻撃される危険が発生した事態を言うということになるでしょう。ただ、そうした状況なら、日本への武力攻撃の着手が認定できるはずです。

つまり、存立危機事態の条文は、日本と密接な関係にある外国に武力攻撃があり、それが同時に日本への武力攻撃の着手になる事態を言っていると読むのが素直です。

B　しかし、日本への攻撃があるなら、集団的自衛権ではなくて、個別的自衛権で正当化すればよいですよね。

木村　その通りです。存立危機事態の条文は、7・1閣議決定に由来するものです。私は、この条文は、日本への武力攻撃の着手がないと適用できない文言になっており、これにより根拠づけられる武力行使は、個別的自衛権で正当化できると考えます。個別的自衛権行使は合憲との立場を採るならば、この条文も合憲だと評価できるでしょう。

時々、私が、「日本への武力攻撃の着手がない段階でも存立危機事態を認定でき、かつ、それは個別的自衛権で説明できる」と主張していると誤解されることがありますが、私は、2014年7月1日以降、「存立危機事態」の文言は、そもそも日本への武力攻撃がない段階、個別的自衛権が行使できない段階では適用できないと発言してきました。

B　日本が武力攻撃を受けていない段階では、存立危機事態を認定できないと読む人は、他にはいないのですか。

木村　例えば、長谷部先生は次のように指摘しています。

【長谷部恭男「安保関連法制を改めて論ずる」同編『安保法制から考える憲法と立憲主義・民主主義』(有斐閣、2016年)95-96頁】

私なりの説明を加えると、「我が国の存立が脅かされ、国民の生命、自由及び幸福追求の権利が根底から覆される明白な危険」という要件は、実は、個別的自衛権発動の要件としても、消極的に過ぎるものである。たとえば尖閣諸島が外国に侵攻され、占拠されたとして、我が国の存立は脅かされるであろうか。竹島や北方領土は、他国によって不法に占拠されているはずであるが、その結果、国民の生命、自由及び幸福追求の権利は根底から覆されているだろうか。この通り、個別的自衛権行使の要件としても、消極的に過ぎるものを根拠として、なぜ集団的自衛権が行使できるのか。首を傾げざるを得ない。

条文自体は、むしろ、個別的自衛権を行使する条文としても抑制的過ぎるという指摘ですね。

B　しかし、政府は、この条文は集団的自衛権を行使するための条文だと説明しているのですよね。

木村　そこが問題です。政府はご存知の通り、日本への武力攻撃の着手があることは、存立危機事態の要件ではなく、例えば、ホルムズ海峡の機雷封鎖などの場合にもこれが適用できるとしました。

B　ホルムズ海峡封鎖は、なぜ、この条文に当てはまるのでしょうか。

木村　石油が日本に入ってこなくて凍死する人などが出るから、「国民の生命」が「根底から覆される」「明白な危険」があるということのようです。そもそも、ホルムズ海峡封鎖で凍死者が出るという因果関係が認定できるのかも謎ですが、石油が入ってこないからといって、日本の主権が脅かされているわけではなく、「国家の存立を脅かす」要件は充たさないようにも思います。

A　政府は、「我が国の存立」という言葉をどのように定義しているのでしょうか。

木村　主権への攻撃と定義しているわけではなさそうですが、明確な定義を示していないのでよくわかりません。そうなると、存立危機事態の条文は、そもそも、法律の文章として十分な明確性があるか、という問題が生じます。

B　しかし、木村先生や長谷部先生は、この条文自体は、集団的自衛権を行使できない条文に見えるとおっしゃっています。これは、お二人にとって、条文は明確で、意味が読み取れるということではないのですか。

木村　おっしゃる通り、条文自体は明確だ、と言えます。しかし、政府は、国会での答弁を通じて、「自然な条文の読み方とはかけ離れた意味で読みますよ」と宣言しているわけです。例えて言うなら、「禁煙」という張り紙を貼りながら、「これは煙草を少しなら吸ってもよいという意味ですから、貼った後、私は煙草を吸いますよ」と言うようなものです。

B　う一ん、なんでそんなややこしいことになったんですか。

木村　「国際法上できる武力行使は全て解禁しよう」という安保法制懇（首相の私的諮問機関）の考え方、集団的自衛権をフルに解禁しようとする石破茂さんのような自民党議員の一部の考え方、集団的自衛権の行使容認に基本的に反対する公明党の考え方、集団的自衛権を限定容認することでフル解禁派の主張を和らげたほうが良いという高村正彦自民党副総裁の考え方、面従腹背的にできるだけ限定的な条文を作ろうとする内閣法制局の考え方など、いろいろなものが調整されて、存立危機事態の条文が出来上がったわけです。

おまけに、安倍首相自身は、とりあえず集団的自衛権という言葉が入って公明党が説得できるなら何でもよくて、どのような場面で使おうという具体的なイメージは持っていなかった、という印象です。条文と読み方がバラバラになるのは、ある意味で当然かもしれません。

C　しかし、「少しだけ煙草吸えます」という前提で貼るなら、「禁煙」の意味ないですよね。

木村　そうなのです。これは、条文が不明確になる事態の一種と考えればよいと思います。最高裁は、「法律の条文が不明確な場合には違憲無効と評価すべき」という立場を採っています。そして、条文の明確性を判断するとき、条文の文言だけを見るのではなく、その条文についての解釈の歴史を考慮することがあります。

例えば、旧関税定率法21条1項3号には「風俗を害すべき書籍、図画」の輸入を禁じる文言がありました（現関税法69条の11第7号）。これは、どのような意味だかわかりますか。

A よくわからないですが、けしからん文書や絵ということですか。

B 政府を批判するデモをあおるビラや、変な服装を勧めるファッション雑誌のようなものを指しているのでしょうか。

木村 おっしゃる通り、「風俗を害すべき」だけだと何を言いたいかよくわかりませんが、税関の実務では、この文言は「わいせつ物」を意味するものと理解されてきました。最高裁は、こんなことを言っています。

【税関検査事件上告審判決（最高裁昭和59年12月12日大法廷判決・最高裁判所民事判例集38巻12号1308頁）】

右規定〔旧関税定率法21条1項3号〕において「風俗を害すべき書籍、図画」とある文言が専ら猥褻な書籍、図画を意味することは、現在の社会事情の下において、わが国内における社会通念に合致するものといつて妨げない。そして、猥褻性の概念は刑法一七五条の規定の解釈に関する判例の蓄積により明確化されており、規制の対象となるものとそうでないものとの区別の基準につき、明確性の要請に欠けるところはなく、前記三号の規定を右のように限定的に解釈すれば、憲法上保護に値する表現行為をしようとする者を萎縮させ、表現の自由を不当に制限する結果を招来するおそれのないものということができる。

このように、「風俗を害すべき」という文言が、これまで「わいせつ」と理解されてきて、わいせつ概念も運用の歴史の中で明確になっていることを踏まえると、不明確とは言えない、としています。これを裏返すと、条文自体は明確に見えても、それを運用する人たちの文言解釈があまりに不安定で、条文とかけはなれた解釈がされてきたという事情があるときは、その条文は不明確だと評価すべきでしょう。存立危機事態の条文はまさにそういうものだと思います。

B　政府が、条文通り、「日本が武力攻撃されている場合でないと適用できません」と解釈したらどうですか。

木村　明確な解釈を示して、それが政府関係者や国会議員などに十分に共有されるなら、条文を不明確にする事情は解消されたことになるでしょう。ただ、その場合、「外国と日本が同時に武力攻撃を受けている事態でないと武力行使できない」という、これまでと全く同じ帰結になりますから、存立危機事態の条文を作った意味は完全になくなります。

このように、2015年安保法制には、憲法9条違反の論点とは別に、立法として、あまりに稚拙だという問題があります。立法機関は、議決をすればどんな法律でも作ってよいというわけではなく、一般性や抽象性、明確性など、法の支配の理念に従って立法をしなくてはならない、ということを理解していただきたく思います。

Ⅱ　謝罪広告問題

木村　さて、最後に、司法における法解釈のあり方について考えてみたいと思います。ここまで見てきたように、法解釈は、論理の首尾一貫性や、それまで示されてきた権威ある学説、判例などとの整合性など、様々な制約の中で行われるものです。

このため、法解釈は、あまり創造的でなく、窮屈なものとも思えます。しかし、制約があるからこそ、創造性が発揮できることもある、というお話をしてみましょう。

1　謝罪広告とは何か？

木村　ここで取り上げるのは、「謝罪広告」です。日本法では、不法行為があった場合、加害者が賠償金を支払うことで、被害者の損害を回復させて解決するのが原則です。しかし、名誉棄損の場合には、民法723条で次のような対応が認められています。

【民法723条】

（名誉を毀《き》損における原状回復）

第723条　他人の名誉を毀《き》損した者に対しては、裁判所は、被害者の請求により、損害賠償に代えて、又は損害賠償とともに、名誉を回復するのに適当な処分を命ずることができる。

A　「適当な処分」とは、具体的に何なのでしょうか。

木村　民法723条自体は、はっきりとは規定していません。一口に名誉棄損と言っても様々な態様があるため、あえて抽象的な書き方にしているのでしょう。この「適当な処分」の典型として、訂正広告と謝罪広告があります。

例えば、ある新聞が「宍戸先生は司法試験を受験したときにカンニングをした」と書いたとしましょう。宍戸先生はそんなことをするはずがありませんから、裁判所に訴えて、「カンニングをしたというのは嘘だ」と証明しました。虚偽事実に基づく名誉棄損なので、民法723条の要件を充たします。この新聞に「カンニングの事実は虚偽でした」と事実の訂正を広告させるのが訂正広告、「陳謝します」と書かせるのが謝罪広告です。

C　それは名誉を回復するのに有効そうですね。

木村　一見、そうなのですが、慎重な検討が必要です。まず、虚偽の事実が公表されたときに、それを打ち消す訂正広告が必要なのは確かですね。しかし、謝罪広告のほうは、何を打ち消しているのでしょうか。

A　「カンニングの事実」を打ち消しているわけではないですね。

C　たしかに、カンニングの例だと、公表した事実が間違っていたことがわかれば十分な気がします。

B　でも、謝ってもらわないと被害者は気が済まないですよね。

木村　それはそうなのですが、謝ってほしいのは、何も名誉棄損の被害者だけではないでしょう。交通事故、医療過誤、校内暴力などなど、どんな不法行為の被害者でも、加害者から謝罪を求めたいはずです。でも、民法にそんな規定はありません。ということは、謝罪広告は、あくまで「名誉を回復する」ために行われているのです。

そこで、回復したい「名誉」とは何か、を考えてみましょう。名誉権とは、自らの社会的評価についての権利のことを言います。これは、自尊心という意味での名誉感情とは区別されます。

A　名誉権と名誉感情とは、どう違うのですか。

木村　例えば、私が、二人きりの場所で、宍戸先生に「バカ」と言われたとします。この場合、二人しかいないので、宍戸先生の発言によって私の社会的評価は下がりません。しかし、私の自尊心は傷つくので名誉感情は傷つけられたことになるでしょう。

これに対し、私が、「宍戸先生は大学の改修工事の担当者で、業者から賄賂をもらっている」とブログに書いて広めたとします。全くの嘘なので、宍戸先生が自尊心を傷つけられることはないでしょうが、社会的評価は下がるので名誉権が侵害されます。

さて、謝罪広告は、一般に、名誉感情ではなく、名誉権の保護のための措置と理解されています。ここで重要なのが、名誉権を侵害する方法には2つあるということです。ここで、刑法230条1項と231条を見てください。

【刑法230条1項・231条】

（名誉毀《き》損）
第230条① 公然と事実を摘示し、人の名誉を毀《き》損した者は、その事実の有無にかかわらず、三年以下の懲役若しくは禁錮又は五十万円以下の罰金に処する。
（侮辱）
第231条 事実を摘示しなくても、公然と人を侮辱した者は、拘留又は科料に処する。

C 刑法230条は事実を公表することによる名誉棄損、231条のほうは、公然と人を侮辱する場合ですね。

木村 はい。刑法231条の侮辱罪は名誉感情を保護するための規定だという解釈もあります。しかし、名誉感情は二人きりの空間でも侵害される可能性があるものですから、こう理解すると、なぜ「公然と」侮辱した場合に限られるのかが説明できません。このため、刑法231条も、名誉権を保護するための規定だと理解するのが一般的です。

B なぜ、侮辱が社会的評価を下げるのですか。

木村 加害者が被害者を侮辱的に評価しているということが社会に広まると、それに同調する人が出てくるからです。例えば、石川先生が法律雑誌で「木村はバカだ」と書けば、私の評価は下がるでしょう。

C 名誉棄損と比べると、侮辱罪は拘留（30日未満の身柄拘束）と科料（1万円以下の財産剝奪刑）のみなので、ずいぶん罪が軽いのですね。

木村　実際、単にバカだ、アホだと言われても、なぜそう評価すべきなのかはわかりません。ですから、タダの侮辱発言は、よほど信用のある人の発言であるか、同時に多くの人が発言したのでない限り、影響は小さいでしょう。これに対し、カンニングだの賄賂だのの不名誉な事実は、誰が何人で提示しようと、客観的な事実なので強いインパクトを与えます。ですから、事実適示のほうが、よりダメージが大きいわけです。

さて、このように刑法では、事実適示型名誉棄損と侮辱型名誉棄損が、それぞれ「名誉棄損（230条）」と「侮辱（231条）」とに分かれています。しかし、民法では両方とも「名誉棄損」とか「名誉権侵害」とひとくくりにされます。これが、謝罪広告問題を解くヒントになります。事実適示型は、虚偽の事実を撤回すれば名誉は回復します。しかし、侮辱型はどうでしょうか。

B　例えば、「バカ」と言ったときは、「バカじゃありませんでした」と訂正すればよい、ということですか。

A　なんだか変な感じがしますね。

木村　そうですね。私がバカなのかバカじゃないのかは、事実ではなく評価の問題ですから、「虚偽事実の訂正」という手法は適用できません。仮に、石川先生が、木村はバカでなかったことを立証しようとするとして、何ができるのでしょう。そこで使われるのが、謝罪という方法です。

謝罪は、相手を尊重に値する人間と認めたということですから、謝罪広告は侮辱的な評価の撤回としての意味があります。とすると、これも「名誉を回復するのに適当な処分」と言えるでしょう。これで、民法723条の文言との関係は整理できました。

しかし、謝罪広告の命令には、憲法違反ではないか、という疑いがあります。

A　どの条文に違反するのですか。

木村　思想・良心の自由（憲法19条）、ないし自分の表現したくないことは表現しないという消極的表現の自由（憲法21条1項）の侵害だと言われています。そこで、謝罪広告と憲法の関係を検討する必要がでてきます。

しかし、私は、そもそも謝罪広告の命令は、憲法以前に民法に違反しているのではないかという疑いを持っています。この点を検討しましょう。

過去に、最高裁で、裁判所が謝罪広告を命じることの是非が問題になったことがあります。加害者が素直に被害者に謝る気持ちを持って自発的に謝罪広告を出してくれればよいのですが、訴訟にまでなる事案ではなかなかそうはなりません。

そこで、ある被害者が、加害者に謝罪広告を新聞に掲載するよう請求し、これを「代替執行」という方法で強制執行しようとしました。

C　代替執行とは何ですか。

木村　民事法の強制執行の方法の1つで、債務者の債務を誰かが代わりに履行して、その費用を債務者から取り立てるという方法です。例えば、大工さんが約束した工事をいつまでもしてくれないので、別の大工さんに代わりにやってもらって、それにかかった費用を回収するような場合です。謝罪広告の代替執行は、原告が自分で文案を作って新聞に公告として掲載し、その費用を被告から取り立てる方式になるでしょう。

では、代替執行による謝罪広告の強制は合憲だと思いますか。

A　謝罪により名誉が回復するのですから、合憲ではないでしょうか。

木村　本当に、代替執行による謝罪でも名誉が回復しますか。謝罪広告が名誉を回復させるのは、加害者の謝罪の気持ちの表明だからです。代替執行で示された謝罪広告は、加害者の気持ちなのでしょうか。

A　加害者の気持ちとは関係ないですね。だいたい、本人でない人が、勝手に謝罪文を書いて公表するのは、なんだかおかしい気がします。

木村　そうですね。強制的に表示された謝罪は、本人の気持ちだとは受け止められません。クラスでケンカが起こったときに、先生が力づくで生徒の頭を下げさせても意味がないのと同じです。そうすると、「代替執行による謝罪広告」には、名誉を回復させる機能がないということになるでしょう。

B　しかし、謝罪広告を読んでいる人には、強制されたものかどうかわからないのではないですか。

木村　裁判所が強制執行できることを公に宣言しなければ、たしかにその通りです。ところが、最高裁昭和31年7月4日大法廷判決・最高裁判所民事判例集10巻7号785頁は、「単に」「陳謝の意を表明するに止まる程度のものにあっては、これが強制執行も代替作為として民訴733条〔当時、現民事執行法171条〕の手続によることを得る」として、強制執行しても「良心の自由を侵害することを要求するものとは解せられない」としました。

この判決が、謝罪広告を強制できると言ったために、もはや日本では、あらゆる謝罪広告が信用できないものになっています。広告に何と書かれていても、裁判所が強制しているだけで、本人の言葉でない可能性が高いわけですから。私も、この判決を読んでからは、雑誌などで謝罪広告を見ても、「どうせ強制されているのだろう」という印象しか受けなくなりました。

A　この判決を読めば、誰でもそう思うようになりますね。

木村　さて、強制された謝罪広告は、名誉回復に役立たないと結論できます。こうなると、問題なのは、民法723条との関係です。この条文は、「名誉回復のために適当な処分」ができると定めており、この条文で名誉回復に役立たない措置を要求することはできません。強制された謝罪広告は、そもそも民法723条の要件を充たさないはずです。

2　蟻川説

木村　こうした点を踏まえて、蟻川先生の画期的な解釈を見てみましょう。私とは論理の構造が違いますが、蟻川解釈は、戦後の憲法解釈学説の中でも三本の指に入る名解釈だと思います。蟻川先生は、謝罪広告判決の入江意見に注目します。

【最高裁昭和31年7月4日大法廷判決・入江俊郎裁判官意見】

ところで古人も「三軍は帥を奪うべし。匹夫も志を奪うべからず」といったが、良心の自由は、この奪うべからざる匹夫の志であって、まさに民主主義社会が重視する人格尊重の根柢をなす基本的な自由権の一である。そして、たとえ国家が、個人が自己の良心であると信じているところが仮に誤っていると国家の立場において判断した場合であっても、公権力によってなしうるところは、個人が善悪について何らかの倫理的判断を内心に抱懐していること自体の自由には関係のない限度において、国家が正当と判断した事実関係を実現してゆくことであって、これを逸脱し、例えば本件判決を強制執行して、その者が承服しないところを、その者の良心の内容であるとして表示せしめるがごときことは、恐らくこれを是認しうべき何らの根拠も見出し得ないと思うのである。

「三軍は帥を奪うべし。匹夫も志を奪うべからず」とは、論語の言葉だそうです。「三軍」は大軍のことですが、大軍でも気持ちが1つになっていなければ大将（帥）を倒すこともできてしまう。これに対し、たとえ身分の低い者でも、強い意志を持つ者の心を変えることはできない。こういう意味のようです。

C 最高裁判決の個別意見で、論語を引用するのはよくあることですか。

木村 昔は、論語はともかく、個性的な言い回しも多かったと思いますが、最近の個別意見は、平板な事務報告書のような文体が増えている気はします。

さて、蟻川先生は、入江意見を次のように分析します。

【蟻川恒正「署名と主体」樋口陽一ほか編著『国家と自由』（日本評論社、２００４年）１１６-１１７頁】
入江裁判官の意見を特徴づけるのは、表示が意思を作出する、という考え方である。入江意見は言う。

「このような〔被告〕名義の謝罪広告が新聞紙に掲載されたならば、それは、〔被告〕の真意如何に拘わりなく、恰も〔被告〕自身がその真意として本件自己の行為が非行であることを承認し、これについて相手方の許しを乞うているものであると一般に信ぜられるに至ることは極めて明白であって、いいかえれば、このような謝罪広告の掲載は、そこに掲載されたところがそのまま〔被告〕の真意であるとせられてしまう効果（表示効果）を発生せしめるものといわねばならない」。

ここに書かれているのは、表示が意思を作出するということ、被告名義の謝罪広告があるということは被告に謝罪意思があることを「意味」してしまうということ、である。……被告名義の謝罪表示は、被告が謝罪意思をもっているかのような外観を呈しているからではなく、表示の直接の効果として、被告の謝罪意思の存在を「意味」するのである。

蟻川先生が析出した入江意見は、先ほどの私の分析とは観点が違います。私は、「強制謝罪広告は心の中の真意を表示していないから意味がない」と言ったわけですが、入江裁判官は、「心の中の真意なるものは存在せず、存在するのは、表示によって作られる意思のみだ」としているのです。こうなると、強制謝罪広告は、被告の意思を表示したものということになります。

A　そうなると、民法723条の「名誉を回復するのに適当」の要件を充たすのではないでしょうか。

木村　その通りです。ここで、私の見解と、入江＝蟻川説が分岐します。「強制謝罪広告が、被告の意思を形成する」ということになれば、極めて深刻です。なにしろ、内心の自由を直接侵害することになりますから。
このため、入江裁判官は、謝罪広告命令「を強制執行することは、既に述べたように、不当に良心の自由を侵害し、個人の人格を無視することとなり違憲たるを免れない」として、違憲の評価をします。
ただ、入江意見は、さらに面白いことを言います。民事訴訟法・執行法では、「債務の内容からみて、強制執行することが、債務者の人格又は身体に対する著しい侵害であって、現代の法的理念に照らし、憲法上又は社会通念上、正当なものとして是認し得ない場合」には、債務があっても、それは強制執行を許さないものとされます。強制謝罪広告は個人の人格を無視する違憲なものですから、謝罪広告命令を含む判決は、「強制執行を許さないもの」の典型となります。そして、強制できないわけですから、「違憲の問題を生ずる余地」はないとします。

B しかし、命令を出すのですから、やはり内心の自由の侵害になるのではないですか。

木村 先ほど紹介した入江＝蟻川理論からは、そうはなりません。蟻川先生の解説を見てみましょう。

【蟻川・前掲119頁】
二つの立場、すなわち、一般的討議空間と入江意見では、「内心の自由」の概念が違っている。前者の「内心の自由」は、自己の「内面」的意思を他者によって圧迫されない自由であるが、後者の「内心の自由」は、「外形」たる自己の意思表示を他者によって作出されない自由である。「内面」は、判決で命ぜられるだけで圧迫されうるから、前者の自由は、強制執行が予定されていなくとも、判決のみで、これを侵害することができる。これに対して、「外形」は、強制執行が予定されてさえいなければ、たとえ判決で命ぜられても、任意履行を拒めば、強制的に作出させられることはない。

クリアします。

入江＝蟻川説において、内面はどうでもよいわけで、外形だけが問題です。そうなると、強制力のない謝罪広告の命令なら、自由権侵害という批判は受けなくて済みます。これでまず、憲法論をクリアします。

次に、この命令に促されたとしても、強制はないわけですから、謝罪広告が出れば被害者の真の反省に基づくものと受け止めることができます。そうすると、民法の「名誉を回復するのに適当」の要件を充たすと言えるようになります。これはこれで、とても美しい解決です。

B　入江意見のように考えれば、憲法上の自由論と民法723条の要件論がクリアできるのはわかりました。しかし強制がない以上、謝罪広告が出ない可能性もあるわけですよね。それは、被害者としては受け入れ難いと思うのですが。

木村　その通りです。蟻川先生の解釈がすごいのは、ここからです。蟻川先生は、民法723条を次のように分析します。

【蟻川恒正「近代法の脱構築」法社会学58号（2003年）37-38頁】

第一に、「損害賠償ト共ニ」の文理によって規律されるべき場面を広く解しうると判断すれば、民法

723条は、繰り入れ後の金銭賠償の審理を求めるために別訴の提起までを要求してはいないと解される。第二に、「名誉ヲ回復スルニ適当ナル処分」と「損害賠償」とが対等に併置されていることから判断して、民法723条は、謝罪広告を命ずる裁判としては、原則として終局判決を想定していると解される。第三に、再び、「損害賠償ト共ニ」の文理に関して、ここにいう「共ニ」の意味を緩やかに解しうると判断すれば、民法723条は、謝罪広告を命ずる判決と金銭賠償を命ずる判決が、同一の訴訟手続内のものであることを要求しているが、同一の判決であることまでは要求していないと解される。

以上の三点を充す、時間差の問題に対処する名誉棄損訴訟の訴訟構造の一つの可能性として、一部判決・残部判決（民事訴訟法243条2項）の方法の利用を考えることができる。

蟻川先生は、民法723条の法文を丁寧に読み解いた上で、次のような提案をします。民事訴訟には、「一部判決・残部判決」という制度があります。1つの訴訟の中で、まず、原告の請求の一部についてだけ判決を出し、追って、残りの部分の判決を出す仕組みです。名誉棄損訴訟では、原告は、①謝罪広告の掲載と②損害賠償の請求の2つの請求を立てる。そして、まず、①について、強制執行力なき謝罪広告命令を一部判決として出す。そして、被告が、謝罪広告を出すかどうかを見極める。謝罪広告が出た場合には、それで損害が回復するから、「残部判決」で②損害賠償請求を命じるときに、賠償額の算定に、謝罪による損害回復を反映させる。他方、謝罪広告をあくまで拒んだ場合には、損害が全く回復していないことを前提に賠償額を算定する。こうすれば、被害者の救済にも十分な配慮ができるのではないか、というのが、蟻川先生の提案です。

B　たしかに、そうですね。

木村　司法の場では、目の前の事案に適切な結論を出すのと同時に、理論の首尾一貫性や、法令や判例、権威ある学説などとの整合性などを確保するように法を解釈しなくてはいけません。このように言うと、法解釈は窮屈な作業に見えますが、首尾一貫性や法令などとの整合性を保つ解釈には多様な可能性があります。ですから、法解釈は、とても創造的な営みです。蟻川先生の解釈を見ると、このことがよくわかるでしょう。

おわりに

木村　さて、時間が参りましたので、この分科会での議論はここまでとなります。憲法学に限らず、法学には、極めて抽象的に概念や原理を分析する段階と、それを具体的な現実に架橋する段階があり、憲法を学問するには、抽象論と具体的な議論の2つが必要です。

この分科会では、前半で、立法と司法にまつわる抽象的な理論を検討しました。抽象的な原理論は、しばしば、言葉をあやふやな定義のままに使う人がいるため、議論がかみ合わなくなりがちです。そこで、法概念をきちんと定義して議論を進めるよう心掛けることが大事になります。

後半では、安保法制と謝罪広告を素材に、立法や司法のためには、何に気を付けるべきかを議論してきました。法学は、最終的には、生々しい現実的課題に結論を出さなくてはなりません。ですから、憲法を学問するためには、後半で議論したような具体的な素材から目を背けてはいけないのです。

この分科会での議論にも、いろいろ異論を提起する余地はあるでしょうが、憲法を学問するために、何が必要なのか、ということをぜひ意識してください。

第４分科会「表現の自由」

宍戸常寿

〔1日目〕

I　表現の自由

1　はじめに

宍戸　この分科会では表現の自由について扱います。判例でこういう議論があるとか、憲法の教科書に書いてある話ではなくて、現在起きている問題について、私のほうで話題を用意しました。市民的な常識や、情報通信サービスを利用する中での生の疑問に対して、法や制度がどう応えているか、憲法がそこにどう関わっているのか。逆に憲法の観点から見たときに、どういうことが問題となり得るのかということについて、皆さんに考えて議論していただきたいと思います。

日本国憲法では表現の自由が保障されています。例えば市民の表現の自由の例としては、最近活性化しているデモ等の集会の自由がありますが、これは自分が「ものを言う」自由です。また、日本国憲法の明文では書いてありませんが、日本が民主主義国家であるということを前提にして、市民には様々な情報を、とりわけ国政に関する情報を広く「知る」権利が憲法上保障されていると一般に考えられています。しかし、現実の問題として、世の中に様々な情報が行き交い世論が形成されることに対しては、従来は誰か市民がものを言うというよりも、マスメディアが重大な役割を担ってきたところです。

マスメディアの機能には、大きく2つのものがあります。まず、世の中には無数に論点がありますが、特にこれがみんなで議論すべき論点なのだというアジェンダを設定する役割（議題設定機能）をマスメディアが担っている。また、自分がある問題に賛成、反対という考えを、自分一人で決めるのではなくて、世の中でこういう議論がなされているとか、大体7割方の人は賛成だが、3割方の人は反対で、自分はそのどちらに理があると思っているのかということを考慮しながら考えることもあります。「世論」がどういうものか把握し、「世論」とキャッチボールをしながら、一人一人の意見が固まり、またそれが集約されることによって「世論」は成立します。その世論が今どこにあるかを、人々にわからせる機能（世論認知機能）もマスメディアにあると言われています。

このように、マスメディアが議題設定機能と世論認知機能を担っているということが、国民の知る権利を裏支えする社会実態でした。つまり、法や憲法が知る権利を保障すると定めたところで、それは法の世界でそう考えられているというだけの話です。今のようにマスメディアがしっかり役割を果たしているという社会実態があって初めて、国民の知る権利が絵に描いた餅でなくなり、法による保障が意味を持つわけです。

ところが、市民が第一義的には情報の受け手であり、マスメディアが送り手であるという今述べた役割分担、バランスは、情報通信技術（ＩＣＴ）の発展によるメディア環境の変化によって、崩れてきています。例えば、マスメディアは普通、ビジネスとして情報を送っています。健全な自由主義社会では、ビジネスとして営利を目的とする等、私人が自らのイニシアティブによって活動することを通じて、むしろ国民の知る権利が強く保障されてきました。言い換えれば、マスメディアのあり方、あるいは広く情報通信環境のあり方が変われば、国民の知る権利や表現の自由のあり方も変わってきます。それは、事業者の活動や担い手の変化にもよりますし、事業者が市場を介してビジネスをしている以上、新聞・雑誌・書籍の購読者、ＳＮＳの利用者等、情報に関する産業の利用者の行動も決定的に重要です。これからお話しすることとの関係では、放送番組やテレビに対して、人々がどのような意識を持つかということも重要です。そして、人々がテレビを見なくなるということがどういう問題を起こすか。それを良いことと考えるか、悪いことであり法が対応しなければいけないと考えるか、といった問題が生じます。

それから、メディア環境も社会全体の一部ですから、社会全体のグローバル化や少子高齢化が進むとか、日本の経済が横ばいか停滞していき、社会の中での利益や価値観の対立や奪い合いが起きて、勝ち負けを決めなければいけないという形で政治が激化してくると、そのような事情は表現の自由や知る権利に大きな影響を与えます。

この分科会では、そのような表現の自由の現在について考えてみたいと思います。

2　憲法上の権利と価値

憲法は103条しかありませんが、ここで取り上げるべき条文として重要なのは、憲法21条と13条という2つの条文です。21条1項は「集会、結社及び言論、出版その他一切の表現の自由は、これを保障する」と書いています。これは表現の自由や知る権利、あるいは知る権利を裏打ちする報道の自由を保障するものです。同条2項の前段は検閲を禁止していますが、これは例えば新聞を発行しようとする場合に、政府がその中身をチェックして駄目なものは発行できないという仕組みを、表現の自由あるいは情報分野についてはとらないという規定です。この検閲禁止は、表現の自由、知る権利、報道の自由を支える重要な仕組みです。

憲法21条2項の後段は通信の秘密を保障しています。今後の憲法の分野では、通信の位置付けが非常に大きな問題になります。差し当たりは、古典的には電信・電報や郵便といった、みんなでワイワイ言う表現ではなく、例えばラブレターのような1対1の、私的な表現あるいは情報・意見の交換を支えるのが通信の秘密です。

次に、憲法の全ての人権条項の背後にあり、日本国憲法で一番重要な条項だと考えられている憲法13条があります。この規定は、全ての国民一人一人が独立の人格を持った個人として尊重されなければいけないこと、そのように一人一人の人間が自分の責任で自分の生き方を選び、それに対して自分で責任を負うためには、責任を負う前提となる武器として、自らが他人に邪魔されない自らの生き方を決めていく、あるいは他人との関係を取り結んでいくことが必要です。それを保障しているのが、13条後段が規定する幸福追求権です。

幸福追求権は、日本国憲法にはっきりと書いていない、例えば自己決定権のような「新しい人権」を認める根拠になる規定だと考えられています。これから議論する表現の自由、あるいは広く情報通信の世界で問題になる価値として言えば、プライバシーや個人情報もこの幸福追求権によって保障されると考えられています。このような基本的人権の保障の背後にあるのは、個人一人一人を尊重しなければいけないというリベラルデモクラシー、グローバルスタンダードである個人の尊重と、民主主義の精神・社会のあり方です。

基本的人権というと、一人一人の恣意や自分勝手を保障しているように批判されることがありますが、そうではなくて、まず、一人一人が独立の人格として生きるその人たちがお互いに責任を持ってお互いを尊重し合うという社会の構造をインフラとして、基本的人権あるいは表現の自由が保障されている。一人一人の人間が自分の持つ問題を自分の責任で決定していくのですが、みんなに共通する公共の事柄は、民主主義のプロセスで集合的な意思決定をしなければなりません。しかし、民主主義による集合的な意思決定を支えるのは、表現の自由や報道の自由です。これらの権利が、誰かが自分の利益を、あたかもみんなのためのように押し付けて議論を封殺する、実は私的な利益が公共の利益を僭称してまかり通ることを防いでいる。本当に合理的な集合的な意思決定をするためにも、情報が行き交って、何が正しい情報か、あるいは何が優れた意見かということを決めるプロセスが必要です。

3　放送法

憲法は表現の自由を書いているだけで、具体的にそれがマスメディアなどによってどのように担われるのかということまで書き切っていません。どういう人に、どういう法的な権利が保障され、どういう義務が課されるかをしっかり決めなければ、制度としては成り立ちません。マスメディアの活動で言いますと、出版あるいは雑誌については、制度的、法的な規律は今はほとんどありません。戦前は新聞紙法や出版法という法律がありましたが、そこではライセンス制がとられていました。それが憲法21条2項によって駄目だと言われた以上、規律を置く意味がほとんどなくなったのです。

もっとも、一般の事業者にかかっている義務を新聞に対して軽減・免除するということはしばしばあります。例えば個人情報保護法では、報道機関による報道目的での個人情報の取扱いについては義務を免除するとか、消費税を上げるときに、新聞などについては軽減税率を導入する等の形で、マスメディアの機能に配慮して一般的な市民生活の法的な規律を免除するということを、法律で上書きするのです。

これに対して放送については、そもそも放送事業のあり方や放送事業者、そのための政府の監督のあり方についても、しっかり放送法という1つの法律で書き切るという規律がなされてきました。

放送法は、放送を「公衆によって直接受信されることを目的とする電気通信の送信」と定義し（2条1号）、放送事業を行うためには、総務大臣から認定あるいは免許を受けなければならないと定めています。放送という表現活動は、政府の認定や免許がなければやってはいけないというのは、まさに検閲ではないのかという疑問が出てきます。

この疑問に対する一般的な説明は、2段階に分かれます。第1に、放送は普通の表現の自由とは別物で性格が違うというものです。まず、放送は社会的影響力が非常に強い。新聞や雑誌のように買いたい人が買って、読みたい人が読むのではなく、普及したテレビやラジオの受信機を持っている人の所に否応なく電波という無線通信の形で入り込んできます。それも一斉に同じ時間にダイレクトに、しかもテレビの場合は動画と音声がくっついた形で入り込んできて、社会に対して与える影響力が非常に大きい。宗教団体でもいいし、政治・経済勢力でもいいですが、特定の勢力が放送を握って、プロパガンダを始めたら、社会が分断されたり、民主主義が崩壊したりします。現に独裁体制の国は、放送を握ることで体制を維持しているのです。そのように放送を誰か特定の勢力に握られないようにしなければいけないというのが、放送の社会的影響力という理由です。

また、放送は、これまでは基本的に無線の電波によって各世帯に提供されていましたが、放送に適した周波数帯は非常に限られています。テレビ局をやりたいと思う人はたくさんいるかもしれないが、実際に使える周波数の幅は限られているので、電波はいわばみんなのものであり、電波の割当てを受けた人は、みんなのために電波を利用しなければいけない。こうした周波数の有限稀少性と、先ほどの放送の社会的影響力という2つの理由から、政府によって放送事業が認定・免許にかからしめられることも許されると考えられてきました。

議論の2段階目として、認定・免許には、放送事業を営むのに必要なお金や設備がそろっていますかという審査だけではなく、放送の中身の問題も関わってきます。それが放送法4条の番組編集準則で、①公安及び善良な風俗を害しない、②政治的に公平でなければならない（公平原則）、③報道は事実を曲げてはならない、④意見が対立している問題についてはできるだけ多くの角度から論点を明らかにしなければならない（多角的論点解明義務）のとおり、放送番組の内容について、こうしろという政府による方向付けがなされているのです。これは新聞や雑誌では、あるいは普通の国民の表現の自由としてもあり得ないことです。自分が言いたいことを言う、言いたくないことは言わないのが本来の表現の自由です。ところが、放送では、きちんと公正にものを言わなければならないということです。

法律でそこまでは書いてありませんが、免許という形で貴重な周波数帯を配られた放送局が、それを用いて放送事業を営む以上、世の中で起きていることを取り上げないという自由はありません。国民の知るべき重要な問題は、きちんと伝えなければいけない。自分に不都合なことだから報道したくない、黙っていようということはあり得ないということに、考え方の筋道としてはなりますし、放送事業者の方もそう考えて活動しているはずです。しかし、法律によって表現活動にある種のハードルないし制限が掛かっており、普通の表現の自由としてはあり得ないはずの問題だ、ということに変わりはありません。

しかし、このような表現内容の規律を課すことが許される理由は、番組に対して、法律に基づかずに口を出してはいけないと定めている、放送法3条にあります。事業者がプロフェッショナルとして自律的に考えなければいけない。例えば、何が政治的に公平か、何が事実を曲げないということとなのかは、政府ではなく、表現のプロである放送局の人たち自身が考えて、これが政治的に公平だと考えて行う、その自律を放送法3条は保障している。

言い換えれば、放送局自身がまず番組編集準則について判断するのであって、放送局が違反を認めていないのに、番組が政治的に不公平になされたと政府が思って、放送局から免許を取り上げる、認定を取り消すということはしてはならないということです。つまり、単に義務が掛かっているのではなく、その義務をどのように果たすかを放送事業者が自分で決められるというこの全体構造から、放送法の規律が憲法21条、表現の自由に反しないと考えられてきたのです。ただし、放送法は間接的なやり方で、例えば番組基準を作って公表しなさい、番組審議会を作って外部の意見を聞きなさい、間違った放送をした場合は訂正放送をしなさいとか、災害放送をしっかりやってねという様々な要請を定めています。

それからもう1つ、ビジネスとしての放送の世界（放送業界）の規律として重要なのが、NHKと民放の二元体制です。NHKは、テレビを持っている世帯から受信料を取る権限が認められています。その受信料を財源とするNHKと、広告収入を財源とする民間放送という、収入あるいは事業の基本的な構造が異なる事業者を作り出して、併存させているのが放送法の枠組です。

なぜこのような枠組をとるかというと、放送は先ほど言いましたように、同じ時間帯に一定の人々に直接コンテンツを送り届け、一斉に人が見るものですから、広告媒体としての効果が非常に強い。ですから、放送はどうやってビジネスとしてやっていくかというと、「あなた30分番組を見ましたね。だから500円もらいます」「あなたは50時間見ましたね。3万円取ります」というように、ペイ・パー・ビューやペイ・パー・チャンネルで放送の受信者一人一人からお金を取るのではなく、広告主から広告料をもらい、それで広く多くの受信者に無料でコンテンツを送り付けほうがやりやすかったのです。

ところが、広告収入に基づいて民間放送が運営されることの悪い点は、広告収入でやっている以上はみんなに見てもらいたいから、視聴者の平均値を探して、そこに向かってどの放送局も同じような番組を放送することになったり、番組が低俗化していったりするおそれがあるということです。それを止めるために置かれているのが公共放送、ＮＨＫの仕組みです。テレビを見ている見ていないにかかわらず、テレビを持っている人から受信料という形で定額のお金を取っています。言い換えますと、ＮＨＫは番組を見られているかどうかに関係なく、視聴率に関係なく番組を作れます。放送法はＮＨＫに対して「質の高い番組を作りなさい」という義務を課しており、ＮＨＫは広告主に左右されずに、とにかくプロフェッショナルとして、これが質の高い番組だろうと思うものを番組編集準則に従う中で作り続けることになります。

理屈上は、視聴者から見てＮＨＫは質の高い番組を作っているが民放はそうでないということになると、民放を見なくなるので、ＮＨＫが質の高い番組を出し続ける限り、民放は困ります。良い番組を作ることによって視聴者を集めろという要請が広告主からも掛かりますから、民放も良い番組を作るようになる。このように、ＮＨＫと民放にそれぞれ違う収入構造をインストールして、それぞれに競争させることで、うまく放送の世界が回っていくようにというのが、放送法の想定しているイメージです。

ここまでは放送事業者だけを念頭に置いて説明しましたが、現実の放送はその外側に様々なプレーヤーが存在しています。もちろん国民は放送を通じて多様な言論を知る権利がある。ところが、放送事業者の背後には、例えば広告主、放送事業者の株を持っている新聞社等がいます。フリージャーナリストもいますし、更に外側には、放送によって被害を受けたという人も、その人たちを救済するためにBPOといった第三者機関もあります。それから、放送に対して規制権限を持つ政府、更にその外側には与党・野党がいます。

放送の規制というと、放送局のことしか考えられないことが多いところです。しかし実際には、様々な人たちのせめぎ合いの中で番組は生まれて送られる。放送の自律を議論する場合にも、現実には様々な所から様々なプレッシャーや影響がある中で、どういう手を打てば放送番組が本当に良くなるかを考えるためには、放送局の外側に広がっている世界にも目を向ける必要があるということを、言っておきたいと思います。

繰り返しになりますが、世論を考える際に、放送局は多くの人、マスに対して一方向的に情報を送るマスメディアの典型であると同時に、新聞や雑誌と比べて一定の法的な規律が掛かっているということを確認しました。

4 通信の秘密と電気通信事業法

これに対して通信は、公的な世論形成に奉仕するというよりは、先ほどラブレターの例を挙げましたが、特定の人から特定の人への私的なコミュニケーションと考えられてきました。放送や新聞が1対多の一方向的な情報の流れだとすれば、通信は1対1の双方向的な情報の流れです。先ほど見た憲法21条2項は、郵便や電信・電話について秘密を保障しており、これがインターネットにも拡張されていますが、インターネット固有の問題は後で話します。

憲法が基本的には公権力、政府を縛って国民の人権を保障するものであるということとの関係上、憲法21条2項は、国民に通信の秘密を保障し、公権力に国民の通信の秘密を侵してはならないという義務を課すという規範です。若い皆さんは知らないかもしれませんが、郵便や電話が民営化される前、国家が郵便や電話を運営していた時代であればこれはよくわかる話です。近代国家としては、例えば道路、港、空港を造るのと同じように郵便網や電話を整備することによって、国民の間のコミュニケーションを促進し、物やサービスが取引されて国民経済が豊かになるためのインフラを造るというのは、ある意味で当たり前です。しかし、国家が郵便制度を整備すると同時に郵便制度を利用して国民の間のコミュニケーションを監視するのであれば、これは国民の人権によろしくないのです。そこで、国家が通信制度を作ると同時に、その通信制度において国家が通信の秘密を守らなければいけないという義務を課したのが、憲法21条2項のもともとの姿です。

例えば、電話や郵便を利用して犯罪が行われている、例えば手紙で犯罪を指示するとか、逃亡している容疑者が家族に手紙を送るような場合には、公権力は法律に従って、原則として裁判所の令状を得てはじめて、その郵便物を開けて中身を見たり、止めたりできる。憲法の通信の秘密を踏まえて、公権力の通信に対する規制はそのように制限されていました。

しかしどこの国でも、郵便事業や通信事業は国民に普及させるまではいいのですが、国営でやっている限りビジネスとして硬直化して、効率が悪いという問題が起きてきます。午前中の樋口先生の講演にもあった、１９８０年代の新自由主義を実現するという意味での「強い国家」によって、このような国営事業だった郵便や電話を民営化して、そこに市場原理を導入して新規参入を認めました。そのことによって競争が激化し、経営が効率化・合理化し、国民・消費者にとって利便性の高いサービスを提供させるべきだという方向が世界各国で追求され、日本でも１９８０年代、中曽根首相の時代に、電気通信分野の民営化が断行されました。

これに対して郵便の民営化は遅れました。これは、郵便局が自民党の非常に強力な政治的支持基盤だったこととも関係あります。どちらかと言えば電話の組合は国鉄の組合と同じで、社会党の支持基盤だった。自民党政権によって新自由主義の名の下に民営化された結果、組合が弱体化して、それによって55年体制のバランスが崩れるといった政治的な経緯もあります。他方、郵便はずっと民営化されなかったのですが、自民党をぶっ壊すと言った小泉純一郎氏が、これまでの自民党の主流派に逆らう形で自民党総裁・首相になり、郵政民営化を自らの政策の一丁目一番地に掲げた結果、現在の日本郵政になりました。こうして通信サービスが民営化されるようになると、放送事業を規律する放送法が掛かるように、私人である通信事業者についても、ビジネスとして健全にやってもらうための法的な枠組が必要になります。

郵便については省略して、インターネットの問題を議論するために電気通信分野に限りますと、電気通信事業法という法律があります。この法律によると、電気通信事業、つまり電気通信による通信サービスを事業として行うためには、登録や届出が必要ですが、放送のように認定や免許といった強い規制は掛かっていません。電気通信事業者は、検閲の禁止や通信の秘密を、特に強く守らなければいけない。また、かつての電電公社がＮＴＴになりましたので、そのまま市場に放っておくと圧倒的に強くて誰も新規参入しない。そこで新規参入によって競争ができるように手足を様々に縛り、自動的に市場で競争ができるようにする支配的事業者規制が導入されます。具体的にはＮＴＴがＮＴＴ東西とＮＴＴドコモの大きく3社に分割されますが、その3社の間の相対だけでサービスを決めてはいけない。例えばＮＴＴ東西は、ドコモだけではなく、ソフトバンクやＫＤＤＩとも対等に付き合わなければならない等の規制が掛かっています。

もう1つは、電気通信事業者は利用者よりも強い事業者ですので、利用者保護のための一定の規制が掛かっています。最近では、安倍首相の発言を受けて、ケータイ料金の引下げが、総務省で議論されたことがあります。

重要なのは、電気通信事業も、放送事業が公共的であるのと同じように公共的だということです。現在、電気通信事業は国民の生活インフラですので、円滑に提供され、利用者の利益が保護されなければいけない。はっきりと憲法には書いていないのですが、憲法がわざわざ通信の秘密を保護するということは、やはり通信は円滑に提供され、利用者の利益が保護されていることが前提であり、それを具体化するものとして電気通信事業法が作られているということです。

他方、通信の秘密については世界各国で様々な問題が起きていますが、その代表例がPRISMプログラムです。アメリカのインテリジェンス機関であるＮＳＡ（アメリカ国家安全保障局）がテロとの戦いを名目にして、インターネット企業の協力を得て、世界中あるいはアメリカ国内のあらゆるインターネット上の情報を収集していたということが、2013年にNSAに勤務していたスノーデン氏のリークによって白日の下にさらされるという事件がありました。Microsoft、Google、Yahoo!、Facebook等々、インターネットの主要事業者はみんなアメリカの企業ですが、それらから情報提供を受ける形で、Eメールとかチャット等の情報も様々収集していたといわれています。

世界の通信ネットワークは海底の物理的なケーブルでつながっていますが、その中に通信傍受のための機械が埋め込んであるという資料も流出しています。世界的にも本当に通信の秘密が守られているのかといった議論があるところです。

5 インターネット

話がインターネットに入っていますが、インターネットも1つの通信サービスであり、これまでの通信に関する考え方が当てはまる部分があります。放送に代表されるマスメディアは、1対多の一方的な情報の送信です。それに対して通信は1対1の双方向の情報のやりとりです。だから、放送については公的なものとして規律が一定程度掛かっていますし、通信については事業者がその内容に触ってはいけないという通信の秘密が掛かるという、放送と通信の峻別論がありました。

しかし、インターネットが普及すると、この峻別論のままでは問題だということが明らかになってきました。放送や新聞・雑誌・出版をコンテンツ産業として見た場合に、作っているのはプロです。番組編集・制作は当然ですが、出版でも石川健治先生のようなもの書き、ライターがいて、それをしっかりサポートする編集者がいる。そうしたプロフェッショナルが、最終的には出版社も含めて、自分の名前、自分の責任でかなり時間を掛けて、世の中の意見、情報を収集・選択・加工した上で、パッケージにして発信・販売する、というものです。ミスがあると売れなくなりますし、もの書きとしては評価が下がります。学界で言いますと、「また宍戸や木村が間違いを書いている」ということになると、相手にされなくなります。基本的には、自由に任せておけば、駄目なものは淘汰され、いいものが残っていくはずです。それゆえに、書いた作品によって他人の名誉を毀損してしまったとか、他人に害を与えてしまったという場合に、市民社会の一般的なルール、民法や刑法のルールを課していけば足りるのです。特に出版・雑誌だからという規制はあまり要らないのです。放送の場合はたしかに影響力が強すぎるからという理由で規律が掛かってはいるのですが、その規律はできるだけ事業者の自律に委ねられるというのは、先ほど話したとおりです。

これに対して、皆さんがよく使うインターネットは、双方向の情報発信です。ポイントは、誰もが「匿名」でできる。本当のところは手間をかければ誰が発信したかわかる場合も多いのですが、発信のときは一応匿名で、すぐにはわかりません。それから、あまりにもユーザーフレンドリーな形でインターネットのサービスは提供されているので、打ち込んですぐに、自分の意見や感情を直接に世界に発信できます。それは瞬時、かつ広範に拡散するという特性を持っています。だから、1分考えれば絶対書かなかったのにと反省するようなことを、その瞬間に書いてしまって世界中に広がって、取り返しがつかなくなって、友情が壊れるということもあります。

特にインターネットでは、プロではない人が他人の悪口を書いてしまうとか、自分の友だちの個人情報をうっかり流出させてしまうという、名誉毀損やプライバシー侵害の問題が多く起きています。市民社会の一般ルールである民法や刑法に従って、自分が考えて行った行為に対して責任を負い、場合によってはお金を払うという形で解決しようと思っても、マスメディアの場合にはプロとして考えてやっており、またビジネスとしてやっているからお金を持っているのですが、インターネットの利用者はそうとは限りません。

そこで、考えられたのがプロバイダ責任制限法なのですが、この仕組みを導入するための一工夫として、通信の秘密を限定的に解除する必要があったのです。なぜかと言えば、通信は憲法21条で通信の秘密として保障され、電気通信事業法もそれを前提にして、通信事業者が中身を見てはいけない、触ってはいけないということになっています。

実際にインターネットを利用する皆さんが、情報をインターネットで発信したい場合は、まずはインターネットへの接続サービスを利用して、その上に乗って情報がプロバイダのサーバーに行き、そこから世界中に発信されます。今、サーバーから発信されている情報を消すとか止めなければ問題に早く対処できないのであれば、プロバイダ等の通信事業者が、ユーザーの発信した情報の中身を見て決めなければいけない場合が出てくるわけです。しかし、中身を見て決めるということは、通信の秘密の侵害になるはずなのです。そこをクリアする法解釈が、「公然性を有する通信」です。

先ほどまで話したとおり、これまでは、1対1で特定の人が秘密に行う私的な通信を憲法や法律は秘密としてしっかり守るようにしてきました。ところが、ここで問題になっているインターネット上の通信は、例えば電子メールのように1対1のやりとりのものもあれば、ホームページ上に情報をアップするといったものもあります。後者はむしろ放送をやっているのと同じで、不特定多数の人に情報を送るということを目的として、その手段としてインターネットという通信手段が用いられているのです。それは1対1の通信の積み重ねであると同時に、全体として見た場合には、今まで考えられてきた、秘密ががっちり保護されるべき私的な「通信」ではない、「公然性を有する通信」であり、その発信された情報の内容の部分には通信の秘密が限定される、と考えられています。

そうしますと、通信を媒介しているプロバイダは、電話のようなコモンキャリアではなくて、実際には情報配信を手伝っている立場になります。新聞や雑誌の広告が間違っていたら、広告主はもちろんですが、新聞や雑誌も編集をしている以上、責任を問われることがあり得ます。この広告を載せる、載せないという判断が実は及んでいるからです。

それと同じく、プロバイダもユーザーが送った情報の内容について、場合によって責任を負うことがあり得ます。プロバイダはある意味で表現を発信しているのと同じような立場なので、新聞や雑誌が広告掲載をお断りすることがあるのと同じように、ユーザーがこれは世界に見せたいと思ってアップしたデータについて、「これはまずいので、これ以上、インターネットに流れないようにします」といって、止めることができるのです。

プロバイダ責任制限法は、名誉毀損等の場合にプロバイダがユーザーの発信しようとする内容を見て止めてもその責任を限定したり、権利を侵害されたと主張する人に対して発信者の情報を開示したりできることを定めています。このような法律の枠組を踏まえて、業界の自主規制によってこの種の問題への取組みが進められてきました。

Ⅱ　分科会の論点

こういった憲法や法律の仕組みを踏まえて、皆さんに議論していただきたい最近の話題を2つ紹介したいと思います。1つ目が放送の公平性であり、2つ目が忘れられる権利です。

1　論点1　放送の公平性

1つ目の放送の公平性は、2015年4月、NHKが『クローズアップ現代』の番組の内容に問題があったという理由で総務省によって行政指導されたことに端を発して、一体、役所には放送局に行政指導をしたり、場合によっては番組を停めたり、放送局の免許を取り上げたりできるという強烈な権限があるのかないのか、あるとすればそれは大変な問題ではないかが議論されています。

皆さんに申し上げておきたいのは、これは議論するための素材で、ここでどちらかでなければいけないという話をするつもりではありません。憲法学者の議論は一定の方向がありますが、むしろ議論した上で、政府や憲法学者の見解が正しいかどうか、自分で考えていただきたいのです。

2016年の2月に政府が示した統一見解では、放送法が政治的公平、多角的論点解明義務について定めていることを踏まえて、従来から政府としては、政治的に問題を取り扱う放送番組の編集に当たっては、不偏不党の立場から特定の政治的見解に偏ることなく、番組全体としてバランスの取れたものであることが求められており、その適合性の判断に当たっては、1つの番組ではなく、放送事業者の番組全体を見て判断する、と説明されています。

番組という言葉が2回使われてわかりにくいと思いますが、これは何月何日の『○○』という番組ではなく、プログラムが番組ということです。例えば、ある報道番組に、月曜日は自民党、火曜日は民進党、水曜日は公明党、という順番で党首に聞いていくという番組が行われた場合に、ある日の番組だけ見てある党の総裁しか出ていなくて、自分の好きなことを言っていて不公平だなどと言ってはいけないということです。1週間なら1週間、ひとまとまりの番組全体を見て、偏っていなかったかどうかという判断をして、著しく偏っている場合であれば、行政指導の対象となるというのが政府の伝統的な立場です。

これに対して、『クローズアップ現代』のときは、特定の報道について、事実に基づかない報道であるという行政指導がされたのですが、1つの番組だけでいきなり行政指導ができるのかという議論がなされた結果、ここで言う番組全体とは1つひとつの番組の集合体だから、1つひとつの番組を見て全体を判断するのは当然のことであるという、何だかよくわからない説明がされています。その上で、総務大臣の見解として、具体的な2つの事例が挙げられて、極端な場合には1つの番組でも政治的に公平でないとすれば行政指導まで行うとされています。ただし、放送番組は放送事業者が自らの責任において編集するものであり、放送事業者が自主的・自律的に放送法を遵守いただくものであると理解していると述べられていますが、これは法の建前からすれば当然のことです。

他方、例えば樋口先生などを代表とする「立憲デモクラシーの会」が、この問題についての声明（「放送規制問題に関する見解」）を2016年3月2日に発表されています。声明はこれまでの憲法学の標準的な立場を述べていますが、要するに、日本の放送法は番組の自主・自律を重んじてきたはずで、本当に番組に対して政府が規制をしようと思うなら、多くの国でそうであるように、アメリカで言えばFCC（連邦通信委員会）のような政府から独立した第三者機関でなければ、番組の中身を見て、良いとか悪いとか政府が言ってはいけない。学界の多数説である、放送事業者の自主・自律の原則から、先ほどの公平原則は法規範でなく倫理規範であって、政府の権限発動の根拠にならないのだという見解が述べられています。この見解が正しいのかどうか、社会の中で、今様々な形で議論されていますが、皆さんにも考えていただきたいと思います。

現在の放送は産業構造の観点からも、様々な諸課題を抱えています。インターネットがこれだけ普及してきた中で、放送を特別扱いしたり、そもそもマスメディアに期待したりするということが、現実的なのだろうか。もし現実的だとすれば、マスメディアはどういう役割を果たすべきなのだろうか。そういったマスメディアの中で、特に放送はどうあるべきだろうかということを、考えて議論していただきたいと思います。

2　論点2　忘れられる権利

2つ目の議論の柱はインターネットの世界です。インターネット上では膨大なデジタル情報が流通しています。それらの情報を収集・分析してビッグデータとして利活用したいという動きがたくさんあり、プライバシーが問題になっています。

皆さんがインターネットを利用する際には、先ほどのプロバイダや通信キャリアだけではなく、コンテンツを提供しているサービス、さらにプラットフォームがありますが、その収入はやはり広告です。それからAppleやサムスンといった端末事業者を含めて、様々な事業者が介在しています。そうした事業者のかなりの部分はアメリカの事業者であって、日本の事業者のように萎縮せず自由にビジネスを展開して、様々な国に怒られながら、インターネットの自由あるいはインターネットの活力を生んでいるところです。

これだけ多種多様な事業者がいる上で、様々なユーザーが多種多様な情報を送っているために、我々が意義のある形でインターネットを利用するために、Google、Yahoo!のような検索エンジンが重要になります。Googleの検索の利用数は1年で数兆といわれ、毎日膨大な数の世界中のページをクロールして処理するという、ものすごい作業をしています。

このように、インターネット上の表現の自由と知る権利は、検索サービスがあって初めて実効的なものとなる一方、1回検索に載りますと、それをどんどん別の人が検索していったりすることもあって、一度公になった「黒歴史」は永久にインターネット上に残り、検索で探し出されて面接、就職、結婚で不利になることもあるといった実害が生じます。そういったことを踏まえ、2014年5月、EUの裁判所が、社会保険料の不払いで差押えを受けた記録でインターネット上に残っているものについて、それがGoogleの検索で見付からないようにしなさいという判決を出しました。いわゆる「忘れられる権利」判決です。

注意しておきたいのは、現在の事実は忘れられる権利の問題ではないということです。過去のことについていつまでも載り続けているページについて、検索結果が出てこないようにしてくれという問題です。

この問題は世界で議論されていますが、日本でも2014年10月に東京地裁が検索結果の削除を認める仮処分決定を出しました。いずれにせよ表現の自由、知る権利とプライバシーのバランスはどうあるべきかということについて議論していただきたいというのが、もう1つの柱です。

3　憲法学の視点

最後に、樋口先生の『国法学〔補訂〕』(有斐閣、2007年)というテキストの一節を皆さんにお配りしてあります(140-144頁)。ここでは、「国家からの・独占放任型の・形式的自由」と「国家による・独占からの・実質的自由」という対抗構造が、表現の自由あるいは思想の自由市場との関係で、何を意味するかが議論されています。

この分科会での問題に移していえば、例えば、Google にとっては、「国家からの自由」の問題であって、日本やアメリカ政府やEUからあれこれ言われたくない。そして、そのことによって非常に独占的な地位を築いていますし、そのまま放っておいたほうが、我々の表現の自由が豊かになる一面もあり得るのです。Google は真面目に非常に膨大な情報を集めて、検索結果をそのまま表示しています。他方でEUが懸念しているのは、実は Google が検索結果を操作して自分たちに関連するサービスの広告がよく出るようにしているのではないかとか、検索の結果によってEU市民のプライバシーを侵害しているのではないかといった問題です。樋口先生がお書きになった時点では Google のことは意識されていなかったと思いますが、真の表現の自由、あるいはプライバシーを確保するために国家による「独占からの実質的な自由」という憲法学者の思考が、世界的な独占企業であるGoogleの力を制限するかどうかという具体的な形で現れてきています。

その古典的な素材が放送法の問題です。アメリカやヨーロッパでは、放送・印刷メディアの規律の問題を念頭に、先ほどの形式的自由と実質的自由の対立の問題がずっと論じられてきました。マスメディアの自由、放送の問題を考えるとき、国家からの形式的自由を重視するのか、国家による実質的な自由を重視するのか。放送について考えた場合に、それはどういう問題が起きるのだろうか。配布した資料の中で樋口先生は、妨害排除の限りで介入を認められたはずの国家権力がその枠を踏み越えて、具体的には政権に不都合な表現を取り締まるといった誘惑が強まるのではないかといった問題を提示しています。なお、今回は直接議論の対象としませんが、例えばヘイトスピーチの規制の問題も、国家からの自由か、国家による自由かという問題設定で議論できます。

仮に国家からの自由を重視するべきだという立場をとった場合には、おそらく放送についてもGoogleの問題についても、同じ立場をとるのが自然です。テレビ局、放送に介入してはいけないと同時に、忘れられる権利を認めないで、Googleに基本的にはやりたいようにやらせて、市場の中で利用者はGoogleが嫌ならYahoo!を使えばいいというスタンスです。逆に忘れられる権利を検索エンジンに対して認めるべきだということになれば、放送についても行き過ぎがあれば、政府がそれに介入して行政指導をするのも仕方がないではないか、あるいはヘイトスピーチについて政府が取締りを特別に行う、あるいは公共の場所を貸さない、集団行進を認めないのは当たり前だという議論になるのが普通です。もちろん、忘れられる権利と放送は別だという議論もできますが、それなりの議論の構え、腹づもりが必要になります。
そういう全体像を考えながら、今、表現の自由はどうあるべきかという問題について、議論していただきたいと思います。

〔2日目〕

Ⅲ 討論――論点1 放送の公平性

宍戸 まずは放送の公平性ですが、どこからでも意見なり質問なりをお願いします。昨日の私の簡単な説明で、皆さんが今まで報道等で聞いていたことと同じだったとか、少し違うと思われたとか含めて自由にどうぞ。

A 政府見解では、放送の公平性の判断について番組全体で判断するということですが、例えば何月何日のこの1つの番組だけというのはよろしくないというのはわかるとしても、実際には、一体どの程度まで全体として見るのかという問題が生じると思うのです。例えば1週間、1か月、それとも1年間、あるいはそのキャスターが出演している番組全体なのか。どこまでであれば番組全体について放送の公平性を判断することになるかが気になりました。

B　今回の行政指導は政権に対するアレルギー反応で問題になったような気がします。違う政権で、問題のある内容の放送に対する行政指導であれば、「そうだ、そうだ」という社会の雰囲気になりそうな気がするのです。誰が言うかという問題と、放送の公平性の問題は切り分けて考えないといけないかなと思います。

C　今のBさんの発言は、放送の中身の問題と、その外の政権の問題を分けて考えるべきだということだと思いますが、社会的な状況が今どうなっているのかも併せてトータルに判断して、そういう現象が起きているということは考慮に入れるべきではないかなと、逆に私は思います。良い悪いとか何とかではなくて、そういうことが起きているということと事態が1つのファクターであるという認識は、必要なのではないかと感じます。

D　BさんとCさんのおっしゃることは両方とも正しいと思うのですが、私は「立憲デモクラシーの会」の見解は苦しいなと感じました。専門家の方にとっては常識的なことなのかもしれませんが、普通の国民には非常に理解しにくいと思いました。「学界の通説は、放送事業者の自主規律の原則を定めるという色彩が極めて強いと考えざるを得ないというものである」と、学者は言うでしょうけれども、普通の感覚から言うと、放送法の規定が検閲の例外として認められている以上、その解釈運用に当たっては、行政がある程度、裁量をもっているというのは当然の流れで負けてしまうのではないか、このロジックでは弱いなと思いました。

E　それは、番組編集の自由という放送法3条を受けての議論ですよね。

D　そうすると、法律に内在的な議論でいいと思うのですが、法律の専門家が、通説はこう考えてきたと言っても、弱いなと感じます。

宍戸　この「通説」は、放送法４条の政治的公平等の規定は、番組編集の自由を定める３条と一体に読むべきだという立場ですね。

B　以前は全然違う内容の条文だったのですか。

宍戸　１９５０年に、原初の放送法が制定されたときから、このような規定になっています。

F　１つ質問していいですか。憲法21条で、「集会、結社及び言論、出版その他一切の表現の自由は、これを保障する」という所の「一切の表現」なのですが、日本国憲法で保障されている理念に反することを言う、そこまでの権利が保障されているのですか。例えば法の下の平等とか、基本的人権までも否定するような言説は保障されているのか。特に公務員は憲法遵守の義務があるにもかかわらず、それに反するような言説をする表現の自由は認められているということになるのでしょうか。

宍戸　非常に良い質問ですね。お配りした樋口先生の『国法学』の抜粋（１４４頁）に出てくる「たたかう民主制」の問題に、ご指摘の点は関わるのです。憲法とか、個人の尊重や法の支配といった憲法の基本的な価値理念に対して批判するような意見の表明であったり、政治活動であったりを、憲法が認めるのか認めないのかというのが、ここでの論点です。これは現代国家にとって一番難しい問題なのですが、基本的にはそれも認めるというのが日本国憲法の立場だと理解されています。これは公務員である個人も同じです。

F　個人としては認められるということですか。公務員の資格でもそういうことがあり得るということですか。

宍戸　公務員は、法に従って権力を行使する、行使しないという義務があります。ですから、例えば公務員が憲法を嫌いで、憲法の個々の条文に反することをやりたいと思っていても、公権力の行使としてはやってはいけない。今、憲法があるのに、憲法を無視して権力を行使してはいけないわけです。ただ、憲法自身が憲法を改正することができると書いてありますね。だから、国民の一員として、あるいは国民の政治意思を担う政治家として、憲法を改正すべきではないですかと国民に訴えて、国民がそうだねと言って、憲法を改正することも他方で禁止していない。ですから、私人として、あるいは一政治家として憲法を批判して行動する自由は、国民にも、内閣総理大臣にもあるのです。他方、権力の行使をするときには、憲法に従わなければいけないのです。

F　政治的中立性の問題として考えたときに、内閣総理大臣は公務員だと思うのですが、大きな宣伝効果を持つ総理大臣が憲法改正を訴えるならば、もう私人ではなくて、大きな力としてそれを訴えているのではないですか。その場合によほどの幅で反対が出てこないと、そもそも中立というのがあり得ないような状況が起こってしまうと思うのです。

宍戸　それも非常に良い質問ですね。例えば今のフランスでも、大統領がテロ対策として憲法の条項を変えなければいけないという提案をして、認められたり否決されたりしています。現に国政に当たっている国会議員や内閣総理大臣が、今の憲法や法律の規定にこういう問題があるので、変えてください、変えましょうと言うのは、ある意味では当然のことなのです。

日本の国会による立法のほとんどは、今までの法律の改正です。それは今まで法律を施行してきた結果、様々な問題があったので改正しているのであって、法律に従って行政をしなければいけない内閣や行政が、法律を改正したい、改正しましょうと言うこと自体はおかしくない。憲法についても、国民の人権にとってより良い憲法改正を提案することもあり得るわけですから、およそ一般に政治家が憲法について批判的なことを言うとか、憲法改正をすると言うこと自体が禁止されるわけではないことは一応、前提にしておく必要があります。

その上で、ご質問のポイントは、仮にただ1つしかない強力な政治勢力が憲法改正したいですと言っているときに、その場合の中立とは何なのか、ということですね。この分科会の問題として言えば、テレビ局が政治的に公平でなければいけないという「公平」は、憲法を改正したいという人と、憲法を改正したくないという人の両方がいたときに、どうするのかです。ややこしいから一切放送しないという「公平」もあるかもしれませんし、国会議員の3分の2は改正したいと思っている、3分の1は改正したくないと思っているとすればその数に応じた時間配分で扱うのが「公平」なのか。改正したい意見と改正したくないという意見を均等に扱うのが「公平」なのか。「日本国憲法の下で全ての政治体制があるのに、政治家が憲法を破壊しようとしている」とガンガン批判することが「公平」なのか、それは実は分かれるのです。一体、公平とか中立性とは、こういう場合に何を意味するのか、そして、それを誰が判断できるのかという問題を、皆さん自由に議論してください。

E　それは視聴者が考えることなのですか。

宍戸　視聴者が考えるというやり方もあります。ただその場合でも、視聴者が考えた意見を代弁する形で、放送局に対して権力が発動されるというやり方もあれば、視聴者が「こんなテレビ見たくない」と思って見なくなるだけでよいと考えるのか、放送局は視聴者の声を吸い上げる別のやり方をしなければいけないのかとか、何段階か議論が分かれるはずですね。

E 私はたまたまメディアに勤めているのですが、公平は、メディア、制作する側が公平と考えたことを行えばよい、という理論構成なのかと思っていました。しかし今、視聴者が見る、見ないで態度を示せばよいという、パトロン的な考えだけでは駄目なのだなと、わかりました。

宍戸 それでもよいと考えることはできますね。樋口先生の『国法学』にも、表現の自由が強いと言われているアメリカで、1969年のレッド・ライオン判決で公平原則が合憲だと判断されたことが紹介されています（142頁）。しかしその後、公平原則は1987年に、放送を規制する独立行政委員会のほうで廃止したのです。その基礎となっている考え方は、テレビ局が政治的に公平である必要はなくて、それぞれの視聴者がバラバラに好きな放送をして、「政治的に不公平だ、こんな番組見たくない」と思ったら見なければいいだけだというものです。もちろん下品な番組とかは別の問題ですが、少なくとも公平の問題はそうだというのがアメリカの今の考え方です。それでは皆さん駄目だと思いますか。

G 私は新聞を読むとき、同じ事柄を記事にしていても、この新聞であればこのような取り上げ方になるな、あの新聞は少し左寄りだなとわかるのです。でも、今のテレビの状況では、どのテレビも大体、当たり障りのないことを言っているだけで、どの番組を回しても、同じことを報道しているだけ。理想としては各社が立場を明確にした上で様々な角度から報道して、国民がそれを考えるというのはいいことなのですが、今の日本の状況でそれができるのかというと大変で、難しいのではないでしょうか。

宍戸　今の日本の状況でできないというところで思考を止めてはいけないのです。皆さんにとって理想があるとしても、今の日本の状況では難しいのだというところで、私たちは思考停止していないでしょうか。「今の日本の状況」とは、本当は何なのでしょうか。

G　それは自主規制が強いのかなと思っています。総務大臣が行政指導したというダイレクトな規制の影響ももちろんあるのですが、それ以上に間接的に放送局などが萎縮してしまっていないでしょうか。例えば政治の論評以前に、政治記者は知っているけれども、報道していない事実もたくさんあると思うのです。報道機関が自分で萎縮して、自主規制してしまっているところが非常に強いのかなと思います。だから、放送機関の自律と言っても、建前としてはそうなのですが、現実はそれが問題を引き起こしているという面もあるのかなという認識です。

B　萎縮するという点ですが、もし政府のことが何も怖くなければ、行政指導されても「大変わかりました」と言うだけで、方針を変えなければいい。萎縮するというのは、「もうお前は放送したら駄目だ」と命令できる権限を政府が持っているからですか。

G　政治的な批判を受ける対象である政府が規制権限を持っているという状態では、放送局もまともに批判できないのではないですか。立憲デモクラシーの会の声明の最後のほうにも、そう書いてあります。

宍戸　実は放送について、政治の下に置いていたら駄目だ、第三者機関を作ればいいのではないかという議論はかねてからあります。第一次安倍政権で放送局に対してしばしば行政指導がなされたのに対して、民主党がアメリカの独立行政委員会である日本版ＦＣＣを作るということを政策インデックスに掲げて、２００９年の選挙で勝ちました。民主党政権では「ＩＣＴ権利保障フォーラム」という場で、濱田純一先生（現在ＢＰＯ理事長）が座長、長谷部恭男先生が座長代理として入って、私も加わって様々議論したのですが、その時点では第三者機関は断念したのです。断念した様々な理由の1つは放送業界が消極的だったということがありますが、そのことの意味も皆さんに考えてほしいと思います。

D　放送業界が反対したというのは、第三者委員会を作っても、中立性のない人たちが任命されて、結局、直接規制されているのと一緒だということですか。

宍戸　そうですね。現在、自民党政権が行政指導したら、大騒ぎになってしまうわけですが、第三者機関であれば、中立な機関だからということで、ガンガン指導がなされる可能性がありますね。今のようにある意味でいい加減な状態のほうが、行政指導されれば国会でも世論でも大議論になるから、実際には行政指導は難しくなるので、今のままのほうがいいという判断もあり得ますね。

D　立憲デモクラシーの会の議論の中で、アメリカ、ヨーロッパ諸国では第三者委員会でやっているという指摘も、何かよくわからない理由だと思ったのです。ヨーロッパは知らないですが、アメリカは二大政党制で、政権交代で役人も入れ替わるし、専門家やロビイストもたくさんいる政治風土だから、第三者委員会が機能しているのではないでしょうか。それをポンと日本に持ってきたって機能しないのではないか。アメリカやヨーロッパの仕組みを日本が取っていないから、政府が権限行使できないというのは、ロジックとして弱いのではないかと感じます。

A　思想の自由市場論では、誰かが意見を言って、別の誰かが反論するという中で、全体としてどんどん良い言論や思想ができていくというのが一般的な民主主義の理念です。これに対して、雑誌とか新聞のメディアなどは、プロが責任を持って、例えば記者の名前が書いてあるから、その人が責任を持つとか、テレビ局は然るべき番組を作る組織であるという前提に立っている。たとえ実際に個人が持っていなかったとしても、組織として、プロとしての倫理感、責任あるいは職責などが前提にある。放送局が第三者機関に介入されることを嫌がるのは、自分たちが責任を持って作るという意識が少なからずあるからかなと思っています。ただ、理念として正しいとしても、実際にそれだけでやっていけるのかという問題もあるのです。プロがいつも正しいとは限らないというのが経験則でもあるわけです。素人でもいいですし、別のプロの観点がプロを規律するのでもよいのですが、放送界を第三者から見て、どう評価すべきか。それに対してプロフェッショナル自身である放送業界がどう考えるべきかというのが、現実としても理念の問題としても議論になるのかなと思いました。

F　先生がNHKと民放の二元体制の説明で、NHKは受信料、民放では広告収入で良い番組を作るよう競争する、NHKは広告収入を取らないのでスポンサーの意向にかかわらず番組制作ができるとおっしゃっていましたが、逆にNHKは受信料で放送できるから良い番組を作らなくてもよくなってしまうという反対方向の動きもあるのではないでしょうか。

宍戸　それも当然あり得る話です。

F　そうだとして、先ほど、視聴者がどういう番組が良いかを決めて選ぶ、利用者の行動も重要だという話をなさっていたと思うのですが、実際に利用者の世論はどのように作られるかを考えると、競争原理によって番組が良くなっていくのではないかという考え方は、もう破綻してきているのではないかと思うのです。例えばインターネットで匿名掲示板ができたときには、様々な意見が出て良くなってくるのではないかと期待されましたが、だんだん野放しになって汚ない表現ばかりが増えていくというのが現状ですよね。

そういうことを考えたときに、一般民衆は、一体どれだけ確固たる自分を置いて、自分としての判断をきちんとしていけるのかは、すごく危ういところだと思います。過去の日本の戦争のときにも、民衆は新聞の戦争報道に熱狂し、新聞は売れるので戦争報道を煽っていった。歴史的に考えると、民衆に任せることがいいことなのかも問題です。

宍戸　まさにそれも問題ですね。民衆に任せられない、では、プロに任せておくかというのが先ほどの論点ですね。

A　ただ、プロフェッショナルに任そうにも、実際にプロに任せられるのでなければならない。プロに責任を持たせて任せてうまくいくのか、そうは言ってもやはり歯止めというか、第三者機関によるチェックのようなものが必要ではないかという問題が、現実を踏まえた上で、モデルとか理念としても浮かび上がってくるのではないかというのが、先ほど私が言いたかったことです。

D　プロは専門家として重い責任を負わせられるけれども、一般の人は責任を負わないというのが大きな違いになるとは思うのです。でも、プロといっても、アドバイスするだけで責任を取らないで、一般の人から見たらプロだと思っていたけれども、実は大したことなかったという例も多いので、プロの責任とチェックの両方でやるしかないと思います。

A 個人的な感覚なのですが、一般に職業倫理とか職責は、英語で言えばmust、100パーセントそうしなければならないとすると逆に問題があるという前提で、そうするのが望ましいという意味であって、本来はやるべきだと想定しているのですよね。だから、例えば新聞社などが他人の名誉を毀損した場合には、刑法や民法の損害賠償が一応歯止めになるけれども、今おっしゃったようにそうもいかない問題も当然ありますね。総務省が番組の公平性を判断することは、手段として良いか悪いかは別にして、目的の部分は必ずしも間違っていないとも考えられると思うのです。つまり、代表が専門家をチェックする、プロを統制し監督するといった視点が、それこそ民主的ではないか。政府、総務省を民主主義の代表としてよいかは議論があると思いますが、専門家を監督する、チェックするのは、手段としてよいかは別として、目的としては成り立つと思います。

D それはまさに株式会社でとられている方法ですね。経営の執行という専門家を、社外取締役を含めた取締役会がチェックする、ある程度は素人たちがプロを監視するという方法が、会社の世界ではいいということになっています。

B でも、その社外取締役を誰が選ぶのでしょうか。執行側が自分の都合の良い人を選んだら意味ないですし、社員に選んでもらうのでしょうか。

D 株主総会が一番、意思決定の最後にいますので、株主が選ぶのです。国は会社よりも複雑で、単純に当てはめることはできないとしても、会社でうまくいくことは、国でもある程度機能するのではないかと思います。

A　たしかに実行面ではうまくいく可能性があるのですが、憲法学から見れば、政府が監督することが、表現の自由として問題になる可能性が高いという問題があります。公権力が思想、言論をチェックすると、性悪説的な考えかもしれませんが、権力が特定の思想に対して、これは駄目とやってしまう可能性が高くなりますね。そこを憲法学としては放置するわけにはいかない、考えざるを得ないというのが、問題の焦点になると思うのです。

E　国家による自由、国家が作ってくれる表現の自由として、枠組やプラットフォームに関しては多様性や競争性があって、独占に行かない自由を手伝ってくれるのは有り難いなと思いますが、表現の中身に関しては政府が口を出すなという大原則は外してはいけないと思います。また、放送法の規制は、電波の稀少性があって、テレビのスイッチをつけたら見られてしまうから、公平性を大事にしましょうという、例外的な前提から始まっていると思うのです。地上波だけだった30年前、40年前と違って、BSもあれば、インターネットでも様々な動画が見られる現在、チャンネルはマルチ化していますので、電波の稀少性を盾に、放送だけ非常に高いレベルの公平性を要求されるということ自体も、何か妙な感じがする。今や新聞の数のほうが少ないのに、放送だけが極度に公平性を求められるのはおかしい。

宍戸　そうですね。放送規制の根拠が失われているというのは、議論になりますね。

E　もう1つ、マルチチャンネル化で、放送に限らず、マスコミもお金がなくなっている。今までのような高い志、責任感だけで仕事ができなくて、煽情的なこともやって、お金を稼がなければいけないというのが今の状況です。

宍戸　皆さん、放送業界の市場規模はどのぐらいか、ご存じですか。NHKの受信料が年間ざっくり7000億円です。地上波の民放全部でその3倍強です。したがって、地上波の放送業界の市場規模は大体3兆円市場だと思えばいいのですが、我が国でどれだけの規模かといえば、GDPの中でそれほど大したことないですね。一般には、放送は強い社会的影響力がある感じがするのですが、経済的には小さな市場なのです。

B　それは免許や認定があって、誰もが参加できないから影響力があるということですか。

宍戸　実際にはそういう側面もありますね。ビジネスとしては小さいけれども、社会的影響力が強いのは、規制によって人為的に作られている部分もあります。なればこそ政府与党であれ野党であれ、護憲派であれ改憲派であれ、みんなが放送に向かって、強い影響力を変なふうに使っているのではないかと言いたくなる。他方でそう言われた放送は、ほかの出版・雑誌含めて我が国のコンテンツ産業はそうですが、ビジネスとしてそれほど強くない、経営基盤が安定していないので、外から社会的に批判を受けて、広告収入が下がると本当に潰れかねないので、外からの批判に敏感になるという事情もあります。

F　自民党の改憲草案を見てみると、今の21条の表現の自由のところに、公益とか公の秩序を害することを目的とした活動を行い、並びにそれを目的として結社することが認められないという規定で、制限を掛ける項目を新設する。表現の自由に国からの介入を認めることを裏付ける法律が今後できてしまうかもしれないところに危機感を持っています。

宍戸　公の秩序を破壊するような団体を作ってはいけないというのは、樋口先生が紹介されている、「たたかう民主制」の発想に近いですね。戦後のドイツで言えばナチ党と共産党を禁止したわけですが、歯止めが掛からなくなると問題ですね。

H　放送法4条の定める政治的公平は、戦前の報道規制への反省から来ていると思うのです。賛成、反対を両論併記することではなくて、政治から独立しているということだと思うのです。権力の監視をするのがメディアの役割だと言われますが、それはどうしても政治的に独立しないとできない。それを保証するのが放送法で、どちらかというと憲法に近い、国家権力を縛るものだと思うのです。

宍戸　放送法は国家権力を縛る規定であるべきだというのは1つの理解です。ただ、現実には、国家権力が放送局の番組が不公平だと言って、介入する根拠であるかのように理解されてしまっています。これは野党でも同じで、NHKが自民党寄りの報道をしていて公平性に反すると批判する場合もありますね。

H　政治権力が解釈すると、放送法を道具にして都合のいい政治がなされてしまうのではないかと考えています。

I　政治的公平を定めているのは、そのように規律しないと少数意見が現れてこないからだとすると、政権としては自分の意見を伝えたい、放送局も多数意見を放映したほうが視聴率も上がるので、公平にするインセンティブが誰にも生じないのかなという気がします。そうすると、公平性の判断に適している人が見当たらないのではないでしょうか。

宍戸　具体的な素材で考えてみましょうか。例えばＮＨＫについて、政府の見解や国会での首相の答弁を長く報道することが不公平だという批判がありますが、国会での首相の発言を報道しないテレビ局は公平なのでしょうか。他方、ＮＨＫの日曜日の朝の討論番組は、国会に議席を持っている政党が平等に一人ずつ参加して、均等に議論していますね。国会の委員会での議論は各党の持っている議席数に応じて発言できたり、できなかったりしています。皆さん、どれが公平というのは、誰が判断するのですか。

Ｆ　小選挙区制によって議席を得ていることからして、議席数で公平性を測れるのかどうかという問題も、あるのではないかと思います。

宍戸　おっしゃるとおりです。有権者の投票を基準にして公平を考えるならば、国会の中での議席は歪んでいるということになり、だから国会での議席を基準にするということは不公平だということになりそうですね。しかし、そもそも選挙には投票しない人もいますが、その人たちの声はテレビ局の討論で、どうやって反映させるのですか。あるいは、国会の議席数や国会で代表されている政党という基準以外に、どういう公平性の基準がありますか。

要するに、何を公平と考えるかという出発点や、何に着目して公平性の基準にするかには、様々な考え方があり得ます。問題はそのうちどれが正しい公平の基準だと、誰が決めるのかです。憲法の細かい解釈問題だってそうですよ。憲法の専門家という人の議論で代表させるのか、一般の国民の声なのか、改憲したい、憲法を守りたいという政治家の声なのか。議論し始めると切りがないのですが、その中でどうするかなのです。

J　先ほど先生がおっしゃったお言葉の中で、投票していない人の声の問題がありましたが、それは投票しない人が悪いのでしょうがないのではないかと思うのですが。

宍戸　そうだとすると、例えば小選挙区で負けた政党は、負けたのだから「しょうがない」という議論も出てきますね。

A　民主主義社会の中では国民一人一人の意見が、当然投票に行かない人の意見もできる限り反映されるべきなのですが、主権者たる国民が投票に行かないということは、それは主権者の権利を放棄するに等しいという議論も成り立つわけで、そこも難しくなりますね。

先ほど先生がおっしゃったように、何をもって公平性とか多様性とするのかが、その人の価値観にもよるので、難しい問題だけれども、現状としては何らかのものは設けないといけないというせめぎ合いがあると思うのです。憲法学で言うと、少数者への配慮が1つのポイントになるとは思うのですが、そこをどう反映させるか。あるいは誰が見ても公平でないと思うようなものはアウトだとしても、国民の半分ぐらいは問題と思わないけれども1割か2割の人は、これはおかしいのではないかと思うようなものは、本当に公平と言えるのか。あるいは一見、多様な意見が出てきているように見えて、実はそこから排除されている人がいるのではないか。結局どこの視点をもって見るかというところと、なるべく多様なものを配慮したほうが望ましいけれども、現実にはやはり難しいと思うのです。

政府が監督するのは1つの手段だという議論もありましたし、政府も1つの立場として、表現の担い手として、発信者として認めるべきという議論は当然ありますが、現実問題として国家権力、特に政府の意見は、影響力が大きすぎるという議論も当然成り立ちます。だから、政府が思想の自由市場に出てきたとしても、そこで政府の意見と、ほかの一般国民の意見を同じに扱うことは適切かという現実の問題は出てくると思うのです。

先ほど来問題になっているのは、多様性や公平性を確保するというときの、その多様性、公平性とは何かという問題と、しかしそれを確保したとしても、本当にそれが正しいのかという2つの問題があります。場を作ることと、それを実際に機能させることは微妙に違うので、なるべく分けて考えたほうがいいと思うのです。

F テレビの中に出ている意見を半分に分けて中立というのではなくて、取り上げられない意見が実際はどれだけあるかという問題にも関わっているというお話だったと思います。例えば雑誌にはイラクでどれだけの市民が殺されているかという現状が書いてあるけれども、テレビで情報として出てこなければ、ないに等しい事実になってしまうわけです。それを知らないままで、テレビに並べられている情報から、私たちが「ここが半分です」といえば、振り子が振れるときに、だんだん中心軸がずれていってしまう。真ん中がどんどんずれていく状態は、「真ん中」とは言えないのではないか。

であれば、私たちはなおさら、テレビで放映されない事実を知っていかなければならないし、もしできるのであれば、テレビ局や出版社に対して、教えてほしいということを、一人一人として発信していかなければいけないのではないかと、思っています。

A いまの話は、アクセス権と言われる問題ですね。市民の側も当然、マスメディアに対してこういう情報を教えてほしいとかと要求していいという主張は、実際に憲法論としてもありますが、それをどう認めるかという、実効性の問題がまた生じると思うのです。例えばある人が新聞社にイラクの現地の状況を伝えるよう求めたとしても、それはあらゆる新聞社に対してなのか、それとも特定の新聞社だけなのか。それは一体、何が根拠かということが制度として問題になってくる。もちろん、市民が情報を自ら取捨選択していくのは望ましいというのは、私もわかります。一方で、それが実際に多くの人にできるのかという問題もあると思うのです。普通の人々は仕事に追われたり、あるいは意図しない中でも情報を取捨選択したりして生きているわけで、知らないうちに切り捨てている情報も当然あります。自分から何かを学んで要求していくのは、現実に難しいのではないかと、話を聞いて思いました。

D　我々はメディアを選択することができます。戦前では、新聞が大きな影響力があるメディアだったから、新聞紙条例があった。戦後になっても、私が最初に中国に行ったときは、コピー機とかテレックスとか、通信機器についての管理が非常に厳しかったです。それは反政府的な目的に使えるからです。今や中国は、誰も『人民日報』を読まなくなって、新華社通信のニュースなどもあまり気にしなくなったけれども、ウェイボーとかは一生懸命見ている。役に立たない情報を流すメディアは切り捨てられています。

ステークホルダーは国民なのですから、国民が選択しなくなるというのはやはり1つの解決だと思います。そういう呑気なことを言っていると、もっと先を読んでいる勢力もあるかもしれないですが、今これだけ様々なメディアがあって、テレビ局のニュースよりもTwitterを見ている時間のほうが長くなっています。メディアの選択が普通になってくると、希望はあるのではないでしょうか。

Ⅳ　討論——論点2　忘れられる権利

宍戸　今の話は、テレビがオワコン化するか、オワコンになりたくなければ頑張らなければいけなくなるということですね。まだ様々ご議論があるかもしれませんが、話がインターネットに入っているので、「忘れられる権利」の論点を少し議論して、後で全体に戻って議論したいと思います。皆さん、こちらの論点はいかがですか。

H　質問なのですが、例えば2014年のEUの忘れられる権利の裁判は、Googleに対して市民が訴えた事案ですよね。その場合、裁判所がそれを保障して削除を命じた結果、他の市民が見られなくなってしまったことによる問題はあるのですか。Googleの検索等を排除するというのは、表現の自由だけにとどまらない問題ですよね。

宍戸　もちろんです。質問の中に様々な論点が含まれているのですが、差し当たりEUで議論されている問題で言うと、EU裁判所は、EU市民の名前を打ち込んで表示される結果の削除を命じたのですが、そのことの意味合いが問題になります。EUの中で見れなければよい、つまりアメリカ人がアメリカでEUの人の名前を打ち込んで検索結果を見られるのは別に構わないのではないのかという議論もありました。しかし、フランスの規制当局がGoogleに課徴金を課すという動きもあって、結局Googleは、裁判所によって認定された名前による検索結果が、全世界で見られないように措置をとったのです。

それから、EUでこういうことが問題になっているのは、Googleの強い影響力を制限したいという動機もあります。これはアメリカの企業によって、EUの中の情報流通が管理されていることに対するEU、あるいはヨーロッパ各国の危機感が背後にあることは確かですね。

H　今のEUの裁判ですが、人権は普通、対国家の関係で問題になりますね。今回の事件は、EUという超国家組織がEU国内の市民に対して権利を保障するという問題なのですか。

宍戸　そうです。EUの基本権憲章が、EU市民に人権を保障しています。

H　そうすると、各国の政府による人権保障のための制度設計と、EU市民に対するEU裁判所のような超国家組織による権利保障の制度設計とは、どのように整合するのでしょうか。

宍戸　まず、各国の国民の権利は、各国の憲法が保障しています。同時にEUが個々のEU市民に基本権を保障し、そしてEU法で定められた人権保障は、各国も尊重しなければいけません。

H　そうすると、各個人の持っている権利のベースは、対EUでも、対国家でも、共通のものがある。権利保障のシステムとしては、主権国家のシステムよりも実はEUのほうが強いということでしょうか。

宍戸　例えば、ドイツ人がドイツ政府によって人権を制限された場合に、ドイツの裁判所が合憲ですと言っても、EUの司法裁判所がEU基本権憲章に反しているので、その人権侵害はやめなさいという命令が出ることもあります。

H　わかりました。ありがとうございます。

宍戸　皆さん、エゴサーチ、自分の名前を入れて検索してみたことはありますか。何か不愉快な記事が出てきますか。

E　かわいいタレントさんが出てきてしまうのです。

宍戸　それは同姓同名の方ですね。

I　検索して自分にマイナスな記事が出てきたとしたら、ほとんどの人は上げてほしくないと思うような気がします。2014年の裁判では、東京地裁が検索結果の削除を認めましたが、どこまで消していいのですか。何年経ったら消すというのがありますか。

宍戸　一般には表現の自由とプライバシーの対立で考えますが、表現の自由も強いので、よほどプライバシー侵害だと皆さんが思うこと以外は問題にならない、という前提で議論しましょうか。

実際には「忘れられる権利」という表現が示しているように、時間が経った情報、例えば前科が問題になります。日本の裁判例でも、犯罪をしたとか、暴走族に属していたということが、その人の名前を打ち込むと表示される。もう自分はその集団を辞めているとか、罪を償って暮らしているのに、いつまでもその事実がネットに載っており、しかも検索によって見つかってしまう。そのときに、経過した年でどうやって区切るかという論点が出てくるのです。

忘れられる権利の前から問題になっているのは、更生の問題です。刑の執行が終わった人は罪を償ったのに、いつまでも世間にさらされていたら、就職も難しくなって、また犯罪者に戻ってしまう可能性もあります。そういう社会更生という観点から見ても、前科があるということは、みんなが簡単に知っていいことでもないはずなのです。ところが、インターネットには、誰それが有罪になりましたとか、逮捕時の報道がずっと残ってしまうので、それをどこかの年で区切るかどうかということが1つの問題です。

J　前科でも、公人だとこれは話が違ってくる。過去の政治家が政治資金などで罪を犯したということは、政治と金の問題を勉強する人に話してあげたいし、有益な情報であるわけです。私人となると情報のコントロールというか、出したい情報と出したくない情報は自己で判断する権利はあると思うので、それは区別したほうがいいのかなと思うのですけれども。

H　私人などの場合も、強悪犯罪とまでいかない事件で実際に私たちが接することができないような問題も、調査とか学術研究などに関わっている人には見えるようにするなどというように、忘れられる権利自体もいくつか幅というか、設定が必要かなとも思うのです。

宍戸　例えば非常に貴重な犯罪の資料が図書館や公文書館に残っていて、この研究者に見せても変な使い方をしないだろうなという理由で、あるいは報道機関だからプライバシーに配慮して報道してくれるだろうという前提で、見せるということは、しばしばありますが、それが本当に権利といえるかどうかという問題もありますね。

今インターネットで問題になっているのは、隣に住んでいる人だとか、たまたまこの場で同席した人とか、誰もが簡単に名前を打ち込んで調べられるということで、それは先ほどおっしゃってくれた、ある種の公益的な理由も含めて特定の人たちにだけ開示するのとは、また違った話ですね。さらに匿名掲示板に前科等がペタペタ貼り付けられていって、検索で引っ掛かってくるとか、まとめサイトの問題もあります。

F　前科という話で思い出しましたが、殺人などの大きな犯罪について責任能力に問えるかどうかという話があります。それだけの犯罪をしているにもかかわらず、その人に責任能力があったのかどうかとかいう判断も含めて、前科があった人が更生して社会に戻るのは、理想だと思うのですが、果たして本当にそういうことが実現できるのかどうかは、疑問が残るところです。

I　おっしゃりたいことはわかるのですが、例えば再就職の時に、面接担当者が検索して、この人は過去に犯罪歴があるから採用をやめようなどとなった場合には、出所した人が社会に復帰する機会が奪われます。忘れられる権利は、過去に何らかの犯罪をした人が、社会的に就職等で偏見を受けたり、スティグマを受けたりするときに問題になると思うのです。自分の過去の履歴はもちろん受け止めるけれども、それを誰もが見られるようになっていると、自分が再就職できないとか、家族も付き合えないとかなった場合、結局また犯罪を起こしてしまう可能性があるわけです。更生を障害する原因となっている前科を誰もが見られる状況を、何とかすることができないかというのが、ポイントになると思うのです。犯罪を犯した人自身の問題とは別の次元の論点もありますが、その人が更生するときに更生の際の障害となる前科を検索したらすぐ出てきてしまうことをどうすればよいかというのが、今の論点です。

F　インターネット上で過去のデータを遡って削除するかというのは、すごい莫大な手間の掛かる問題だと思うのです。

宍戸　全くおっしゃるとおりです。だから、せめてGoogle検索に出てくるのだけはやめてくれという主張があるのです。

F　現実には、氏名は変更することもできますよね。どちらのほうが法的に考えて、手続的に簡単なのか。その人の権利をどのように守れるか。例えばXという人が、どういう事件を起こしたかということを私たちは知る権利があります。なぜかというと、こういう事件があったときに、私たちはどうやって対処したらいいのか。そういう人がいるということを子どもに教えて、子どもを守ることも私たちにとって大事な権利ですよね。忘れられる権利を認めると、事件が全く闇に葬り去られて、その事件を誰も知ることができなくなる。

I　そういうわけではないと思います。例えば、1990年代にこういう事件がありました。そして社会が少年犯罪に目を向けましたという事実は残ると思います。そうではなくて、本人の名前、本名が出てしまうのが一番問題であり、Googleに検索履歴を削除させるのではなく、この場合はあなたの名前を変えてもいいですよという手続の方が、より経済的で、簡単な方法かなとは、お話を聞いて思いました。

宍戸　おっしゃるとおり、公共的な事柄になって、社会に大きなインパクトを与えた事件を闇に葬ることはできないと思うのです。むしろ、そんなに世の中を大きく変えたような事件ではない人の前科がずっと載り続けているというのが、現実に議論する問題です。

前科とは別にもう1つ、皆さん自身考えなければいけないのは、自分でFacebookとかTwitterにアップロードした写真など、自分で載せてしまったものを後で消したいという問題は、これからたくさん出てきます。

B　消してあげてよと個人的には思うのですが、検索エンジンが消したくない理由は、面倒くさいからですか。

宍戸　第1は、ユーザーの知る権利ですね。第2の主張は、削除を認めると、自分の過去を消したいという、しかもお金をかけて裁判する人たちの過去だけ消すということは、公正ですか、社会が歪みませんか、という問題が出るというものです。インターネットで情報が大量に流通して、その中で何が真実かということが議論されながら決まっていくという社会を、検索エンジンの段階で歪めることはしたくないという立場ですね。

D　会社や国によっては、一定期間を過ぎた機密性の高い情報にアクセスできなくするようなロジックを組んだり技術を導入したりしているらしいです。だから、本人などから申請があったときに、そういう措置をとるという法律で、ある程度カバーできると思います。

宍戸　技術的にはやろうと思えばやれるでしょう。むしろ、技術的にできないというよりも、それをすると歪みますよね、という立場でしょうね。

D　公共の福祉と個人の幸福追求権をどうバランスさせるかということなので、ある程度国によって考えの違いを納得する必要があるのではないでしょうか。Googleも、中国を放り出されたとは言いながら、中国に関してはもともと違う対応をしていましたよね。

J　Googleのサービスは、一般の大多数の人たちにとっては便利なもので、知る権利が保障されるのですが、それによって当然、被害や悪影響を被る少数の人たちがいる。その均衡は単純な利益で言えば、圧倒的なユーザー数の99パーセント近くの人の利益と、本当に1パーセントぐらいの利益の人だとして、99パーセントの利益になっているから、1パーセントは我慢してというのは酷ではないかと思います。

宍戸 もう1つ、Googleがその情報を載せたくて載せているわけではないことも考慮する必要があります。インターネット上にある情報を、Googleはクロールしてきただけなので、元サイトが消えれば検索から出てこなくなる。人の悪口を書いたりプライバシーを暴露したりしているホームページに対して、削除を要請して、表現の自由とプライバシー・名誉を調整した結果、違法なものとして落ちれば、インターネット上にない情報なのですから、当然Google検索から出てこなくなるのです。

もっと言えば、そのサイトを知っている利用者は、Googleなどに頼らずにアクセスしようと思えばできることも事実です。

B 載っている100、200のサイトの1つひとつに「お願い、消してください」と言うのは大変ですよね。

I こういう問題が出てくると、誰が判断して消すかという問題になりますね。Googleに申請して、Googleが判断して、検索で出ないようにしてしまっていいのか。事案が多くなければ、1個1個裁判所が判断するという手もあると思うのですが、数が多くなってくれば、企業としても自ら対応したほうが費用も安くなるだろうと考えるでしょう。国家が判断するのか、それとも企業が判断していいのかという問題は、先ほどの放送の話と少し似ていますね。

宍戸 Google自身は、EUの判決もあって、いくつかのポリシーがあります。例えば、検索で児童ポルノが出てくるようにはしないというポリシーがあります。それから、その国で違法だと確定したものは、それぞれの国の検索では出さないというポリシーもあります。検索結果で連動する広告についても、やはりいくつかのポリシーがあって、例えばアメリカの西海岸、カリフォルニア州では、フカヒレは漁のやり方が残虐で食べたらいけないと考えられているので、Googleもフカヒレの広告を出して金儲けをするようなことはしないという立場をとっています。このように、検索エンジンと言っても、検索、あるいは検索連動広告においても、一定のポリシーを持っていることは事実なのです。

それから、あまりにもひどいと思われるプライバシー侵害、児童ポルノに関連するような検索は、EUの裁判所に言われる前から申立てがあれば消してきた。現在ではその仕組みを拡充して、判断する仕組みをGoogleが作っています。しかも、どういう申立てがあるか、どういう申立てを受け付け、受け付けなかったかをわかるようにしています。

日本でもYahoo!が、違った基準と仕組みを作って、オペレーションしています。ただ、そのように事業者が自分の判断で削除していることがいいのかという問題は、次に出てくるのです。

B　テレビ局で影響力があると言っても、選択肢があるぐらいのチャンネルがあるではないですか。これに対してGoogleは独占企業だから、神様です。神様が自分で法律を作ってやっているのも、ちょっと怖いなとは思います。

宍戸　そうですね。しかも、世界中でサービスを展開しているので、各国政府よりも強いかも知れないです。

J　先ほど、前科を念頭に置いた議論で、前科の情報は公職選挙の候補者に投票するかしないかの考慮要素になり得る、一概に服役して出所したから消しましょうと法的に義務付けてしまうと、公職選挙の時に情報に到達しないという問題があって、とても個別具体的な話だなと思いました。そういった裁判上の考慮の段階を、法制度とか法規制というようにしていくのも難しいと感じます。前科のある人が公職選挙に出る権利というのは、被選挙権として認められているわけだから、それを法律のレベルで定められるのかということを考えると大変かも知れません。Googleなどが自主的に作って、柔軟に個別的に考えて運用していくのは、一応許されるのかなと思います。

宍戸　ところで、あの人は前科がありますという情報は、Googleが自分で集めてきているわけではないわけですが、情報の元は何ですか。

J　新聞の記事だったり、Twitterですね。

宍戸　Twitterでつぶやいた人は、何を元にしているのですか。

J　やはり新聞・テレビ・雑誌などの主要な媒体からですね。

宍戸　そうでしょうね。リアルワールドからインターネットの世界に情報が移るときの一番のポイントは、マスメディアなのです。マスメディアが自分でインターネットに載せたか、マスメディアの掲載した情報を誰かが打ち込んで転載したかは別として、やはり皆さんが情報を得る最初のタッチポイントは、今のところマスメディアなのです。もちろん飲み会の写真を撮って載せるなど、自分の周りの身近な問題はもちろんマスメディアは関わっていないし、そういうマスメディア経由でない情報は増えています。しかし、みんなが知りたい情報の大部分はマスメディアから入ってきますし、その段階での取捨選択が行われています。例えば、この程度の事件報道だったら、名誉やプライバシーに配慮して被害者の名前を載せないという判断をメディアが行っています。

だから、検索エンジンから言わせれば、ほかの表現者が公共的なものと判断して表現して掲載して、インターネットの中に流通しているものを自分たちに見せない措置をとらせるのはどういうことか、という話にもなります。

E 今の話だと、マスメディアの人間が大量の人材を投入して、ゲートキーパーとして情報を選ぶのにものすごくお金を投資している。検索エンジンはそれにただ乗りしているのではないかと、職業的に思ってしまうのです。

宍戸 だからこそ、Googleに税を掛けて、その税をコンテンツを作っている人たちに、配分するという議論が、ヨーロッパでは検討されていますね。

E 先ほどの話につなげて言うと、コンテンツに関しては国家による自由はあまりうれしくないなということを思うんですが、ことインターネットに関して言うと、半分は表現の話、半分はビジネスの話で、その揺らぎをどうしたものかなと感じます。また、国家よりも、超国家のEUよりも、更に強いGoogleに対抗していこうとしているEUは格好いいと思いながらも、国家による表現の自由が日本で逆に強くなってしまう空気に私たちはちゃんと戦っていけるのだろうかを思ったりして、とても複雑な気持ちになります。

宍戸 総務省では、この忘れられる権利問題についてどう対処するかという有識者会議を開きました。結論は、今のところ事業者の自主規制のやり方を見守る、日本国政府として断固たる手は打たず、Google、Yahoo!とも意見交換を続けるというスタンスをとったのです（総務省ICTサービス安心・安全研究会報告書「インターネット上の個人情報・利用者情報等の流通への対応について」〔平成27年〕）。しかし、国家による自由を認めるというのであれば、与野党限らず政治家の方が「今、忘れられる権利と言っているだろう。何で日本でやれないのだ。」等々の話は、当然出てくるでしょうね。

F　新聞や雑誌がインターネットの情報の元だという話がありましたが、私が気になるのは、犯罪があったときに、被害者の名前が報道されるのは、何に基づいているのですか。

宍戸　皆さん、被害者の実名報道には違和感はありますか。

H　あります。被害者の家族はそういう嫌な検索のせいで大変ですよね。

宍戸　昔はメディアスクラムがひどかったのですが、いまはだいぶ押さえられています。しかし、例えばでっち上げの冤罪のことを考えると、被害者の名前がわからないときに、被疑者の被疑事実が本当にあったか、わかりますか。被疑者の名前もそうです。匿名会社員が殺人事件をしましたという、実名が出ない報道であれば、抽象化された事実に対して「ああ、そうなんだ」で終わりですよね。あるいは、大体何歳ぐらいの人が、大体こんな事件を起こして、大体こんな人がやられたので、捕まえましたという警察のプレス発表だけで、本当に大丈夫ですか。危ないことが起きそうな気がする、という一般論はまずあるのです。

他方、現実の問題として、被害者がこんな家庭で、こういうことが起きたのだという類いの煽情的な事件報道が売れるという事実もあります。日本では今、戦争がない以上戦争報道がないところ、いわば国内の戦争というか、国内の犯罪・事件報道が、社会部的には最大の売りです。

実名報道が、本当に公共的な目的でなくて、それによって被疑者であれ、被害者であれ市民のプライバシーがあまりにも損われていないかという違和感も、あります。それは難しいところです。

あまり一般的ではないと言われるかもしれませんが、事件で亡くなった被害者の遺族がしっかり実名で報道してほしいという例も、たしかにあるのです。例えば若い女性が何か事件に巻き込まれて殺されたという事件では、その若い女性の脇が甘かったのではないかという憶測が一般にありがちです。ところが、実名で報道されると、むしろその人をよく知っている人たちが「全くそんな人ではなかったですよ」と発言することで、偶然、本当に不幸な事故に巻き込まれたということがわかる場合もあります。かえって実名で報道してほしいと、被害者側が思うこともあるのです。

このように実名の良し悪しは両側面あるといった問題も考えていただきたいところです。しかし、事件の時に、被疑者や被害者の実名を報道することに一般的に公共的な価値があるとしても、それがそのままインターネットで何年も同じように大量に流れ続けることになる。それが本当にいいかどうかを、悩んでほしいのです。

V　総合討論

宍戸　さて、第1の論点と第2の論点を総合してみましょう。皆さんは、「国家からの自由」と「国家による自由」という樋口先生の出した問題設定のうち、どちらが放送とインターネットにおいて適切だと考えますか。あるいは、その切り分け方では、問題があるというように考えますか。それが、皆さんが今この場で性急に結論を出すというよりは、持ち帰ってほしい最後の問いです。例えば、世の中に知られていない事実を国民に知らせていない、あるいは放っておけば知られない事実がある。だから、せめて放送について、国家による自由という観点で、例えば少数派を取り上げて放送するよう強制すべきだとすれば、それによって、例えば政治権力の側が政府を批判する言論を批判する声を取り上げるよう求めてくる可能性もあります。

だから、国家による自由は良くないのだ、国家からの自由が正しいのだといえば、Googleについても放っておいて、忘れられる権利なんてものは認めるべきでない、とも考えられます。国家が忘れられる権利を実現するよう強制することは、実質的な国家による自由の実現になるかも知れません。他方、忘れられる権利は国家による自由として認められるべきだと考えるならば、それは放送についても結局同じであって、国家が放送の内容に介入することを一定程度認めざるを得ないのではないかという議論にもなります。

もちろん放送の公平性と忘れられる権利の間に線を引いて議論することもできますが、その線を引く理由は何でしょうか。放送あるいは表現の自由に、政府は一切介入してはいけないと決めれば、話は簡単ですが、そうなかなか簡単にズバッと言えませんね。腰が座っていないと批判されればそのとおりかもしれませんが。

A　先生が今おっしゃった、どこかで線を引くとなれば、何を理由にするかが極めて大きな問題になるという意味ですか。

宍戸　そうです。例えば公平性という問題は様々な見方がありうるので、それには政府は介入しない、しかし、私人の名誉・プライバシーといった人格権の問題であれば、恣意的な判断のおそれが少ないから、国家がそういう権利を設定してエンフォースすることができる、という線の引き方はあります。

しかし、名誉やプライバシーは、本当にそんなに私的な問題でしょうか。公平と同じように様々な見方が対立するし、とりわけ名誉毀損の場合は、公共的な事柄について真実性の証明があれば名誉毀損の責任は成立しないのですから、実際には裁判所は表現の公共性を見ます。そうだとすると、公平性を実現するための国家の介入は良くないと言っても、結局プライバシー侵害・名誉毀損の判断という名目で、公平性の判断を国家が立ち入って行うことになりはしないか。結局、バックドアから入ってきて止められないのではないかという考えも、同時に成り立つのです。

いまのは一例ですが、政府の介入を押さえつつ、表現の自由が確保できるのではないかという線を引いても、それが本当にうまくいくかという疑問が残る。ほかの様々な線引きが考えられるのですが、これが決定打だというものがない。仮に決定打があれば、既にそれでやっているはずなのです。

E　名誉毀損で言うと、日本のメディアの立場がとても弱いのですね。公人に対する名誉毀損も立証責任が転換されなくて、メディアが全部、証明していかなければいけない。そうすると、やはり日本だと、国家による自由はなかなか厳しいのではないかと思うのです。

J　先生が線引きとおっしゃったのですが、そもそも線引きするものではなくて、グラデーション、程度問題なのではないでしょうか。

宍戸　そういう議論も含みますし、現に法律家の議論はそうなる傾向があります。1つの線を引かずに、多段階で線を引くとか、グラデーションになってくる。そうすると、専門家はわかっても、一般の人には更にごちゃごちゃしてわからない議論にもなってきますね。

H　公平性という論点が今回の議論でよく出てきます。それは視点をどこかに持ってこなければいけない。最初のマスメディアの話では、国民に任せるのか、プロに任せるのか、公権力に任せるのかという話がありました。しかし、国民の視点から見て公平というと、プロの視点からも公平ということになるのか。先ほどの線引きも、どれが正解とは絶対に言えない。真ん中におけばいいといっても、その真ん中がよくわからない。そうすると、実態で切るしかない。先ほどグラデーションとおっしゃいましたが、それが現実であると考えると、国家による監視という大本の議論も、結局どれとは言えないという気がしてきました。

宍戸　結局そうなると、国民の目線で多数決で基準を決めるのか、専門家が引くのかという問題が起きますね。専門家が引けば反民主的な気もしますし、国民が多数決でやるといったら、結局、政府が決めることになりませんかという問題が、もう一度返ってきます。

I　ずれているかもしれないのですが、放送の公平性に関する政府統一見解では「適合性の判断では、1つの番組ではなく番組全体を見て判断するとしてきた。この事例から解釈については何ら変更はない」と言いながら、「その際、番組全体を見て判断するとしても、番組全体は1つひとつの番組の集合体で、1つひとつの番組を見て全体を判断することは当然のことである」と言っています。要は、最初で全体として判断しますと言っているにもかかわらず、後ろのほうでは個々の番組を取り上げて判断しますというのは、論理矛盾しているのではないかと思うのですが。

宍戸　現実の問題として、『クローズアップ現代』に対する行政指導は、政治的公平ではないですが、1個の番組で判断したのですね。しかし、あのようなやり方も今までの考え方で十分説明できる、今までの根本的な考え方は変えていない。1個1個の番組を見て行政指導をたくさんやっていくということは、今までもこれからもなくて、非常に特殊な場合に限られる。その非常に特殊な場合というのは、今までの考え方でも前提とされていたはずですと言って、とにかく現実を今までの枠内で制御する考え方が背後にあるのだと思います。

J　表現の自由が奪われるような動きに対して、憲法の研究者はどのように取り組んでいるのでしょうか。

宍戸　ある動きを叩いた後で、少しでもましなものが出てくると、いいかと思いがちになるのが実は一番怖いのです。だから、少し後ろから全体を見ていて、次のものが出てきたときに、それも駄目だということを言うこともまた必要ですね。そのためには、本来、表現の自由とはどうあるべきか、憲法はどうあるべきかを考え続けることが、重要だと私は思っています。

それでは、分科会はここまでにしましょう。ありがとうございました。

第4部

総括討論

松原俊介

Ⅰ　はじめに

「憲法を学問する」は、2016年6月11日、12日、大学セミナーハウスにおいて行われた。近時、2014年7月に集団的自衛権の行使を一部認容する閣議決定がなされ、2015年9月にはいわゆる平和安全法制が国会で成立するなど、日本国憲法を取り巻く状況は大きく変動しており（「日本の立憲主義のいま」論究ジュリスト17号〔有斐閣、2016年〕108頁〔宍戸常寿発言〕）、そのために、国民の憲法への関心が高まりを見せていた。そのような背景の中で、「主権者の一人として、……プロパガンダにだまされない批判的な眼を養」うために、「政治的・党派的な文脈で扱われがちな憲法」を「学問する」ことを目的に開催されたのが、「憲法を学問する」である（「憲法を学問する」開催要項）。

「憲法を学問する」の1日目は、樋口先生と石川先生の師弟対論「憲法学の体系」から始まったが、ここでは、日本の憲法学の体系を考える際に、「方法としての比較」や「方法としての異世界」を用いる重要性が指摘されていたことが印象に残っている。この後に、蟻川先生、宍戸先生、木村先生を含めたパネルディスカッションへと進んだ。ここでは、樋口先生の「近代立憲主義」論に対する先生方の受け止め方や、統治機構論に関心が集まってきているという「統治の時代」（「政治の時代」）に関する議論など非常に刺激的なお話が続いた。パネルディスカッションの最後では、これまでの議論と各分科会の内容とを結び付けた説明がなされており、これがその後の分科会への道筋になったと思われる。

その後、受講生は4つの分科会に分かれた。私は宍戸先生の分科会に参加したが、そこでは、放送法における番組編集の自律と番組編集準則に関する問題など、表現の自由をめぐる近時の諸問題について、詳細なスライドを用いながらわかりやすい説明がなされていた。特に、樋口先生の『国法学』における「国家からの・独占放任型の・形式的自由」と「国家による・独占からの・実質的自由」の対抗図式に関する記述について、放送法やインターネットにかかわる具体例を交えた説明を受けた時には、私は、「学問」が現実の問題を考える際の指針になることを実感した（参照、樋口陽一『国法学〔補訂〕』〔有斐閣、2007年〕140-144頁）。

分科会後の夕食・懇親会における先生方とのフリートークも非常に印象に残っている。受講生は、学生と社会人がおよそ半々くらいであったが、先生方を取り囲み、前年（2015年）に成立した平和安全法制に関する問題や各分科会での内容などについて夜が更けるのも忘れるくらい皆熱心に質問していた。昼間のパネルディスカッションの中で木村先生が「法律学は勝負であり、対等な立場で闘う姿勢で臨む」旨おっしゃっていたが、先生方は質問を投げかける受講生と熱い議論をしていたことを思い出す。

2日目は、各分科会の続きから始まり、宍戸先生の分科会では1日目の説明を踏まえて、特に放送の公平性や忘れられる権利の問題について受講生を含めて議論をした。各受講生の年齢やバックグラウンドには違いがあるにもかかわらず、具体的な問題についてかみ合った議論がなされており、ここでも「学問」が、現実の問題を議論する上で欠かせないことを改めて感じた。この分科会終了後、全体で、各分科会の受講生の代表者による分科会報告が行われ、これによって、他の分科会での先生による解説や議論の大筋を知ることができた。そして、昼食をはさんで、2日目の最後に行われたのが総括討論である。

総括討論は、分科会報告を踏まえて、日本国憲法の核心といえる「立憲主義」と「個人の尊厳」に関する質疑応答を中心として進行した。

II　個人の尊厳

1　質問事項

まず、「個人の尊厳」を高い身分の普遍化と捉える蟻川先生に対して、次のような質問が出された。

「個人の尊厳」は、高い身分の普遍化なのであろうか。すなわち、「個人の尊厳」は、何かによって与えられるものではなく、人間は生まれた時から、ないがしろにされたり、殺されたり、いじめられたりせず、また、「本来こうあってはならない」という状態があり、それこそが「個人の尊厳」ではないか。そして、そうだとすれば、身分の高い人だけが持っていて、だんだんと普遍化したということと矛盾しないのか。

2 「尊厳」の普遍化という考え方

このような質問に対して、蟻川先生は、フランス革命で人々が貧困にあえいでパンを求めて暴動を起こした際に、マリー・アントワネットが「パンがなければケーキを食べればいいのに」と言ったという逸話を例に出して、「高い身分の普遍化」ということの意味を説明された。今私たちが普通にケーキを食べることができるのは、「皆がマリー・アントワネットになった」時代となったからであると言うのである。

蟻川先生も、質問者と同様に、「人間であればこのような辱めを受けてはならない」ということが「尊厳」であり、現在では身分の高い人だけに認められるものではないと考えている。しかしながら、歴史的にみると、今私たちが、「人間であればこのような辱めを受けてはならない」と思っていることは、大昔は身分の高い人のみに認められていたことであり、かつては身分の高い人の特権でしかなかったものが、長い歴史を経て、全ての者にとって「人間であればこのような辱めを受けてはならない」という考えになってきたのである。そして、これを素直に表現すれば、全ての人が高い身分になったということなのである、と蟻川先生は言う。

このように蟻川先生は、「尊厳」とは、歴史的にみれば、「高い身分」と不可分に結びついてきた観念であるとするが、同時に、この「尊厳」と「高い身分」は、公共のための「義務」を介して、結びついてきたことを指摘されている。蟻川先生が、近代市民革命後の近代社会を、身分がなくなった社会ではなく、高い身分が普遍化した社会と捉えようとするのは、高い身分に結合した「尊厳」が、身分の解体により社会的に失われることに危機感を覚えているからであろう（参照、蟻川恒正『尊厳と身分――憲法的思惟と「日本」という問題』〔岩波書店、2016年〕）。

3　個人の「尊厳」とは

ここで、樋口先生は、そもそも「尊厳」とはいかなる意味を有しているのかという点に関連して、大江健三郎が、井上ひさしの小説『一週間』をとりあげた書評（大江健三郎「小説家井上ひさし最後の傑作」波2010年7月号2頁以下）の中で、小説の主人公の生き方として読み取った「人間を・また人間として、辱かしめ・辱かしめられてはならぬとする気質」という言葉を紹介された。樋口先生によれば、「法的な用語としての個人の尊厳……の意味を、これほど見事に言い直した言葉はない」（樋口陽一「ある劇作家と共に〈憲法〉を考える――井上ひさし『吉里吉里人』から『ムサシ』まで」早稲田法学88巻1号〔2013年〕264頁）。

その上で、樋口先生は、先の質問者が、東日本大震災当時、東京電力に勤めていたが、その後思うところがあり東京電力を退職されていたことにも触れて、次のように述べた。

「〔「人間を・また人間として、辱かしめ・辱かしめられてはならぬとする気質」〕は、書評の対象になった井上ひさし、書評の書き手の大江健三郎、こういう人たちに共通する人間の気質だと思います。また、〔東日本大震災当時、日本の電力産業の中で不可欠な役割を演じてきたという責任を感じて辞表を出した〕質問者は、このままで職を全うしていたのでは、自分自身が辱められていることになる、そういう思いであったと……私はそのように受け取ります。」（〔 〕内は、この直前の樋口先生の発言から松原が補足した。）

このように、樋口先生は、先の質問者の生き方について「尊厳」を全うしたと言い、そこまでできる人間は数少ないが、そうでなければならないということが、蟻川先生が「尊厳」をテーマにした意味であると指摘する。

以上が、ここでの樋口先生の回答であるが、樋口先生と蟻川先生はともに、「個人の尊厳」は「個人」自身に対して非常に厳しいものであるという問題意識を共有していると思われる。これは、樋口先生がかつて書かれた論文の「個人の尊厳――その重さに耐えること」という一節からも読み取ることができる。それによれば、「近代憲法の考える自由」は、「個人おのおのが自分の意見をもち、必要があるときは損得勘定ぬきでそれを言い表わし、そのことによって世の中を動かしてゆく、という意味での自由」であり、「そのような厄介な生き方に耐えるよりは、『みんなに合わせて』暮らしていった方が楽だ、という誘惑は強い」とされる。そして、そうであるから、「本当の自由とは、人間の本性からいえば相当に無理をしないと、その重さに耐えられないという性質のものなのである」と言う（樋口陽一「憲法を学ぶにあたって」同編『ホーンブック憲法〔改訂版〕』〔北樹出版、2000年〕27-30頁）。先の質問者の生き方は、まさに、「個人の尊厳」の重さに耐えた生き方であると思われる。

Ⅲ　立憲・非立憲

1　質問事項

「立憲主義」については、石川先生の「立憲・非立憲」の議論に対して、次のような質問が出された。

「立憲・非立憲」の議論は、政治的な批判をする際に有効、有意義なのだろうか。仮に、「非立憲」であるという批判が、単に政治家のマナー違反であるという主張にとどまるとしたら意味があるのだろうか。

2　「立憲・非立憲」の文脈

「立憲・非立憲」の議論は、佐々木惣一が、1916年1月の『大阪朝日新聞』における連載「立憲非立憲」の中で論じたものである。ここで、佐々木は、「違憲とは憲法に違反することを謂うに過ぎないが、非立憲とは立憲主義の精神に違反することを謂う。違憲は固より非立憲であるが、然しながら、違憲ではなくとも非立憲であると云う場合があり得るのである。然れば苟くも政治家たる者は違憲と非立憲との区別を心得て、其の行動の、啻に違憲たらざるのみならず、非立憲ならざるようにせねばならぬ。彼の違憲だ、違憲でないと云う点のみを以て攻撃し、弁護するが如きは、低級政治家の態度である」と述べ、「立憲的政治家たらんとする者」はこの点に注意しなければならないと警告していた（佐々木惣一『立憲非立憲』〔講談社、2016年〕62-63頁）。

上記の質問は、昨今の政治状況におけるこのような「立憲・非立憲」の議論の有効性を問うものである。

これに対し、石川先生は、まず、「立憲・非立憲」という問題が出てきた文脈から説明された（以下の説明とⅢ3、5の説明については、石川健治「解説」佐々木惣一『立憲非立憲』223頁以下も参照）。

1つ目の文脈は、日本の大日本帝国憲法（以下、「明治憲法」という）下における政治のあり方である。明治憲法は、基本的に無駄なことは書かないという主義で作られており、条文の数も少なく、明示的には書いていないことが多い。そうすると、書いていないこと、つまり憲法で明示的に禁止されていないことであれば何をしてもよいのかという問題が生じることになる。しかし、佐々木は、明治憲法にも「立憲主義の精神」は宿っているのであり、憲法に書いていないことであっても、「立憲主義の精神」に照らしていえばこうなるはずだという議論をすることで、「憲法習律」として新たな政治、あるいは政府のかたちを作っていこうとしたのである。

この点を、佐々木の「立憲非立憲」とともに強調したのは、吉野作造が、同じく1916年1月に雑誌『中央公論』に掲載した、民本主義の綱領論文「憲政の本義を説いて其有終の美を済すの途を論ず」である。この中で、吉野は、憲法に書いていないから何をしてもよいということではなく、「憲政の本義」からこうなるはずだという議論をしなければならないと、佐々木と同様の主張を行っている。吉野が特に論じていたのは、大正デモクラシーの議院内閣制の運用についてであり、彼は、いわゆる超然内閣制に対して違憲でないにしても「非立憲」であるとの批判を行ったのである。

2つ目の文脈は、「違法（illegal）」と「非立憲（unconstitutional）」を区別するイギリスにおける議論である。イギリスの憲法論では、「違法」とは別に、「立憲主義の精神」に反する行為を「非立憲」とする言い方が定着していたが、佐々木は、イギリスにおけるこのような議論になぞらえて、明治憲法下における政治的な言説を整理したのである。

このように、佐々木による「立憲・非立憲」の議論は、明治憲法が簡潔な条文のみを置いているということから、例えば超然内閣制を置いても違憲ではないという議論が生じてくることに対して、憲法に書いていなければ何をしてもよいわけではなく、「立憲主義の精神」に照らせば、超然内閣制は「非立憲」であり、責任内閣制、議院内閣制が運用されるはずだという議論にもっていこうとしたのである。これに2つ目の文脈であるイギリスの文脈をブレンドして「立憲・非立憲」の議論が完成したのである。

3 「立憲・非立憲」の意義

「立憲・非立憲」の議論が出てきた文脈についての説明に続けて、石川先生は、同様のことは現在においても言うことができるとされた。ここで、石川先生は、衆議院解散権の所在の問題と解散権の行使の仕方の問題を例として挙げられた。

日本国憲法には厳密な意味では衆議院解散権についての条文がない。つまり、解散があることは憲法に書いてあるのだが、誰が解散を決定する権限を有するのかについての規定はないのである（実際、１９４８年の日本国憲法下における最初の解散のときは、解散の憲法上の根拠が明確でないため、与野党が話合い〔なれ合い〕で内閣不信任決議を可決し、その上で解散するという方法がとられた）。しかし、石川先生は、書いていないからといって誰がやってもよいということではなく、ここでも、もし憲法に書いたとしたらかくあるべきというものがあると言う。そして、これは、「立憲・非立憲」の議論によってコントロールすべき問題であるとされた上で、石川先生は、「立憲・非立憲」という問題は、「合憲・違憲」とは別の論点として現在でも成立するし、さらに言えば、より活性化することが求められていると言うことができるとされた。

解散権の行使の仕方についても明確に定めた憲法の規定はないが、石川先生は、いつ解散権を行使してもよいという議論に対して、「立憲主義の精神」に照らせば、どんな時でも解散権を行使してよいわけではなく、解散権の「濫用」という議論は可能であり、必要になってきていると言う。

このように石川先生は、「立憲・非立憲」の議論は、単なるマナーの問題ではなく、憲法の構造の中で「立憲主義の精神」に照らして如何にすべきか、という問題であり、そしてそれは、現在でも有効性を持つ議論であるとされた。

上記のように「非立憲」とは、「立憲主義の精神に違反すること」を言うが、ここで言う「精神」について、石川先生は、別のところで、「誰とはなしに広く人々に共有された考え方のことであり、それは、個々人の精神をひとまず超えたところで、一個の構造連関として共有され、解釈されて」

おり、「それに違反しても、おまわりさんには捕まらないが、なにか『いやな感じ』がする」ものであると説明されている。そして、「違憲ではなくても非立憲な問題局面こそ、違憲合憲のコードでしか動けない裁判官ではなく、政治家が本領を発揮すべき場面である」と述べられている（石川健治「深い明るさの方へ」現代思想43巻14号〔2015年〕166頁）。

4　アイデンティティとしての「立憲」の可能性

上記のように、「立憲・非立憲」の議論は現在でも有効性を持つ議論であるとされるが、このことに関連して、樋口先生が、「立憲」というシンボルにパンチ力があるのか、つまり、みんなを奮い立たせる、熱くさせることができるのかという問題を提起された。

樋口先生は、「立憲」という言葉を知らない政治家に対してであれば、これを突き付けたことで一定程度のパンチ力を発揮できたが、この言葉がなじんでくると、そのパンチ力は失われかねないと言われた。その上で、樋口先生は、自由民主党「日本国憲法改正草案（2012年4月27日決定）」が日本的価値と考える、「国と郷土」、「和」、「家族」といったようなものや、あるいは、ある種の人々を熱くする「反日」という言葉に代表される価値に対して、これらとは次元の異なる「立憲」という価値でどうやって対抗していくのかということを考えなければならない、とされた。

ここで、樋口先生は、同様のことが、戦後の（西）ドイツにおいて、ドイツ人のアイデンティティは何かというかたちで問題となったことを紹介された。この問題に対する知的世界における最も有力な答えが、ドルフ・シュテルンベルガーによって提起され、ユルゲン・ハーバーマスによって広められた「憲法パトリオティズム（憲法愛国主義）」（Verfassungspatriotismus）である。（「憲法パトリオティズム」とは「ドイツ連邦共和国基本法の掲げる価値へのコミットメントこそが戦後（西）ドイツのアイデンティティなのだという考え方」のことをいう〔樋口陽一『抑止力としての憲法――再び立憲主義について』（岩波書店、2017年）116頁〕）。

ドイツでは、ナチス独裁体制による悲劇的な歴史があるために、ドイツ人のアイデンティティをドイツ人の「血と大地」やドイツ語などで表現することはできなかったこと、また、一時期は戦後ドイツの経済的成功（マルク・ナショナリズム）をアイデンティティの支えとする勢いもあったものの、この経済成長も鈍化していったことを背景として、「憲法パトリオティズム」は広められたのである。この「憲法パトリオティズム」にも奮い立たせるもの、じーんとくるものがないという不満はあるものの、そこにアイデンティティを求めていくしかないというのがドイツの状況であるとされた。

その上で、樋口先生は、「本来は、日本国憲法でも憲法愛国主義があっていいはずなのです」と言われた。なぜならば、あの改憲派のリーダーであったといえる中曽根元首相も含めて、歴代の首相が、憲法の基本精神に手を触れることは一切考えていませんと言っていたように、日本でも、「緩い意味での日本国憲法愛国心」が、改憲派の政治家たちを含めて、成り立っていたということができるからである。その上で、樋口先生は、次のように言われた。

「しかし、その日本国憲法を『みっともない憲法』という言葉で表現する〔安倍〕首相を戴いていますから、まさに私どもは非常に困難な状況に当面しています。」（〔　〕内は、松原が補足した。）

5 「立憲」と「民主」

樋口先生の上記説明に引き続いて、石川先生が、「立憲主義」について「民主主義」との関係から説明された。

石川先生によれば、1916年1月に打ち出された、佐々木の「立憲非立憲」と吉野の「民本主義」――この内容は、明治憲法体制を前提としているため、国民主権を意味する民主主義ではなく、権力の民主的な「運用」を指す、国民主権のない民主主義であるが――のどちらが世間に受けがよかったかというと、圧倒的に「民本主義」であった。両者は、自由主義・責任主義・民主主義の三要素からなる同一内容の主張であるにもかかわらず（参照、石川健治「一枚の写真」法学教室447号〔2017年〕1頁）、「民本主義」のほうが人々を奮い立たせたのであり、そして、それは「立憲主義」のアピール力不足を痛感させる出来事でもあったと言うのである。

ここで、前提として、「立憲主義」からどうやって、「民主主義」を語れるかという問題がある。なぜなら、「立憲主義」は、本来は「民主主義」とは相容れないからである。

この点について、石川先生は、以下に要約するように、佐々木が「民主主義」の要素をどのように「立憲主義」に取り込んだのかという点から、「立憲」と「民主」がいかに結合するかを解説された。

佐々木は、「責任」という観念を梃子に用いることによって、この問題を解決した。この「責任」とは、政府の議会に対する「責任」、議会の国民に対する「責任」であり、さらに、佐々木はもう一歩踏み込んで、国民の公共に対する「責任」を挙げる。というのも、国民が政治に参画する以上は、公共に対して責任を負うと考えるからである。このように「責任」を梃子にして「責任政治」(参照、蟻川恒正「責任政治」法学〔東北大学〕59巻2号〔1995年〕99頁以下)としての「民主主義」の要素を「立憲主義」に取り込んだのである。

このように佐々木が、通常の政治責任の議論よりもさらに踏み込んで、国民の公共に対する「責任」を論じた背景には、朝永三十郎という哲学者との交流がある。この朝永も、佐々木・吉野と同じ1916年1月に『近世に於ける「我」の自覚史――新理想主義と其背景』(東京宝文館、1916年)――人間は「我」というものをどうやって自覚してきたのかという、「我」の自覚の発展を哲学史的にたどる内容である――を発表した。そこにおいて強調されていたことの1つは、「立憲政治」であり、それは、「我」と国家の対抗であるとされた。さらに、その基礎にあるのは「責任」の観念であり、真・善・美の規範に対する「責任」を引き受けることができるような「人格」を確立すること、そして、この「人格」の「威厳」――これは、「尊厳」のことである――を社会に承認させることが重要であるとされる。このような「人格」の確立とその「尊厳」の社会的承認があって初めて、「責任政治」としての「民主主義」が「立憲主義」の要請として出てくるのである。

次に、「民主」に対して「立憲」のアピール力不足をいかに考えればよいかという問題がある。

この点について、石川先生は、佐々木が、「立憲主義」それ自体ではアピール力が弱いという認識のもと、日本人に定着できるように道徳的基礎を与えようとしたことを紹介された。佐々木は、道徳的自由を守るために「立憲主義」を強調するが、あわせて、いわば「立憲主義」の土着化を図るために、日本人の「国民道徳」――これは、「個人が、一の国家に所属する国民たるの地位に於て、行うべき道徳」とされる――という非常に剣呑な領域とのつながりを論じていたと言うのである。

このような佐々木の議論に対し、前述の樋口先生の議論は、この「国民道徳」との連絡をあえてつけない選択の重要性を指摘しているということに、石川先生は注意を促した。すなわち、「国民道徳」との連絡がうまくつけば、「立憲主義」はじーんとくるものになるかもしれないが、「国民道徳」ということを持ち出すと、「家」などの、まさに自民党の「日本国憲法改正草案」のいう価値とも連絡がついてしまいかねないからである。佐々木は、そのような剣呑な領域に連絡をつけようとしたことになるが、そのような「国民道徳」との連絡を絶つことによって――もちろんアピール力をそいでしまうことになり得るわけだが――「立憲主義」それ自体を維持していくという道がもう1つの選択肢としてあると、石川先生は言う（参照、佐々木惣一「立憲政治の道徳的意味」同『立憲非立憲』75頁以下）。

Ⅳ　議院内閣制と解散権

1　質問事項

議院内閣制について、次のような質問が出された。

議院内閣制の2つの見解について、その本質の対立軸はどこにあるのか。

2　議院内閣制の本質

このような質問に対し、石川先生は、次のように、議院内閣制についてのイギリス型とフランス第三共和制型を挙げて、両者に対する評価の違いから、議院内閣制の本質に関する2つの見解に迫った（石川先生も当日参照してほしいと述べていた、石川健治「議会制の背後仮説――議会と政府の関係の諸相」法学教室225号〔1999年〕67頁以下参照）。

イギリス型とは、議会から受ける不信任決議の攻撃に対して、内閣が、助言と承認によって、国王が保持している解散権を行使させて対抗することができるという統治システムのことである。この特色は、議会の内閣不信任決議権と国王（国家元首）の議会解散権とが議会と政府の抑制・均衡の手段として対峙することである。これに対して、フランス第三共和制においては、大統領が象徴化するとともに、国家元首としての大統領が保持する解散権が空文化し、内閣は議会から一方的に不信任決議を突き付けられるという統治システムとなったが、このような統治システムのことをフランス第三共和制型という。このフランス第三共和制型においては、議会による内閣不信任決議権と内閣による議会解散権による抑制・均衡関係は、事実上消滅した。

このフランス第三共和制型を、より民主的であり、その意味で合理化された議院内閣制であると、プラスの評価をする立場がある。これが「責任本質説」である。そのため、「責任本質説」に立脚する教科書におけるフランス第三共和制に対する評価は高いのである。例えば、芦部信喜（高橋和之補訂）『憲法〔第7版〕』（岩波書店、2019年）342頁も、フランス第三共和制における議院内閣制を「議会による政府（内閣）の民主的コントロールが最優先された」として、プラスの評価をしている。この場合、議院内閣制の本質は政府が議会に対して責任を負っていることに尽きるので、その本質に解散権という要素は含まれないことになる。

フランス第三共和制型についてのもう1つの評価は、アルザス人の憲法学者レズロープによるマイナスの評価である。レズロープは、世界中の議院内閣制を研究して、唯一、フランス第三共和制のそれだけを「贋物」だと鑑定したのである。なぜ「贋物」であるかというと、解散権がないために政府と議会の間の均衡が失われているからである。このようにイギリス型における政府と議会の均衡を重視し、解散権を重視する立場を「均衡本質説」という（この「責任本質説」、「均衡本質説」の呼称は、樋口陽一「議院内閣制の概念」小嶋和司編『憲法の争点〔新版〕』〔有斐閣、1985年〕180頁以下を起源とする）。

3 解散権

以上のような「責任本質説」と「均衡本質説」についての石川先生の説明に続けて、樋口先生は、議院内閣制の本質の対立軸である「解散権」に関して発言された。

「憲法を学問する」が行われた2016年6月は、ちょうど、2016年7月の参院選と同日選をするために安倍内閣が衆議院解散をするのではないか、と世間を賑わせていた時期である（結局この時は，衆議院解散は行われなかったが）。さらに遡ると、2014年秋の衆議院解散については、その目的やタイミングの点などから党利党略によるものではないか、との評価もなされていた。

樋口先生は、まず、誰が解散を決定する権限を有するのかという問題から説明された（前述のように、日本国憲法にはこの点についての明文の規定がない）。

樋口先生は、日本のジャーナリズムが「解散権は首相の専権である」とするが、これは、法的には誤りであり、憲法解釈としては、解散権を行使できるのは首相ではなく内閣の権限であるとされた上で、さらに、実際の運用の上でも、解散権は首相の専権ではなく内閣の権限であると言われた。すなわち、与党内の基盤の弱かった三木武夫首相は、解散したくてもできずに任期満了選挙に追い込まれ、その総選挙で自民党の議席が過半数を割る敗北を喫して退陣したし、より近時の小泉政権でも、当時の農水大臣が解散に関する閣議の決定に署名しなかったため、小泉首相は憲法上の権限（68条2項）に基づいて農水大臣を罷免して小泉郵政解散を行ったからである。

その上で、樋口先生は、衆議院の解散権については、「民主主義」ないし「立憲主義」のどちらの側からみても時系列順に3段階の評価、すなわち、①君主の強権的な制度であり、非立憲・非民主的であるとする評価→②国民に信を問うことができるという民主的な評価→③自由な解散権の弊害から解散権を縛る近時の評価、の3段階の評価がなされてきたと説明された。

もともと解散権は、君主が自分の言いなりにならない議会を懲らしめるために（民選）議員を一挙に首にする強権的な制度であったのであり、「立憲主義」、「民主主義」の観点からも否定的な評価が下された（①）。ここで、樋口先生は、吉野作造が、1916年の「憲政の本義を説いて其有終の美を済すの途を論ず」の10年ほど前（1905年）の論文（「本邦立憲政治の現状」『吉野作造選集⑴』〔岩波書店、1995年〕3頁以下）において、当時のいわゆる藩閥政府が議会を解散させることについて、議会が言いなりにならないからといって政府が議会を解散させているのは西欧諸国でもデンマークだけであるとして、「民主主義」、「立憲主義」の点から否定的な評価をしていたことを紹介された。

その後、19世紀末から20世紀にかけて、特にイギリスで、解散権は、国民投票と同様に民主主義に資する制度であるという評価がなされるようになった（②）。その理由は、政策的な対立点が新しく浮上してきたときにその都度解散することで、国民の信を問うことができるからである。ここで、樋口先生は、日本でも1960年のいわゆる安保闘争のときに、国会をとりかこんだデモ隊が「国会解散」――正確には衆議院解散であり国会解散ではないが――と叫んでいたことを紹介された上で、ここには解散権の行使は民意を問う民主的なものであるとの理解があるとされた。

2011年にイギリスは「議会任期固定法」を制定し、内閣による自由な解散権の行使を制限したが、これが③の評価である。イギリスは、まさに第2段階から第3段階で劇的な変化を遂げたが、ドイツでは1949年のドイツ連邦共和国基本法（ボン基本法）で既に解散権は厳格に制限されている。その上で、樋口先生は、解散権の評価に変化があることと、現内閣の都合から一番議席の取れそうなあるいは議席の目減りが少なそうな時期を選んで解散したいと思うのは当然であることを念頭に置くと、日本でも解散権に関する議論がいずれまた必ず起こるだろうと言われた。

V 公共の福祉

1 質問事項

蟻川先生の個人の「公共」のための義務や佐々木の国民の「公共」に対する責任に関連して、次のような質問が出された。

ここまでの議論において、個人の尊厳から導かれる「公共」のための義務や佐々木が言う国民の「公共」に対する責任が論じられてきたが、学説は、「公共の福祉」という概念をできるだけ消そうとしてきたのではないか。学説としてもっと積極的に「公共の福祉」の内容を明らかにすることはなぜされてこなかったのか。

2 公共の福祉と憲法12条

日本国憲法は、その12条で、「この憲法が国民に保障する自由及び権利……を濫用してはならないのであって、常に公共の福祉のためにこれを利用する責任を負ふ」とし、13条後段で、「国民の権利については、公共の福祉に反しない限り、立法その他の国政の上で、最大の尊重を必要とする」として、「公共の福祉」による制約が存する旨を一般的に定める。

ここでの問題は、このような「公共の福祉」について、なぜ憲法学説が消極的に評価してきたかである。

蟻川先生によれば、戦後、最高裁が人権主張に対して、「公共の福祉」の名のもとに撫で切りにするように簡単に合憲判決を繰り返し、そのことによって、「公共の福祉」は人権を邪魔するものだという観念が強くなった。そのため、今では最も大事な規定と言われ、新しい人権の根拠になっている憲法13条後段を訓示規定と解するほど、学説では、「公共の福祉」の毒を抜かなければならないという意識が長期間にわたって続いてきたのである。その後、1970年代頃から、社会の高度化に伴って環境権やプライバシー権の重要性が高まり、その根拠規定を憲法13条後段の幸福追求権に求めるために、ようやく、憲法13条後段を法的効力のある規定と解する見解が有力となる。そうであっても、今日まで、憲法12条は相変わらず訓示規定と解する見方が有力であり続けており、さらに、法学教育においても、最高裁の「公共の福祉」の名による人権主張の撫で切りに対抗するため、「公共の福祉」を少しでも消そう、小さく扱おうということが行われてきた。

蟻川先生は、学説の動向をこのように整理された上で、「公共の福祉」を再評価する次のような視点を提示された。

「『公共の福祉』というものを本当にまっさらな目で見れば、〔憲法〕12条はかなり大事なことが書いてある。憲法上の人権が保障されるためには、『公共の福祉』のために利用する責任を負うのだというのは、かなり公共というものを強烈に意識し、その重要性を意識した上で、人権の無作法な主張を制限して、人権というものを効果的に使って社会を公正なものに仕立て上げていこうと、そういうエネルギーを秘めた規定である。」（〔　〕内は、松原が補足した。）

その上で、蟻川先生は、SEALDsの若者たちが「不断の努力」をキーワードにすることで、憲法12条にある「不断の努力」という言葉を再発見したことに注目された。それは、憲法学者が見てこなかった日本国憲法の権利体系の核心を衝いていたからである。それはなぜ可能になったのだろうか。蟻川先生は、それについての1つの有力な理解として、主たるSEALDsのメンバーに法学部生がいなかったことを挙げられた。法学部生であれば憲法学者の講義を受け、憲法12条は抑えようという話になるけれども、そういった法学部との接点が少なかった若者たちが憲法12条の隠されていた可能性を切り開いてきたと言うのである。

さらに、蟻川先生は、この憲法12条のいう「公共の福祉」のために憲法上の人権を利用する責任を果たすことで、我々は、真の意味で高い身分の人、つまり、「尊厳」ある主体になれると述べられている（参照、蟻川恒正「講演録『個人の尊厳』と『個人の尊重』」東北学院大学法学政治学研究所紀要25号〔2017年〕1頁以下）。

Ⅵ 「専門家の職責」と「個人の尊厳」

1 質問事項

宍戸先生の分科会において扱われた報道の自由に関して、次のような質問が出された。

報道の自由に関して「専門家の職責」が認められると言うが、「専門家の職責」は「個人の尊厳」の概念と類似している点があるのではないか。「専門家の職責」というものが「個人の尊厳」と比較した場合にどういった位相を有するか。

2 「専門家の職責」と「個人の尊厳」との比較

まず、「専門家の職責」とは、「専門職能にもとづいて発生する、〈義務＝自由〉」であり、「一面において、それをなすことを職業上の義務として課せられ、命ぜられているという自由制限的契機と、他面において、かかる義務を尽すことに対して外部から掣肘が加えられることを排除する自由指向的契機とが、分ち難く結合したところに成立する」とされる（蟻川恒正「国家と文化」岩村正彦ほか編『岩波講座　現代の法(1)現代国家と法』〔岩波書店、1997年〕216-217頁）。

上記の質問は、「専門家の職責」と、公共に対する義務を負うことによって認められる「個人の尊厳」との関係を問うものであるが、この質問に対しては、宍戸先生と蟻川先生が答えられた。

宍戸先生は、次の3つの観点から「専門家の職責」と「個人の職責」を比較検討された。

宍戸先生は、まず、蟻川先生の言う「個人の尊厳」において想定されている「個人」は、中世的・身分制的なものを基礎にしているのに対して、ジャーナリストあるいは報道機関の「職責」(以下、「ジャーナリズムの職責」という)というものは、いわば近代的・現代的な一種の機能複合体であり、公共の利益にいかに奉仕するかという意味での現代的な自由があると言う。この点において、「個人の尊厳」と「ジャーナリズムの職責」には違いがある。

このように中世的・身分制的な「個人の尊厳」と近代的・現代的な「ジャーナリズムの職責」は出発点において異なる。しかしながら、次に宍戸先生によれば、ジャーナリストの人たちの、あるいは報道取材という場合の機能の裏打ちになっている規範――いわゆる「ジャーナリズムの倫理」――が存在し、これが隠微に基礎づけられていることにおいて、「個人の尊厳」と「ジャーナリズムの職責」はもう一度接近してくる。

宍戸先生は、最後に、「公開性」という観点から「ジャーナリズムの職責」を「個人の尊厳」との関係で考えると、2つの考え方が出てくるとされた。

第1に、報道機関ないしジャーナリストの活動において、そこで公開という場合には報道取材の結果をアウトプットすることであり、そこに至るまでの手の内は明かさないという考え方――これは、取材源の秘匿の議論に代表される――があるとされる。このように報道機関を取材対象者や世論、政府などの外界から閉じて、そのことによって報道機能を守るというのが伝統的な報道取材の捉え方であると言う。

それに対して、現在、インターネットなどの普及による情報化社会の中で、「個人」が表現活動の主体として多くの表現をするようになり、まさに中世的・身分制的な「尊厳」の観点から強い意思と熱意でもって公共空間で議論する人が増えているときに、それとは逆に、報道機関の活動が外界に対して閉じているために、情報の取捨選択において何か不当に情報を隠しているのではないか、特定の勢力から圧力や影響を受けているのではないかといった懸念が生じているとされる。このように、ジャーナリスト・報道機関こそ非公開だと言われて、報道機能が損なわれ、健全な世論形成が妨げられる事態が生じていると言うのである。

第2の考え方は、報道機関の内部にいるジャーナリスト「個人」が現代的な機能の一部であると同時に、一人ひとりが中世的な「個人」であることを取り戻し、そのジャーナリスト「個人」がはっきりと物を言うことができるようにするという考え方であるとされる。これは、報道機関が機能複合体として閉じていたものを、あえて開いていくということであり、例えば、取材あるいは報道のプロセスを公開して、外部の人と連携しながら報道をしていくような考え方であると言う。

しかし、これを進めていくと、報道が外部からの浸透圧を非常に強く受けてぶれてくる危険があると言う。例えば、最近、朝日新聞の社説がぶれてきているのではないかという問題があるとされる。これは、これまでの朝日新聞の社論とは異なる人の意見をオピニオン欄で積極的に取り上げることによって、「朝日新聞らしさ」が失われて読者が減り、それによって政権に対する批判力が弱っているのではないかと言われる問題である。

3 「職責」という観点

蟻川先生は、まず、「職責」は、4つの分科会のテーマに共通するものであると言う。つまり、第1分科会の「統治と行政」における統治行為というのは、裁判官が憲法解釈の際に高度に政治的なものをどう扱うかという問題であるから、裁判官の「職責」が問題となっているし、第3分科会の「立法と司法」における法の解釈についても、裁判官あるいは法律家の専門職としての「職責」が問題となっている。そして、第4分科会の「表現の自由」では、ジャーナリズムの「職責」が、重要なテーマになっている。

その上で、蟻川先生は、「職責」と「個人の尊厳」は、公共に対する義務、責任という点で通底するものがあると言う。すなわち、「個人の尊厳」の主体である全ての「個人」は公共に対する何らかの義務を課されている存在であり、架空の潜在的職業者であると言えるのである。そして、その潜在的職業者である「個人」が、その職業倫理に導かれて公共に対する義務を履行するという意味で、（宍戸先生の言う）職業的、中世的な倫理に縛られているのであり、現代では、そのような「個人」そのものによって担われる場面が、普通に考える以上に広くなっているのではないかと言われる。

ここで、「個人」に対して、このような公共に対する「義務」を課することは、「立憲主義」に反しないかが問題となる。なぜなら、「立憲主義」は、本来、人を疲れさせるものではなく、人に生き方を教えないものであるからである。

この点について、蟻川先生は、人間の生活の中のごく限られた場面である公的な討議の場では、公共のための義務を認めるべきではないかと言う。例えば、公的討議の典型的な場面である訴えを提起する場合には、自分の私的欲求を認めてくれと言うのではなく、自分の権利は公的な討議にふさわしい資格を持った権利であることを訴えていく必要があり、これは、憲法12条の原理を実践することであると言うのである。

このように、蟻川先生によれば、職業倫理が基になって、「職責」と「個人の尊厳」は意外に近い概念であり、そこにいろいろな可能性を見出すことができるだろうとされる。

Ⅶ　再び個人の尊厳について

1　質問事項

「個人の尊厳」については、さらに、次のような質問が出された。

公共のための義務を果たす「個人」であって初めて「尊厳」ある主体として認められると言うが、ここでいう「個人」は、かなり「強い個人」が前提となっているのではないか。つまり、公共の事柄を自分で考えて、実際に選挙に行ったり政治活動をしたりする——権利を行使する——「個人」が前提となっているのではないか。しかし、実際の社会には、それらに参加もできなかったりあるいは参加しなかったりするいわゆる「弱い個人」も存在するのであり、そのような人たちの「尊厳」はどう構成するのか。

2　生存権における「個人」の尊厳

この点について、蟻川先生は、まず、樋口憲法学は近代立憲主義における「個人」について、「強い個人」を想定するが、ここには、「強くあろうとする弱い個人」も含むということを紹介された（参照、樋口陽一『一語の辞典／人権』〔三省堂、1996年〕61-64頁、同・前掲『国法学〔補訂〕』66-69頁）。

その上で、例えば、生存権訴訟の一番基本にある朝日訴訟（最高裁1967年5月24日大法廷判決・最高裁判所民事判例集21巻5号1043頁）は、いわば「弱い個人」が何とか国家による保障を受けようとして闘った事案であるが、この闘ったというのは「強さ」があったからであり、原告は「尊厳」を持って生存権訴訟を闘う、「強くあろうとする個人」であると言う。そうすると、「強い個人」・「弱い個人」ということとの関係で、社会権・生存権の問題も、実は「尊厳」の問題に関わっているのではないかと言う。

また、中嶋訴訟（最高裁2004年3月16日判決・最高裁判所民事判例集58巻3号647頁）は、生活保護を受けている家庭で子どもを高校に行かせるために学資保険に加入して積み立てていたが、その満期返戻金が収入と認定されて生活保護費が減額されたために、訴えが提起された事案であるが、蟻川先生によれば、この事案についても「尊厳」の問題が懸けられている。すなわち、この両親は比較的早く亡くなっているが、本当に貧困で生活を切り詰めた暮らしであったため寿命を短くしてしまったと想像され、文字通り命を削って子どもを高校に上げようとしたのである。これは、「尊厳」を持った生き方であり、「強い個人」というのはいわゆる「弱い個人」を含んでいるのではないかと言う（参照、蟻川恒正「給付『条件』事案の起案」法学教室428号〔2016年〕88頁以下）。

さらに、成年被後見人の選挙権という問題がある（参照、東京地裁2013年3月14日判決・判例時報2178号3頁。この判決後2か月余りで成年被後見人にも選挙権を認める法改正がなされた）。成年被後見人は「弱い個人」かもしれないけれども、その中には、公共のために尽くそうとし、公共社会に参画しようとしている者がいるのである。このようなことをできるだけ認めていくことによって社会を運営していくことが、公共に対する義務を基盤に社会を構築する考え方であり、その想定する「個人」は、「強い個人」という典型的な見方よりも広くなるのではないか、と蟻川先生は言う。

Ⅷ　おわりに

昨今、憲法9条をはじめとする憲法改正の議論が活発化している。安倍政権は、「改憲ありき」で改憲議論を進めようとしている傾向にあるが、そのような中で、私たちは今一度、「憲法を学問する」ことによって地に足をつけた議論をする必要性が高まっていると思われる。

例えば、総括討論において中心的な論点の1つであった「立憲主義」については、およそ100年前に佐々木惣一が提示した「立憲・非立憲」の概念が、昨今の政治状況を分析するのに非常に重要な視点を提供してくれることを学んだ。これによれば，例えば，平和安全法制が「合憲か違憲か」というそれ自体重要な対立軸とは別に，それをもたらした現政権のふるまいが「立憲か非立憲か」という対立軸があり得ることを示すことができるとされ，後者の視点こそが現政権の政治を批判する上で重要ではないかと思われる。そして，このような100年前の議論を持ち出さなければならないほどに，「立憲主義」が危機的状況にあることを議論で感じることができた。

また，「個人の尊厳」や「専門家の職責」の概念についても議論がなされたが，こちらも現実の問題を考える際に指針となる概念であると感じた。特にⅦでは，具体的な判例に言及しながら「個人の尊厳」が語られており，具体的な紛争を考える際の基礎となる議論であることを再確認した。

パネルディスカッションでも憲法学の大枠として，総論，人権論，統治機構論があると述べられていたが，総括討論は，総論と統治機構論の内容を中心として進められていたように思われる。石川先生も「政治の時代においては，まずは統治があって，その裏付けとなる総論が求められ」ると言うが，多くの受講生の関心が統治と総論であったことは，この「政治の時代」を映し出していると思われる。このことは，直前の3月まで法科大学院に在学しており，人権論を中心に学習していた私にとっては非常に印象的であった。

憲法を学問する

2019年 5月 3日　初版第1刷発行

著　者　樋口陽一
石川健治
蟻川恒正
宍戸常寿
木村草太

発行者　江草貞治
発行所　株式会社 有斐閣
郵便番号 101-0051
東京都千代田区神田神保町 2-17
電話 (03)3264-1311〔編集〕
(03)3265-6811〔営業〕
http://www.yuhikaku.co.jp/

印刷・株式会社暁印刷／製本・大口製本印刷株式会社

★定価はカバーに表示してあります。

ISBN 978-4-641-22752-1

資料：立憲主義諸国の憲法と体系書・教科書

＊1　この資料は、代表的な立憲主義国（米独仏日）の憲法典の章立てと代表的な憲法学教科書の目次（英米独仏日）をまとめたものである。

＊2　憲法典の章立ては、高橋和之編『新版　世界憲法集』（岩波書店、2007年）［アメリカ法：土井真一訳、フランス法：高橋和之訳、ドイツ法：石川健治訳］を参考にした。

【イギリス憲法】

◎A.W. Bradley/K.D. Ewing『憲法と行政法（Constitutional and Administrative Law）第15版』（2011年）（かつてWade&Phillipsと呼ばれた基本書の改訂版）目次

第1部　憲法の一般原理

1　憲法の定義と範囲

2　憲法の法源と本質

A　憲法の形式的法源　　B　その他のルールと原理、含：憲法習律　C　イギリスにおける立憲的統治

3　連合王国の構造

A　歴史的構造　　B　統治権限の移譲

4　議会の最高性

A　議会の立法権の発達　　B　議会の最高性の意義　　C　議会の最高性の継続的性質　　D　イングランド・スコットランド間の条約　E　諸帰結

5　立法、執政、司法の関係

6　法の支配

A　歴史的発展　　B　法の支配と今日的含意

7　政府の応答責任と説明責任
8　連合王国と欧州連合
A　欧州連合の制度　B　欧州連合（EU）法　C　EU 法とイギリス憲法　D　裁判所の反応　E　諸帰結

第２部　統治制度

9　議会の構成と会期
10　議会の権能
11　議会の特権
12　王位と国王大権
13　内閣・行政各部・公務員
14　公共団体と規制機関
15　外交と英連邦
16　軍隊
17　財務官庁・公共支出・経済運営
18　裁判所と司法制度

第３部　市民と国家

19　人権の本質と保護
20　国籍・出入国・犯罪人引渡
21　警察と人身の自由
22　プライバシーの保護
23　表現の自由
24　結社の自由と集会の自由
25　国家安全保障と国家機密
26　緊急権とテロリズム

［訳・石川健治］

【アメリカ憲法】

○アメリカ合衆国憲法（1788年）

第1条　合衆国議会

第2条　合衆国大統領

第3条　合衆国の司法権

第4条　連邦制

第5条　憲法修正

第6条　最高法規

第7条　憲法の承認及び発効

修正第1～10条　権利章典（1791年）

修正第11条　州を被告として市民が提起する訴訟の管轄権（1795年）

修正第12条　大統領の選挙方法に関する改正（1804年）

修正第13～15条　再建期修正（1865～1870年）

修正第16条　所得税の賦課及び徴収（1913年）

修正第17条　上院議員の選出（1913年）

修正第18条　酒精飲料の製造等の禁止（1919年）

修正第19条　選挙権における性差別の禁止（1920年）

修正第20条　大統領・副大統領・上院及び下院議員の任期（1933年）

修正第21条　修正第十八条の修正（1933年）

修正第22条　大統領三選の禁止（1951年）

修正第23条　コロンビア特別区における大統領選挙人の選任（1961年）

修正第24条　納税による選挙権の差別の禁止（1964年）

修正第25条　大統領の承継、代理（1967年）

修正第26条　18歳以上の市民による選挙権（1971年）

修正第27条　議員報酬の改定に関する制限（1992年）

◎Geoffrey R. Stone 他『憲法（Constitutional Law）第 6 版』（2009 年）目次

憲法秩序における最高裁判所の役割

A　イントロダクション：未来を拘束する憲法の制定

B　アメリカ憲法の起源

C　基本枠組み

D　司法判断の源：法文、“代表―強化”、自然法

E　最高裁判所に対する政治的コントロールの権限

F　“事件あるいは争点”要請と受動性の美徳

G　最高裁判所の管轄

実践における連邦主義：議会と国民経済

A　連邦主義の価値とそれを実現するための諸技術

B　ドクトリンの基本要素：連邦主義と司法審査

C　通商条項ドクトリンの発展：歴史のレッスン？

D　州際通商の州による規制

議会権限の射程：課税、歳出、戦争権限、個人の権利、州の権限

A　課税、歳出、戦争権限を通じた規制

B　再建期修正下の議会執行権

C　連邦主義に基づく議会権限の規制としての第十修正

国権の配分

A　イントロダクション

B　事案分析：大統領による差し押さえ

C　対外事項

D　対内事項

平等と憲法

A　奴隷制、ジム・クロウ、平等保護原理

B　平等保護の方法：合理的根拠審査

C　平等保護の方法：厳格審査と人種問題

D　平等保護の方法：厳格審査と性別問題

E　平等保護の方法：性的志向の問題

F　平等保護の方法：厳格審査への他の候補

不文の基本権

A　イントロダクション

B　特権免除条項

C　編入論争

D　実体的デュープロセス：経済的利益の保護と再配分問題

E　基本的利益と平等保護条項

F　現代的な実体的デュープロセス：プライバシー、人格、家族

表現の自由

A　イントロダクション

B　内容着目規制：危険思想と情報

C　過度広範性、漠然性、事前抑制

D　内容着目規制："低い"価値の言論

E　内容中立規制：コミュニケーション手段の規制と内容中立問題

F　プレスの自由

憲法と宗教

A　イントロダクション：歴史と分析的概観

B　国教樹立禁止条項

C　自由実践条項：要請される便益

D　許容可能な便益供与

ステートアクション、ベースライン、私権問題

A　ステートアクション、連邦主義、個人の自律

B　純粋な不作為と政府中立の理論

C　中立性からの憲法上許容されない逸脱：補助金・承認・推奨

D　違憲な条件と利益／負担の区別

E　諸々の最後の手段的思考

［訳・木村草太］

【フランス憲法】

○フランス 1958 年憲法（第五共和制憲法）

前文

第 1 編　主権について

第 2 編　共和国大統領

第 3 編　政府

第 4 編　国会

第 5 編　国会と政府の関係について

第 6 編　条約と国際協定

第 7 編　憲法院

第 8 編　司法機関について

第 9 編　高等法院

第 10 編　政府構成員の刑事責任について

第 11 編　経済社会諮問会議

第 12 編　地域共同体について

第 13 編　ニューカレドニアに関する経過規定

第 14 編　提携協定

第 15 編　欧州共同体と欧州連合について

第 16 編　憲法改正について

◎Lois Favoreu 他『憲法（Droit Constitutionnel）第 18 版』（2016 年）目次

イントロダクション　憲法とその教訓の歴史

第 1 編　法治国家（L'ETAT DE DROIT）

序章　国家と主権

第 1 部　権力の法的枠組み

第 1 章　規範としての憲法

1　近代的意味における憲法　　2　憲法の生成と変容：形式的意義

の憲法の制定　3　憲法適合性の原則（LE PRINCIPE DE CONSTITUTIONNALITÉ）
第2章　法源（LES SOURCE DU DROIT）
1　法源の類型　2　フランスの体系
第2部　権力の統制：憲法裁判所
第1章　憲法裁判所の一般理論
第1節　憲法裁判所のモデル
1　憲法裁判所のアメリカモデル　2　憲法裁判所のヨーロッパモデル
第2節　憲法裁判所システムの共通の性質
1　憲法管轄　2　憲法訴訟　3　憲法手続　4　憲法秩序
第2章　フランスの憲法裁判所
序　憲法適合性の統制の歴史　1　憲法管轄：憲法院　2　憲法訴訟　3　憲法手続　4　憲法秩序
第3部　権力分立
第1章　権力の水平的分立
1　権力分立の原理　2　権力分立の実践
第2章　権力の垂直的分立
1　連邦国家　2　地域国家（L'ETAT REGIONAL）　3　地方分権化された統一国家
第2編　国家と個人、統治機構、規範、そして自由の法
1　1789年から1958年までのフランスにおける憲法史　2　民主主義：フランスにおける構想
第1部　統治機構に関する憲法
序　政治、行政、司法の制度の憲法的な定着
第1章　執行（L'EXÉCUTIF）
1　現代の執行　2　第五共和制下の執行
第2章　議会
1　現代の議会　2　第五共和制下の議会
第2部　規範に関する憲法

第1章　憲法規範

1　憲法事項（LE DOMAINE DE LA CONSTITUTION）　2　1958年の憲法改正

第2章　法律規範

1　法律事項　2　立法手続

第3章　命令規範（LES NORMES RÉGLEMENTAIRES）

1　特別法に基づく命令　2　通常命令

第3部　自由に関する憲法

第1章　一般理論の要素

1　基本権（DROITS FONDAMENTAUX）の定義　2　基本権の保障　3　基本的自由と基本権の執行

第2章　諸権利と基本的自由の概観

1　自由権　2「参政権」　3　信教の権利　4　保護される権利　5　平等権

［訳・木村草太］

【ドイツ憲法】

○ドイツ連邦共和国基本法（ボン基本法）

1　基本権

2　連邦及びラント

3　連邦議会

4　連邦参議院

5　連邦大統領

6　連邦政府

7　連邦立法

8　連邦法律の施行及び連邦行政

8a　共同事務

9　裁判

10　財政制度

10a　防衛出動事態

11　経過規定及び終末規定

◎Konrad Hesse『ドイツ連邦共和国憲法綱要（Grundzüge des Verfassungsrechts der Bundesrepublik Deutschland）第20版』（1995年）目次

第1編　国制＝憲法

第1章　国制＝憲法の概念と特質

1　問題の所在　　2　課題としての政治的統一と法秩序　　3　国制＝憲法と公共体に対する国制＝憲法の意義

第2章　憲法解釈

1　憲法解釈の必要性、意義及び課題　　2　伝統的な解釈準則

3　具体化としての憲法解釈　4　憲法適合的解釈

第3章　基本法とその効力範囲

1　基本法　　2　全ドイツの国制＝憲法としての基本法　　3　憲法

と国際法　　4　憲法とEU法

第2編　基本法の国制＝憲法的秩序の基礎

第4章　概観

第5章　民主制

1　国制＝憲法構造における民主制秩序　　2　基本法の民主制秩序の概要

第6章　社会的法治国家

1　国制＝憲法構造における法治国家秩序　　2　基本法の法治国家秩序の概要　　3　社会国家原理

第7章　連邦国家

1　国制＝憲法構造における連邦国家秩序　　2　基本法の連邦国家秩序の概要

第8章　民主制、社会的法治国家及び連邦国家の整序

第3編　内容形成の概要

第1部　諸基本権

第9章　概念と特質

1　現行法上の諸基本権　　2　諸基本権の二重の性格　　3　国制＝憲法構造における諸基本権

第10章　諸基本権の法的な内容形成、限界及び保護

1　内容形成　　2　限界　　3　特別の地位関係における限界（特別権力関係）　　4　諸基本権の保護

第11章　諸基本権の効力及び現実化の諸問題

1　諸基本権と私法的な行政　　2　国家が直接に関与しない法関係にとっての諸基本権の意義　3　組織及び手続を通じての基本権の現実化と確保

第12章　個々の基本権

1　自由権　　2　平等権　　3　所有権の保障　　4　婚姻、家族及び学校　　5　その他の保障

第2部　諸作用

第13章　権力分立

1　現行憲法における権力分立原理　　2　基本法の国制＝憲法的秩序における権力分立原理の内容と射程　　3　基本法の国制＝憲法的秩序における権力分立原則の機能

第14章　個々の作用

1　立法　　2　執行　　3　司法

第3部　諸機関と諸権限

第15章　連邦議会

1　国民代表としての連邦議会　　2　憲法上の内容形成　　3　連邦議会の構成と選挙　　4　議員の地位

第16章　連邦参議院

1　特質と意義　　2　憲法上の内容形成

第17章　連邦政府

1　憲法上の地位及び構成　　2　連邦政府の形成及び任期　　3　組織及び事務分担　　4　諸権限

第18章　連邦大統領

1　憲法上の地位　　2　選挙及び任期　　3　諸権限

第19章　連邦憲法裁判所

1　憲法上の地位、構成及び選挙　　2　諸権限

第4部　国制＝憲法の保護

第20章　概観

第21章　憲法破棄の排除及び憲法改正の限界

1　憲法破棄の排除　　2　憲法改正の限界

第22章 「自由で民主的な基本的秩序」の確保

1　基本権喪失　　2　政党禁止

第23章　立法緊急事態及び非常事態法（緊急事態法）

1　非常事態と憲法障碍　　2　立法緊急事態　　3　新しい緊急事態規制の成立と内容　　4　対外的緊急事態　　5　対内的緊急事態　　6　基本法20条4項の抵抗権　　7　問題点と危険性

［訳・初宿正典＝赤坂幸一訳『ドイツ憲法の基本的特質』を参考に、宍戸が一部手を加えた］

【日本憲法】

○日本国憲法

上諭

前文

第１章　天皇（1条～8条）

第２章　戦争の放棄（9条）

第３章　国民の権利及び義務（10条～40条）

第４章　国会（41条～64条）

第５章　内閣（65条～75条）

第６章　司法（76条～82条）

第７章　財政（83条～91条）

第８章　地方自治（92条～95条）

第９章　改正（96条）

第10章　最高法規（97条～99条）

第11章　補則（100条～103条）

◎芦部信喜（高橋和之補訂）『憲法〔第7版〕』（岩波書店、2019年）目次

第1部　総論

第1章　憲法と立憲主義

1　国家と法　　2　憲法の意味　　3　憲法の分類　　4　憲法規範の特質　　5　立憲主義と現代国家——法の支配

第2章　日本憲法史

1　明治憲法の特色　　2　日本国憲法の成立経過　　3　日本国憲法成立の法理　　4　日本国憲法の法源

第3章　国民主権の原理

1　日本国憲法の基本原理　　2　国民主権　　3　天皇制

第4章　平和主義の原理

1　憲法9条成立の経緯　　2　戦争の放棄　　3　戦力の不保持

4　交戦権の否認　　5　安保体制
第2部　基本的人権
第5章　基本的人権の原理
第6章　基本的権利の限界
第7章　包括的基本権と法の下の平等
第8章　精神的自由権(1)——内心の自由
第9章　精神的自由権(2)——表現の自由
第10章　経済的自由権
第11章　人身の自由
第12章　国務請求権と参政権
第13章　社会権
第3部　統治機構
第14章　国会
第15章　内閣
第16章　裁判所
第17章　財政・地方自治
第18章　憲法の保障
1　憲法保障の諸類型　　2　違憲審査制　　3　憲法改正の手続と限界